1923 Der Biedersteiner See wird trocken gelegt und zur Hälfte aufgefüllt.

1925 Die Kirche St. Sylvester wird modernisiert und stark erweitert.

1928 Von 52 Tagwerk des Ortsteils Biederstein werden 40 für Villen freigegeben.

1933 Maffei fusioniert mit Krauss und verlegt seine Fabrik nach Allach.

1934 Durch den Englischen Garten wird eine Omnibusstraße angelegt.
Das Neue Schloss Biederstein wird abgebrochen.

1935 Das Palais Leopold wird abgerissen.
Rudolf Esterer erneuert das Seehaus.

1937 Eine zweite Straße durch den Englischen Garten entsteht (heute Isarring).

1941 Das Nordbad wird eröffnet.

1943 Der Staat erwirbt von Maffei dessen Fabrikareal im Englischen Garten.

1944 Schwabing erleidet großflächige Bombenschäden.
Das Alte Schloss Biederstein wird weitgehend zerstört.
Das Schloss Suresnes brennt aus.

1945 In Schwabing wird die CSU gegründet.

1946 Im Luitpoldpark wird ein Schuttberg aufgeschüttet (Gipfelkreuz 1958).

1952 und 1967 Maffeis Hirschau wird als Teil des Englischen Gartens öffentlich.

1954 Die Hauptverwaltung der Allianz in der Königinstraße wird eingeweiht.

1956 Die Münchner Lach- und Schießgesellschaft entsteht.

1960 Der Isarring wird als Teil des Mittleren Rings für den Fernverkehr ausgebaut.
Die Bundesautobahn von Nürnberg wird bis zum Mittleren Ring verlängert.

1962 Die Schwabinger Krawalle werden von der Polizei unterdrückt.

1963 bis 1970 Im Leopoldpark entstehen die Mensa und andere Häuser der LMU.

1964 Auf dem Areal des Schwabingerbräus wird das Hertie-Hochhaus eröffnet.

1965 Am Nordfriedhof wird der Grundstein für die Münchner U-Bahn gelegt.
Am früheren Biedersteiner See wird der Mittlere Ring in einen Tunnel versetzt.

1969 Die Tivolimühle wird abgerissen, dafür wird das Büroareal Tucherpark angelegt.

1971 Als erste Münchner U-Bahnlinie geht die U6 durch Schwabing in Betrieb.

1972 Die umgestaltete Münchner Freiheit wird eingeweiht.

1973 Das Schwabylon wird eröffnet, aber schon 1982 wieder abgerissen.

1982 Ernst Hürlimann und Ludwig Wiedemann errichten bis 1985 das dritte Seehaus.

1985 Am U-Bahnhof Giselastraße eröffnet die LMU rosafarbene Seminargebäude.

1991 Die Seidlvilla wird nach langem Hickhack als Bürgerzentrum eröffnet.

1991 f. Das Hertie-Hochhaus an der Münchner Freiheit wird gekappt.

1993 ff. In der aufgelassenen Funkkaserne entsteht Europas größte Künstlerszene.

1994 Der Wettbewerb zur Errichtung der Parkstadt Schwabing wird entschieden.

1995 In der Leopoldstraße lässt die Münchener Rück den Walking Man aufstellen.
Der erste autofreie Tag macht die Leopoldstraße befristet zur Fußgängerzone. Daraus entwickelt sich der jährlich zweimal abgehaltene Corso Leopold.

2001 Der Bau des Wohngebietes am Ackermannbogen beginnt.

2004 Über dem in einen Tunnel verlegten Mittleren Ring wird der Petuelpark eröffnet.

2005 bis 2007 Die Highlight Towers werden erbaut und bezogen.

2009 Die Tram von der Münchner Freiheit zur Parkstadt Schwabing wird eingeweiht.

2010 Das Areal der Funkkaserne wird Wohngebiet, hundert Künstlerateliers bleiben.

GERNOT BRAUER

München Schwabing

EIN ZUSTAND

MIT EINEM ESSAY
VON BRIGITTA RAMBECK

MünchenVerlag

Dank
Dieses Buch entstand
mit freundlicher Unterstützung
des Bezirksausschusses 12: Schwabing-Freimann
der Landeshauptstadt München.

Die Druckfarben für dieses Buch
wurden freundlicherweise von der Firma
MICHAEL HUBER MÜNCHEN
zur Verfügung gestellt.

Gernot Brauer
lebt und publiziert seit seiner Studienzeit in München.
Mit der Herausgabe eines Online-Magazins begleitet er die
Aktivitäten des Münchner Forums für Entwicklungsfragen e. V.
Im MünchenVerlag erschienen seine Bücher
„München Architektur – Stadtentwicklung • Stadtgestalt" (2009)
und „München Laim – Ein Stadtteil in 24 Stunden" (2010).

Brigitta Rambeck
ist promovierte Literaturwissenschaftlerin und lebt als
freischaffende Autorin, Malerin und Kulturmanagerin in Schwabing.
2005 erhielt sie den Schwabinger Kunstpreis.

Lioba Betten
Gesamtherstellung: Konrad A. Holtz AG, Neudrossenfeld
Gesetzt aus der Schriftenfamilie Univers
Gedruckt auf Lumi Silk matt 150g/m²
ISBN 978-3-937090-45-0

www.muenchenverlag.de

EIS-KONDITOREI
Rialto
ESPRESSO-CAFE 1.STOCK
GRÜNE'S
LEIHHAUS
Rialto
HERTIE

Inhalt

Vorwort

von Werner Lederer-Piloty

Vorsitzender des Bezirksausschusses 12: Schwabing-Freimann

Das Wort Schwabing ist in Deutschland so klangvoll wie München, und München ist weltweit angeblich bekannter als Bayern. Schwabing ist vielfach beschrieben und besungen worden. Berge von Büchern sind zu Schwabing erschienen. Im Einklang mit der Kunstszene der Zeit um 1900 haben sie den Mythos Schwabing begründet und seither immer wieder erneuert. Sie sind fast alle vergriffen. Umso erfreulicher ist es, dass dieses Buch es nun unternimmt, den Mythos Schwabing nicht einfach fortzuschreiben, sondern auch neu zu beleuchten. Denn Schwabing ist viel älter als es die häufig erzählten Episoden aus der Schwabinger Bohème der Jugendstilzeit vermuten lassen. Gräfin Franziska zu Reventlow hat es Wahnmoching genannt. Ludwig Thoma aber hat dem älteren, dem bäuerlichen Schwabing den Spitznamen Kraglfing verpasst. Dieser Name ist weniger bekannt, aber trifft sehr genau die Zustände, aus denen Wahnmoching sich erst entwickeln konnte.

Dieses Buch stellt beide Schwabing-Bilder gegeneinander. Und es zeichnet nach, wie aus dem Ausnahmestadtteil ein urbanes Großstadtquartier wurde. Was Schwabing berühmt gemacht hat, ist dort auch heute zu finden. Schwabing ist weiterhin ein kreatives Quartier. Kunst und Kultur haben in Schwabing nach wie vor eine angestammte Heimstatt. Kraglfinger Zustände sind zwar ebenso Geschichte wie Wahnmochinger Fantasien. Doch wer ein wenig genauer hin schaut, findet in Schwabing auch heute ungezählte Ateliers und idyllische Ecken. Zugleich stehen in Schwabing einige von Münchens höchsten Gebäuden. Dass Schwabing weiter nach Norden wächst und mit seiner Parkstadt ein sehr gegenwärtiges Stadtviertel ist, läuft dem Künstlerquartier in keiner Weise zuwider. Erst kürzlich hat München vielen Kreativen in einer eigens eingerichteten Künstlerkolonie im Domagkgelände eine dauerhafte Bleibe gegeben. So wandelt sich Schwabing äußerlich und bleibt sich doch innerlich gleich. Es ist der bekannteste und sicherlich vielfältigste, der urbanste Münchner Stadtbezirk. Auch heute leben und arbeiten in Schwabing – neben Menschen aller Berufe – Literaten und Maler, Musiker und Filmemacher, Bau- und Lebenskünstler. Das Kraglfing und das Wahnmoching von früher hat später Traumstadt und Schwabylon geheißen. Stets war und ist ein Quartier gemeint, in dem vieles mit- und nebeneinander möglich ist.

Schwabing auf einen Blick

Schwabing ist aufgeteilt in den Stadtbezirk 12 Schwabing-Freimann und den Stadtbezirk 4 Schwabing-West.

Stadtbezirke

Herzstück des mit nur 437 Hektar sehr kompakten 4. Stadtbezirks Schwabing-West ist der westliche Teil der 1890 eingemeindeten Stadt Schwabing. Das ursprüngliche Schwabing-West und der daran anschließende Bereich des 1996 hinzu gekommenen Teils von Schwabing-Nord ähneln sich in ihrem städtebaulichen Erscheinungsbild mit geschlossener Wohnbebauung und gut erhaltenem Altbaubestand neben Baulückenschließungen aus den 1950er bis 1970er Jahren. Charakteristisch für den Stadtbezirk sind gründerzeitliche Platzstrukturen des Elisabeth-, Kurfürsten- und Hohenzollernplatzes mit zentralen Funktionen für den Stadtteil. Im Norden des Bezirks liegen das Krankenhaus Schwabing, das Max-Planck-Institut für Psychiatrie, das Rehabilitationszentrum für Körperbehinderte Stiftung Pfennigparade und das Altenheim Münchenstift. Westlich der Belgradstraße entstand mit dem bereits 1911 angelegten Luitpoldpark, dem Georgenschwaigbad und dem aus dem Abraum kriegszerstörter Häuser geschaffenen und später begrünten Schuttberg ein 26 Hektar großes quartiernahes Erholungsgebiet. In Schwabing-West gibt es besonders viele Ein- oder Zweipersonenhaushalte mit Bewohnern jüngeren und mittleren Alters. Familien mit Kindern sind dagegen eher unterrepräsentiert. Der Anteil von Nichtdeutschen an der Wohnbevölkerung liegt unter dem Stadtdurchschnitt.

Der mit über 2500 Hektar weit größere und ältere 12. Stadtbezirk Schwabing-Freimann liegt keilförmig zwischen dem 4. Stadtbezirk im Westen sowie dem Englischen Garten und der Isar im Osten und reicht vom Siegestor im Süden bis zur Stadtgrenze im Norden. Hervorgegangen ist er aus dem Kernbereich der ehemaligen Stadt Schwabing mit der Siedlung Biederstein rund um das dortige ehemalige Schloss, der ab 1918 erbauten Siedlung Alte Heide sowie der 1931 eingemeindeten Ortschaft Freimann. Während der Nordrand von Schwabing lange gewerblich und industriell geprägt war und erst in jüngerer Zeit besonders mit seinen aufgelassenen Kasernen neu überplant wurde, sind weiter in der Stadt schon früher attraktive Wohnbereiche entstanden, so die Wohnsiedlung an der Berliner Straße hinter dem Ungererbad, Bürohochhäuser und Verwaltungszentren an der Schenkendorfstraße und die Parkstadt Schwabing nördlich des Mittleren Rings. Die in den 1980er Jahren entstandenen Großwohnanlagen an der Berliner und an der Heidemannstraße ließen den Anteil an Mehrpersonenhaushalten in Schwabing-Freimann wieder wachsen. Nach wie vor sind aber über die Hälfte der Haushalte im Stadtbezirk Einpersonenhaushalte. Der Ausländeranteil liegt auf dem Gesamtstadtniveau bei etwa 23 Prozent.

Einwohner

In Schwabing-Freimann wohnten Anfang 2007 62.430 Personen, in Schwabing-West 59.553.

Arbeitsplätze

In Schwabing-Freimann waren zu Jahresbeginn 2009 23.076 Personen sozialversicherungspflichtig beschäftigt, in Schwabing-West 23.364. Beide Stadtbezirke nehmen damit vordere Plätze ein, jedoch deutlich nach Ramersdorf-Perlach, Neuhausen-Nymphenburg und Thalkirchen-Obersendling-Forstenried-Fürstenried-Solln.

Bezirksausschüsse

Der Bezirksausschuss 12 hat 31 Mitglieder, Vorsitzender ist Werner Lederer-Piloty (SPD). Büro: Seidlvilla am Nikolaiplatz 1b, Sprechzeiten: mittwochs von 17.30 – 19.00.

Die Sitzungen des Bezirksausschusses 12 finden in der Regel am letzten Dienstag im Monat abwechselnd in Schwabing und Freimann statt.

Der Bezirksausschuss 4 Schwabing-West hat 29 Mitglieder, Vorsitzender ist Dr. Walter Klein (SPD). Die öffentlichen Sitzungen des Bezirksausschusses 4 sind in der Regel am letzten Mittwoch des Monats um 19.30 Uhr in der Cafeteria des Alten- und Servicezentrums

Schwabing-West in der Hiltenspergerstraße 76. Bürgersprechstunde ist jeweils von 19.00 bis 19.30 Uhr vor der Sitzung.

Die Bezirksausschuss-Geschäftsstellen unterstützen die Bezirksausschüsse und sind Anlaufstelle für Bürgerinnen und Bürger in Belangen der Bezirksausschüsse sowie allgemeine Bürgerinformationsstelle. Für die Bezirksausschüsse 4 und 12 ist die BA-Geschäftsstelle Mitte zuständig: Tal 13, 80331 München,
Telefon 2280-2666/ -2673/ -2675,
E-Mail: bag-mitte.dir@muenchen.de.
Die Bezirksinspektion Nord arbeitet in der Leopoldstraße 202a, Telefon 233 38 600,
E-Mail: bi-nord.kvr@muenchen.de.

Bürgerversammlungen

Auf Bürgerversammlungen kann jeder sprechen, der im Stadtviertel wohnt. Vor Beginn gibt es eine Bürgersprechstunde, bei der Vertreter des Kreisverwaltungsreferats (Abteilung Verkehr), des Baureferats (Abteilung Garten- und Tiefbau), der Münchner Verkehrsgesellschaft (MVG), der Polizei und des Bezirksausschusses für Fragen zur Verfügung stehen. Dann präsentiert die Stadt wichtige Entwicklungen im Stadtviertel. Danach können Anwohner Fragen und Anliegen zu Stadtteilthemen vortragen und Anträge stellen. Stimmt die Versammlung einem Bürgerantrag zu, muss er binnen drei Monaten dem Stadtrat oder dem Bezirksausschuss zur weiteren Behandlung vorgelegt werden. Wer auf einer Bürgerversammlung das Wort ergreifen möchte, muss den Personalausweis vorzeigen und sich so als Stadtviertel-Bürger ausweisen. Näheres bei www.muenchen.de/buergerversammlungen.

Kinderbetreuung

In Schwabing-Freimann gibt es 19 Kinderkrippen, 3 Kinderbetreuungseinrichtungen für Studierende sowie 14 Eltern-Kind-Initiativen, 29 Kindergärten sowie 9 Horte und Tagesheime, in Schwabing-West 13 Kinderkrippen, 5 Eltern-Kind-Initiativen, 22 Kindergärten sowie 9 Horte und Tagesheime.

Kultur, Bildung und Unterhaltung

Seidlvilla: Nikolaiplatz 1b, info@seidlvilla.de.
Stadtbibliothek: Hohenzollernstraße 16.
Seerosenkreis: info@brigitta_rambeck.de (Literatur), konrad.hetz@gmx.de (Bildende Künste).
Tukan-Kreis: Dr. Hans Dieter Beck, Wilhelmstraße 9.
Kabarettbühnen und Theater: Münchner Lach- und Schießgesellschaft, Haimhauserstraße. Lustspielhaus, Occamstraße. TamS, Haimhauserstraße. Theater in der Leopoldstraße. Theater der Jugend, Elisabethplatz. Theater Heppel & Ettlich, Wedekindplatz. Vereinsheim, Occamstraße u.a.. Kinos: abc, Isabella, Leopold, Monopol und Münchner Freiheit. Musikbühnen: Afonso's, Podium.

Polizei

Polizeiinspektion 13, Johann-Fichte-Straße 6,
Tel. 36 05 61 29.

Religionsgemeinschaften

In Schwabing-Freimann gibt es 3 evangelische, 6 katholische, 1 altkatholische und 1 griechisch-orthodoxe Kirche, in Schwabing-West 1 evangelische und 8 katholische Kirchen sowie in Freimann 1 Moschee.

Schulen

Schwabing-Freimann hat 6 Grundschulen, 1 Hauptschule, 1 staatliche Förderschule, 1 private griechische Volksschule, 1 städtische Realschule, 2 staatliche Gymnasien, 3 städtische Berufsfachschulen, 2 städtische Fachakademien, 1 städtische Berufsoberschule, 1 private Grundschule/Gymnasium und 1 private Fachoberschule. In Schwabing-West gibt es 2 Grundschulen, 1 Schule zur Lernförderung, 1 Schule für Kranke, 1 Hauptschule, 1 Realschule, 1 Real- und Fachoberschule für Körperbehinderte, 3 Gymnasien, 2 Berufsschulen.

Sozialeinrichtungen

Eine Familien-, Jugend- und Erziehungsberatung gibt es in der Sozialstation Schwabing-Freimann in der Haimhauserstraße 13.

Vereine

In Schwabing-Freimann wirken 44 Vereine. Näheres enthält eine Informationsbroschüre, die beim Bezirksausschuss und in der BA-Geschäftsstelle erhältlich ist. Eine Übersicht für Schwabing-West gibt es derzeit nicht.

Schwabing – ein Zustand

Der Name München ist weltweit angeblich bekannter als Bayern. Und wer München kennt, hat auch schon von Schwabing gehört, jenem Stadtteil, der nach dem Wort einer berühmten Schwabingerin gar nicht auf einen geografischen Begriff gebracht werden kann, weil er nämlich eher einen Zustand bezeichnet als einen Ort: die Identität von Leben und Kunst. Dieses Wort von Schwabing als Zustand hat diesem Buch seinen Untertitel gegeben. Geprägt hat es eine Gräfin von der Nordseeküste, Franziska zu Reventlow, 1871 in Husum geboren und, als sie 1892 erstmals nach München zu Besuch kommt, mit einem Hamburger Gerichtsassessor verlobt. Erich Mühsam, ein Erz-Schwabinger, Dichter und Revolutionär, nach dem Sturz des Königreichs Bayern 1918 kurze Zeit Mitglied der Räteregierung, hat Franziska zu Reventlow einfühlsam beschrieben: „Sie trug, außer ihrem Namen, nichts an sich, was vom Moder der Vergangenheit benagt war. In die Zukunft gerichtet war ihr Leben, ihr Blick, ihr Denken: sie war ein Mensch, der wusste, was Freiheit bedeutet, ein Mensch ohne Vorurteile, ohne traditionelle Fesseln, ohne Befangenheit vor der Philiströsität der Umwelt. Sie war ein froher Mensch, dessen Frohsinn aus dem tiefsten Ernst des Charakters kam. Wenn sie lachte, dann lachte der Mund und das ganze Gesicht, dass es eine Freude war, hineinzusehen. Aber die Augen, die großen, tiefblauen Augen, standen ernst und unbewegt zwischen den lachenden Zügen. Die Gräfin war eine schöne Frau, ihr Äußeres vom strahlendem Reiz, und das Herz erfüllt von der Sehnsucht nach einer schönen und freien Menschenwelt" (Mühsam 1962: 199).

Zwei Jahre später erscheint sie wieder, will nun Malerin werden, wird jedoch krank, muss abbrechen, gibt aber nicht auf. 1897 ist ihre bürgerlich angelegte Ehe gescheitert. Geschieden bleibt sie in München, geht wechselnde Liebschaften ein, bekommt einen Sohn, dessen Vater sie niemandem nennt, wohnt hier und dort, wo das Leben preisgünstig ist, zieht in einem Dutzend Jahren dreißigmal um. Zu Jahresbeginn 1903 schreibt sie in ihr Tagebuch „Wohnung gefunden, herrenlose, wo man nicht einmal zu mieten braucht. Bekomme von der Bäckerin den Schlüssel und nehme sie. Atelier dabei". Einmal begleitet sie einen Paläontologen nach Kleinasien, ein andermal einen Maler längere Zeit nach Italien, kehrt aber immer wieder nach Schwabing zurück, ohne als Malerin oder als Schauspielerin zu

reüssieren. Sie hält durch bis 1910, weicht dann nach Ascona aus und verdichtet dort, aus der Distanz, ihre Schwabinger Erlebnisse in ihrem Roman „Herrn Dames Aufzeichnungen oder Begebenheiten aus einem merkwürdigen Stadtteil" unter einem erfundenen Wort, das den altbaye-

Die Schwabinger Lebensader im Fluss der Geschichte ... Die Bohème der Prinzregentenzeit lag gut fünfzig, die NS-Zeit noch keine 20 Jahre zurück, als die Schwabinger Krawalle 1962 Schlagzeilen machten. Heute verwandelt sich die Leopoldstraße zweimal im Jahr in den Corso Leopold. Dann haben Künstler, Kutschen und Flaneure das Sagen. Immer wieder ist sie auch Münchens Partymeile.
Auch zur Fußball-WM.

rischen Ortsnamen Feldmoching unweit von Schwabing mit Fantasien, ja Wahnvorstellungen ihres Schwabinger Kreises verknüpft: „Wahnmoching heißt wohl ein Stadtteil, eben dieser Stadtteil, aber das ist ein zufälliger Umstand. Er könnte auch anders heißen oder umgetauft werden. Wahnmoching würde dennoch Wahnmoching bleiben. Wahnmoching im bildlichen Sinne geht weit über den Rahmen eines Stadt-

Straßenmusikanten sind in Schwabing keine Seltenheit – selten ist nur, dass sie auch die Fahrbahn für sich haben.

teils hinaus. Wahnmoching ist eine geistige Bewegung, ein Niveau, eine Richtung, ein Protest, ein neuer Kult oder vielmehr der Versuch, aus uralten Kulten wieder neue religiöse Möglichkeiten zu gewinnen – Wahnmoching ist noch vieles, vieles andere, und das werden Sie erst allmählich begreifen lernen."

Schwabing – das ist nicht nur Wahnmoching, sondern auch ein bayerisches Dorf nördlich der seinerzeitigen bayerischen Haupt- und Residenzstadt München, einen Spaziergang weit vor deren Toren gelegen und deshalb schon im 18. Jahrhundert wegen seiner Wirtshäuser nicht nur Ziel manchen Sonntagsausflugs, sondern auch Standort einer ganzen Reihe sogenannter Schlössl, kleiner Herrensitze und Schlösser, von denen es einige bis zum Rittersitz bringen. Es sind Sommerfrischen, aber auch Vermögensanlagen Münchner Adliger und wohlhabender Bürger. Das Dorf ist deshalb schon bald mit Städtern durchsetzt. Für die Zugezogenen wird dessen bayerischer Lebensstil im ausgehenden 19. Jahrhundert

Die Leopoldstraße nur für Automobile – auch das hat es gegeben, hier bei einem Autorennen in den 1930er Jahren.

zum folkloristischen Hintergrund rauschender Faschingsfeste und zahlloser anderer Vergnügen. 1887 wird Schwabing noch zur Stadt erhoben, aber nur drei Jahre später nach München eingemeindet. Es wächst stürmisch und verstädtert rapide. Zugleich gibt es dort auch eine nach Tausenden Menschen zählende Arbeiterschaft. Denn zwei Münchner Traditionsbetriebe, die Lodenfabrik von Georg Frey und die Lokomotivenfabrik von Johann Anton von Maffei, produzieren auf Schwabinger Fluren, die eine direkt am, die andere im Englischen Garten. Aber den Ton geben andere an. Zwischen 1889 und 2003 leben und

Mit „Herrn Dames Aufzeichnungen" begann Schwabing 1913 zum Mythos zu werden. Ein Jahr später war dem dort geschilderten unbeschwerten Lebensgefühl die Grundlage entzogen. Der Erste Weltkrieg begann. Das Kabarett Elf Scharfrichter und die Künstlerkneipe Simplicissimus gaben dem Schwabinger Lebensstil der Prinzregentenzeit Ausdruck. Dabei standen sie gar nicht in Schwabing, sondern in der Maxvorstadt.

wirken allein in einer einzigen Schwabinger Straße, der Ainmillerstraße, 60 Kunstmaler und Bildhauer, 40 Gelehrte, 27 Schriftsteller, 24 Offiziere, 22 Politiker und höhere Beamte aus Regierung und Verwaltung, 19 Komponisten, Pianisten und Sänger, 17 Schauspieler, 13 Direktoren von Bibliotheken und Museen sowie von Banken und Versicherungen, zwölf Mediziner und acht Prominente aus Film, Funk und Fernsehen (alle Einzelheiten sind penibel dokumentiert, Bellinger 2003: 13 ff.). Diese Ainmillerstraße ist ein typisch Schwabinger Ort. Sie wird um die Wende vom 19. auf das 20. Jahrhundert planvoll angelegt und mit großbürgerlichen Mietshäusern bebaut. Zu ihnen gehört das ausdrucksvolle, im Jahr 1903 vom deutsch-amerikanischen Architekten Henry Helbig und von Ernst Haiger gestaltete Jugendstilgebäude Nummer 22. Helbig und Haiger schaffen auch die ebenso prächtigen Jugendstilhäuser Römerstraße 11 und 13. Als Münchens erstes Jugendstilhaus ziert das in der Ainmillerstraße mit seinem figürlichem Dekor, floralen Ornamenten und Vergoldungen auch die Titelseite dieses Buches. Es ist noch kurz vor den von Martin Dülfer in Schwabing errichteten Jugendstilgebäuden Leopoldstraße 77 – Dülfers eigenem Wohnhaus – und Gedonstraße 4 und 6 entstanden.

Schwabing bildet zusammen mit dem nördlich – beidseits der Nürnberger Autobahn – angrenzenden Freimann einen der 25 Münchner Stadtbezirke. Seinen unmerklichen Übergang aus der Maxvorstadt in Höhe der Georgenstraße können nur Kenner beschreiben. Bis etwa dorthin reicht vor 1890 die Münchner Flur. In Höhe der früheren Nikolaistraße hat einmal mitten auf der Leopoldstraße ein Schlagbaum gestanden. Wenige hundert Meter weiter stadtauswärts, an der Abzweigung der damaligen Freisinger von der Ingolstädter Landstraße, die heute Ungerer- und Leopoldstraße heißen, an der jetzigen Münchner Freiheit, sind über beiden Landstraßen damals bereits die nächsten beiden Schlagbäume niedergegangen. Schwabing ist damals also ein umgrenzter und selbst in seinem Zentrum noch

einmal mit Zollschranken zergliederter Ort. Im Norden reicht er bis zum Ungererbad, das sich in den 1850er Jahren aus einer schlichten Badehütte des Deutsch-Amerikaners Johann Baptist Correvont am früher kurfürstlichen Nymphenburg-Biedersteiner Kanal entwickelt hat, 1855 zum Schullerbad ausgebaut und 1869 von der Schwabinger Caféhausbetreiberfamilie Ungerer erworben worden ist. 1875 hat Ungerer ein zusätzliches Damenschwimmbad errichtet und seine Badebecken danach Zug um Zug in eine romantische Freizeitlandschaft mit Wiese und Wald, Quellen und Hügeln eingebettet: 1883 ist der Quellgarten entstanden, 1888 ein sogenannter Mariensee, 1900 ein Sonnensee, 1902 ein Kinderschwimmbad und ein Café. Dass das Ungererbad schon früh so floriert, hängt mit einer technischen Großtat zusammen. Schon am 1. Juli 1886 – Schwabing ist noch ein bayerisches Dorf – ist eine Trambahn aus dem Dorfzentrum zum Bad eingerichtet worden, und zwar von Anfang an elektrisch. Sie ist bis 1895 gefahren. Einen Anschluss nach München hat sie zunächst nicht. Münchens Tramnetz ist 1877 nur bis zum Burgfrieden an der Nikolaikirche ausgebaut worden und hat dort einen Abzweig in die Hörmann-, die spätere Hohenzollernstraße bis zum damals neuen Trambahndepot in der Wilhelmstraße bekommen. Ein Jahr später haben die Münchner ihr Gleisnetz – noch als Pferdebahn – allerdings nach Schwabing bis zum Großwirt verlängert. Elektrifiziert hat man es hier erst im Jahr 1900 und noch im selben Jahr bis zum Nordfriedhof weitergeführt.

Im Osten endet Schwabing am Englischen Garten. Die Isar ist dort bis weit ins 19. Jahrhundert hinein ein bisweilen reißender Wildfluss geblieben, so wie er sich heute noch am Flaucher gebärdet. Das Schwabinger Ufer allerdings ist nicht der Fluss, sondern der von ihm gespeiste Schwabinger Bach, der auch heute seinen Weg durch den westlichen Rand des Englischen Gartens nimmt. Er ist übrigens der Grund dafür, dass Georg Frey seine Lodenfabik 1870 aus dem Münchner Teil des Englischen Gartens nach Schwabing verlegt, an eben diesen Bach, um aus ihm die Menge Wasser zu schöpfen, die er für das Färben und Filzen seiner Stoffe benötigt. Im Westen reichen damals Felder und Wiesen der Schwabinger Bauern bis weit nach Neuhausen. Mit der Eingemeindung hat die Stadt diese Grenze neu abgesteckt und seither im Detail immer wieder verändert. Heute gehört das ab den 1990er Jahren auf früherem Militärgelände entstandene Wohngebiet am Ackermannbogen noch zu Schwabing, das angrenzende Olympiagelände aber nicht mehr. Weiter nördlich, Milbertshofen zu, bildet heute der Petuelpark die Grenze zwischen beiden Stadtteilen, und das ganz direkt: Der Park gehört hälftig nach hüben und hälftig nach drüben.

Das besonders dicht bewohnte Schwabing-West, ein flaches Rechteck etwa rund um seine Mitte Hohenzollernplatz, bildet wie erwähnt einen eigenen Stadtbezirk parallel zu Schwabing-Freimann, das sich westlich der Isar nach Norden hin zieht. Eine Kaiserstraße gibt es hier ebenso wie eine Friedrich-, eine Wilhelm-, eine Molt-

ke- und eine Bismarckstraße – die deutsche Geschichte lässt grüßen, auch wenn die Wilhelmstraße offiziell nach dem ehemaligen Herrn des Schwabinger Suresnes-Schlösschens benannt ist – und eine Hohenzollernstraße. Letztere schneidet mitten durch das Quartier und verbindet beide Hälften ebenso wie es die Parallelen Herzog- und Clemensstraße weiter im Norden oder die Franz-Joseph- und die Elisabethstraße weiter im Süden tun. Das österreichische Kaiserhaus ist vielfacher Namenspatron: Die Elisabethstraße hat ihren Namen aus dem Wiener Kaiserhaus, auch wenn die aus Bayern stammende Namenspatronin hier eher als Sisi bekannt ist. Die Giselastraße wurde 1873 nach Sisi's und Kaiser Franz-Josephs I. Tochter Gisela benannt, der Ehefrau des Prinzen Leopold von Bayern. Nach Leopold, dem Sohn des Prinzregenten Luitpold (1846–1930), hat übrigens zunächst die Ohmstraße geheißen. 1876 hat die Stadt diesen Namen auf die prominentere Schwabinger Landstraße übertragen, also auf die Verlängerung der Ludwigstraße bis zur damaligen Stadtgrenze. Nach der Eingemeindung Schwabings hat sie diese Namensgebung bis in dessen Zentrum und später bis zur Kreuzung mit der Domagkstraße ausgedehnt.

Dieses Schwabing zwischen der Maxvorstadt und dem Frankfurter Ring, zwischen Isar und Olympiapark wird auf den folgenden Seiten beschrieben. Es ist gut dokumentiert. Deshalb wird hier auf zahlreiche ältere Veröffentlichungen zurückgegriffen, die im Literaturverzeichnis zusammengestellt und in den Stadtbibliotheken am Gasteig, in der Hohenzollernstraße 16 und in der Monacensia erhältlich sind. Besonders seien Reinhard Bauers detailreiches Stadtteilbuch von 1997 sowie Helmut Bauers prächtiger Ausstellungskatalog von 1998 genannt. Zugleich greift dieses Buch auch auf das Schwabing der Gräfin zu Reventlow und ihrer Freunde zurück. Jedoch fragt es, was geblieben ist von ihrem Wahnmoching. Was ist an dessen Stelle getreten? Ist Schwabing noch immer „ein Zustand", wie auch dieses Buch suggeriert, und wenn ja: Worin besteht er? Darauf möchten die folgenden Seiten Antworten geben.

Eine Schwabinger Oase ist Münchens Englischer Garten. Er beginnt schon unmittelbar am Rande der Altstadt, erstreckt sich dann zwischen der Maxvorstadt und dem Lehel und umschließt in Schwabing den schon im Jahr 1800 angelegten Kleinhesseloher See.

Ein Dorf

Als im Jahr 724 der heilig gesprochene Korbinian mit Hilfe des Bajuwarenherzogs Grimwald den späteren Bischofssitz Freising begründet, ein Jahr übrigens nur vor der Gründung der benachbarten Benediktinerabtei Weihenstephan, siedeln Bajuwaren in dieser Gegend bereits annähernd zweihundert Jahre. 551 werden sie erstmals erwähnt. 739 richtet Bonifatius die erste Freisinger Bischofskirche ein. Zusammen mit dem Kloster Schäftlarn beherrscht Freising das Gebiet beidseits der Isar nördlich der Alpen. Seit damals werden im Dom Pergamentzettel verwahrt, auf denen fromme Bajuwaren in karolingischen Minuskeln haben aufschreiben lassen, was sie zu ihrem Seelenheil der Kirche vermachten. Eine solche Urkunde wird 782 verfasst. Ein gewisser Alpolt, gemeinhin Suuapo genannt, vererbt darin seinen Besitz dem Schäftlarner Kloster. Suuapo, das heißt Schwabe, und der Ort, an dem er wohnt, Suuapinga. Was damals in Kirchenlatein aufgesetzt wird, lautet heute so: „Ein frommer, von Gottesfurcht beseelter Mann namens Apolt und sein Sohn Huasuni übergaben und schenkten ihr Erbe an einem Ort, Suuapinga genannt, und an einem anderen Ort namens Sentilinga [Sendling] dem Kloster des heiligen Dionysius des Märtyrers Christi, gelegen an einem vorbeiströmenden Fluss, den die Bauern jenes [Klosters]

Der Bayerische Kurfürst Max Emanuel im Manöver in Schwabing. Im Hintergrund die Schwabinger Dorfkirche und ganz links die Nikolaikirche.

1701 hat Michael Wening einen Manöverplan in Kupfer gestochen (Mitte). Er zeigt hinten die St. Nikolai-Kirche an der Grenze zu Schwabing. 1818 zeichnete Wilhelm Kobell das Dorf Schwabing von der Ecke der späteren Leopold- mit der Trautenwolfstraße aus.

Links das Wappen der Herren von Schwabing um 1300, in der Mitte das Schwabinger Wappen im Jahr 1693 und rechts das Siegel der Schwabinger Pfarrei St. Ursula (heute St. Sylvester) aus dem Jahr 1799. Ganz rechts das Wappen der Stadt Schwabing nach Ernst von Destouches und Otto Hupp.

Isura nennen", also Isar. „Wie sie es geerbt haben von Eltern und Großeltern, all das brachten sie Gott dar, um dafür mit dem ewigen Leben belohnt zu werden und um der Angst vor dem Höllenfeuer zu entrinnen."

Am Handelsweg aus dem Oberland nach Freising und nahe am Schwabinger Bach, der ein Mühlrad antreiben kann, ist Suuapinga oberhalb des hochwassergefährdeten Isar-Urstromtals vergleichsweise günstig gelegen. Die Erwähnung von Alpolts Eltern und Großeltern belegt, dass der Ort damals schon eine Geschichte gehabt haben muss, auch wenn sie im Dunkeln liegt – so wie in Sendling auf der Südostseite der Stadt, das heute ebenfalls zu München gehört. Von München selbst noch kein Wort, noch auf Jahrhunderte nicht. Erst zur Mitte des 12. Jahrhunderts wird es gegründet, um Freising Handelskonkurrenz zu machen, und 1158 erstmals erwähnt. Bis dahin wird Schwabing immer wieder einmal genannt. So ertauscht der Freisinger Bischof Waldo in den Jahren 887 und 895 Schwabinger Äcker und knapp hundert Jahre später einer seiner Amtsnachfolger, Bischof Abraham, eine Schwabinger Hube und kurz darauf die dortige Mühle. Seit dem frühen Mittelalter ist der Flecken ein Herrensitz mit einer kleinen Burg nördlich der heutigen Haimhauser- und östlich der Occamstraße, geführt von Atto und Leobald, Meginhart und Pilgrim, Ulrich und Willebolt, alle Herren de Suuapinga. Der Münchner Hof wird bald auf sie aufmerksam. Leobald bringt es bis zum herzoglichen Kämmerer. Gerwic macht als Kanoniker eine kirchliche Karriere. Ritter Eberhard, der etwa von 1150 bis 1210 gelebt hat, ist ein Dienstmann des Bischofs von Freising. 1239 ist Fridericus de Suuapingen Dekan von St. Peter in München und Konrad III. ab 1314 sogar Freisinger Bischof. Zugleich bleiben die Bindungen an Schäftlarn eng. So verkauft Eberhard den Schäftlarner Mönchen die Schwabinger Mühle. Die Oberhoheit des Schäftlarner Klosters über Schwabing dauert bis ins 18. Jahrhundert. Die Regentschaft der Herren de Suuapingen währt dagegen vergleichsweise kurz: Ulrich, gestorben 1317, und Konrad, gestorben 1322, sind beide Pröpste von Schäftlarn, aber die letzten ihres Geschlechts. Zunächst werden in Suuapinga noch Ländereien verkauft. Bald darauf fällt die Ansiedlung aber als Lehen zurück an Kaiser Ludwig den Bayern.

Zwei Jahre zuvor, 1315, wird für den Ort erstmals eine Kirche erwähnt, ursprünglich Johannes dem Täufer, spätestens ab dem frühen 15. Jahrhundert aber St. Ursula, der Patronin der Schiffer, geweiht und erst nach dem Bau einer neuen, größeren Ursulakirche am nördlichen Ende der Friedrichstraße St. Sylvester genannt, ursprünglich eine Filialkirche von Thalkirchen-Sendling. Noch bis zum Jahr 1800 ist ein Kirchenmann jeden Tag die sechs Kilometer von Sendling nach Schwabing geritten, um hier die Messe zu lesen. Der Pfarrer selbst kam nur zu Kirchweih, um das Hochamt zu halten.

So zeichnete Philipp Trog um 1800 in einem Kupferstich die Schwabinger Kirche mit Wohnhäusern (links das Anwesen beim Heiß, daneben das Mesnerhaus) und die Rossschwemme am Schwabinger Bach. Ganz links im Bild ist noch die Brückenüberfahrt über den Bach zu erkennen.

Der untere Teil des Kirchturms stammt von etwa 1200. Er ist Wehrturm und zugleich Chorraum gewesen. Einen neuen gotischen, polygonalen Chorraum haben die Schwabinger aufgrund der Hanglage später ausnahmsweise nach Westen ergänzt. Wohl noch vor dem Jahr 1600 haben die Schwabinger Bauern ihre ursprünglich gotische Kirche dann erweitert. Wesentliche barocke Umbauten folgen nach dem 30-jährigen Krieg, der auch diese Kirche nicht unbeschädigt lässt. Ab 1654 ziehen Handwerker ein stuckiertes Tonnengewölbe ein.

Ein Jahr später folgt der Hochaltar mit Statuen des Viehpatrons St. Sylvester und von St. Benno, dem damals neuen Stadtpatron Münchens. In den 1660er und 1670er Jahren wird das Kirchenkunstwerk mit Kanzel, Seitenaltären und Orgel vollendet. Aber Vorstellungen ändern sich. Schon 1719 wird für den kurfürstlichen Kabinettssekretär Franz Xaver von Wilhelm, den 1709 geadelten Herrn von Schloss Suresnes, in der Kirche ein eigenes Oratorium errichtet. 1770 erhält das Gotteshaus eine geschnitzte Verkündigungsgruppe aus der Hand Ignaz Günthers. Doch das Rokoko ist bald vorüber. Schon sechs Jahre später kündigt sich der Klassizismus an: Alle Altäre werden weiß übertüncht.

Eine Generation später, 1811, wird Schwabing eine selbstständige Pfarrei. Wieder eine Generation danach, 1840, trifft ein Blitzschlag den Turm so stark, dass in dem danach ausgebrochenen Feuer selbst die Glocken zerschmelzen. Man baut den Turm in seiner heutigen Gestalt wieder auf. 1887 wird die neue Ursulakirche eröffnet und die bisherige fortan St. Sylvester genannt. Im Jahr darauf, 1898, erhält St. Sylvester dann zahlreiche Bildnisse aus der damals abgebrochenen St. Nikolai-Kirche an der Grenze zu München, nachdem diese bereits 1467 erstmals erwähnte, im 30-jährigen Krieg zerstörte und danach barock wieder aufgebaute Leprosenkirche ab 1819 ihre Funktion eingebüßt hat. In jenem Jahr hatte man das Leprosenhaus nämlich geschlossen und 1856 abgebrochen – das Gelände zwischen dem heutigen Nikolaiplatz und der Leopoldstraße ist als Wohngebiet zu wertvoll und wird daher parzelliert. St. Sylvester wird 1922 und 1926 stark erweitert.

Eine „Heuernte auf den Schwabinger Ängern" aus der Feder von Wilhelm Kobell zeigt 1818 im Hintergrund das Panorama von München.

Auf dem aufgelassenen Friedhof wird über einem Pfarrsaal im Sockelgeschoss ein Neubau errichtet. Erst 1939 erhält die Kirche das Hauptbild ihres Altars, erst 1980 ihre Hauptorgel. Der heutige Zustand des Pfarrzentrums unter dem Kirchenschiff geht auf eine durchgreifende Renovierung von 1981 zurück. Auf der Kirchenempore ist ein Abbild des Schwabinger Wappens erhalten. Es zeigt zwölf Weizenähren mit weißem Band auf blauem Grund.

Greifen wir nun den Faden der Schwabinger Ortsgeschichte wieder auf: 1336 fällt die Siedlung als Lehensgut an Kaiser Ludwig den Bayern zurück. Zuvor hat Suuapinga oder jedenfalls eines von mehreren dortigen Anwesen noch Meister Eberhard dem Arzt und danach als Erbe von dessen Tochter Wilburch deren Ehemann Marbot, dem Landschreiber von Oberbayern, gehört. Im selben Jahr wird auch ein Münchner, Aynwich der Gollier, als Erblasser des Schwabinger Burggutes genannt. Er hat jedoch keine Erben. So fällt Suuapinga zurück an den Kaiser. Der stiftet 1340 der Münchner Liebfrauenkirche, dem Vorläufer des späteren Doms, den Kaiser Ludwig Meß Hof mit der Maßgabe, ihm dafür jährlich eine Messe zu lesen. Dieser Hof hat nördlich der heutigen Feilitzschstraße in Höhe der Einmündung der Gunezrainerstraße gestanden. Die Erwähnung der Gollier bezeugt, dass Münchner Patrizier sich schon im Mittelalter für Schwabinger Besitzungen

Die Schwabinger Kirche St. Sylvester und das längst nicht mehr original bestehende Gohren-Schlössl bilden in diesem erst 1983 nach historischer Vorlage gemalten Ölbild von Rudolf Förth den Hintergrund für ein Schwabinger Bauernpaar in der dort seinerzeit typischen Dachauer Tracht.

Kaiser Ludwig der Bayer hat diesen Hof – das, was im Mittelalter dort stand – 1340 der Kirche für eine Messe gestiftet. Deshalb hieß dieser Hof neben der Schwabinger Dorfkirche offiziell Kaiser Ludwig Meß Hof. Die Schwabinger selbst haben ihn aber Saubauernhof genannt. Dort wurden Schweine gehalten.

Wenige Jahre vor dem Abbruch 1898 der funktionslos gewordenen St. Nikolai-Kirche ist diese Fotografie entstanden. Die Häuser im Hintergrund stehen bis heute an der Nikolaistraße.

interessierten. Außer ihnen sind im 15. Jahrhundert auch die Tömlinger und die Scharfzant genannt. Dabei ist der Ort damals noch winzig. 1468 besteht er aus lediglich einem ganzen Hof, zwei halben Höfen und 14 Söldengütl, also Bauernhäusern ohne Landbesitz. Söldner mussten ihr Brot deshalb in verschiedenen Gewerben verdienen. Ihre Namen und einige ihrer Berufe sind überliefert: Erl, Lutz, Schaur, Seywolt, Werndl, Müller, Schuster, Snyder, ein weiterer Schneider namens Wilhalm, der Maler Hansl, der Bader Sigl und ein Fischer gleichen Namens. 1483 sind auch ein Zimmermann, 1564 ein Leinweber und 1677 ein Schäfer verzeichnet, 1708 ferner ein Schmied, ein Schäffler, ein Kistler, zwei Schuster und schon vier Schneider. Im späten 17. Jahrhundert gibt es in Schwabing zwei ganze Höfe, zwei halbe und immerhin schon 23 Sölden. 1760 sind dann insge-

Der Münchner Professor Franz Xaver von Baader, 1812 bis 1832 Hausherr auf Mitterschwabing, in einem zeitgenössischen Kupferstich, und sein Anwesen Mitterschwabing, seit 1773 Rittersitz des Freiherrn und späteren Reichsgrafen von Waldkirch, im frühen 19. Jahrhundert als „Baader-Schlössl" bekannt.

Der Schwabinger Viereckhof ist der letzte heute noch erhaltene Bauernhof des früheren Dorfs. Er gehört zum Anwesen der Katholischen Akademie.

samt bereits 47 Anwesen verzeichnet. Ab 1790 sind auch Maurer, Schlosser, Bäcker, Metzger und Krämer belegt. Rund um Schwabing, auch nach München zu, liegen immer noch Wiesen. Haupterwerbszweig des Dorfes ist die Milchwirtschaft. Außerdem wird Getreide angebaut, worauf das Ortswappen verweist, seit dem späten 18. Jahrhundert auch die aus Amerika eingeführte Kartoffel.

Seit dieser Zeit lassen sich die einzelnen Schwabinger Höfe lokalisieren. Im Schäftlarner Hof, der zum Landsitz Suresnes gehört und dessen altes Hofgebäude dem Schlössl hat weichen müssen, sowie auf dem Kaiser Ludwig Meß Hof, der später auch Schwaiger oder kurz und bündig Saubauer, also Schweinezüchter genannt wird, arbeiten die beiden Vollerwerbslandwirte. Der Nonnenbauer, dessen Hofname von der Grundherrschaft des Münchner Ridler-Nonnenklosters herrührt, der Wirt und der Viereckbauer betreiben die halben Gehöfte. Der Viereckhof heißt übrigens nicht wegen seiner Anlage so, sondern nach dem Namen seines Besitzers. Als einziges bis auf unsere Tage gekommenes Schwabinger Bauernhaus steht dieser Viereckhof noch heute an

Franz Xaver Anton Ritter von Stubenrauch hatte sein Stubenrauch-Schlössl an der Werneckstraße – hier nach einer Fotografie von 1910.

Das Alte Schloss Biederstein um 1830. Kurfürst Max IV. Joseph hat es nach einer Aufstockung 1804 seiner Frau Caroline überlassen. Hier waren 1806 Napoleon und 1815 der russische Zar Alexander zu Besuch.

der Feilitzsch- und Gunezrainerstraße und beherbergt Teile der Katholischen Akademie. Zur nächsten Schwabinger Zählung gibt es durch Erbteilung entstandene Sechstel-Höfe (Alter Schmied, Baron Schießtl, Gaiser, Kötterl, Kuppler, Sachgörgl, Stöpfltoni, Wurzenbartl) und Achtel-Höfe (Gidi, Spitzweck, Weber, Wirt). Die nun 27 Sölden, die als Sechzehntel-Höfe jeweils nicht mehr Land bewirtschaften können als gerade einmal einen kleinen Garten, hören auf Namen wie Bachschneider, Bichlmayer, Franzbauer, Friedlbauer, Gaißer, Grimm, Haslauer, Jocham, Kuppler, Lochnergütl, Pflegerschneider, Reichardtgütl, Rößler, Seewald, Stengel, Stumpf, Wastelgrei oder Zicherkasperlgütl.

Diese sehr bäuerliche Welt hat Bayerns Kurfürst Max Emanuel kräftig durcheinandergewirbelt. Als junger Mann von 1692 bis 1699 Statthalter der spanischen Krone in den Niederlanden gewesen, hat er holländische Wasserstraßen schätzen gelernt. Schon ab 1689 lässt er zwischen der Würm und der Isar seine Schlossbaustellen Nymphenburg und Schleißheim durch Kanäle verbinden. Ab 1702 entstehen der Nymphenburg-Biedersteiner Kanal, der später das Dantebad ebenso speist wie den Olympiasee und der heute als renaturierter Wasserlauf den Petuelpark auf seiner Schwabinger Seite begleitet, und ab 1704 ein Stück weit auch der Türkengraben, der von der Münchner Residenz schnurgerade bis nach Schleißheim verlaufen soll. Der Abschnitt zwischen der Stadtmauer am heutigen Odeonsplatz und dem Biedersteiner Kanal an der Grenze von Schwabing und Milbertshofen wird auch fertig gestellt, ist aus Wassermangel aber bald nicht mehr schiffbar und wird ab 1811 wieder zugeschüttet. Bis heute gibt er den schrägen Verlauf der Kurfürsten- und Nordendstraße durch die Maxvorstadt und durch das westliche Schwabing vor. Der Biedersteiner Kanal hat auch zur Gründung des Ungererbades und damit einer Entwicklung Schwabings nach Norden Anlass gegeben, davon war schon die Rede.

Am Türkengraben haben zwischen der heutigen Kurfürsten- und Nordendstraße schon in der Mitte des 19. Jahrhunderts zahlreiche Hütten und Katen gestanden, wie dieser Stich Gustav Wenngs von 1858 belegt.

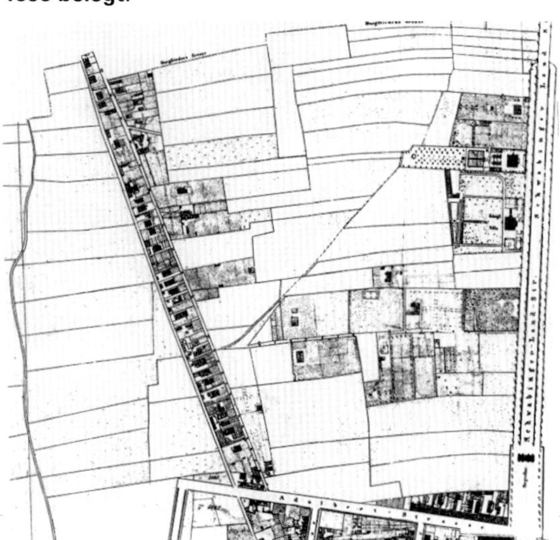

Leo von Klenze hat das Neue Schloss Biederstein 1830 anstelle eines Belvederes von Carl von Fischer aus dem Jahr 1810 errichtet. Biederstein war 1825 bis 1841 Wohnsitz der verwitweten bayerischen Königin Caroline.

Zwischen 1715 und 1721 kann der schon kurz erwähnte Kabinettssekretär des Kurfürsten, Franz Xaver von Wilhelm, nach seiner Erhebung in den Adel im Jahr 1709 in Schwabing fünf Anwesen erwerben, darunter den Schäftlarner Hof. 1717 gönnt Max Emanuel ihm dort einen gefreiten Rittersitz mit niederer Gerichtsbarkeit. Dieser Würde gemäß bestellt Wilhelm bei Hofbaumeister Johann Baptist Gunezrainer an der Stelle des vormaligen Schäftlarner Hofs an der heutigen Werneckstraße ein richtiges Schloss. Das fällt zwar klein aus, aber recht fein. Er nennt es Suresnes nach einem anderen Schloss nördlich von Versailles, wo er mit seinem Kurfürsten während der Besetzung Münchens durch österreichische Truppen vergnügliche Jahre im Exil verbracht hat. Auch dieses Haus, im Zweiten Weltkrieg ausgebrannt und danach behutsam wieder aufgebaut, gehört heute samt umgebendem Park zur von der Mandlstraße aus zugänglichen Katholischen Akademie.

Auch ein zweites Schwabinger Schloss, das nicht mehr besteht, geht auf einen bayerischen Kurfürsten, und zwar auf Karl Theodor, zurück: Biederstein. Oberhalb des Schwabinger Hofs verleiht der Kurfürst nämlich in der Schwabinger Hayd an einem Fischweiher „öde Gründe" an Leute, die dieses Land kultivieren und dort bauen

wollen. Einer dieser Kulturanten ist der kurfürstliche Rat Riederauer. Er errichtet sich hier ein Landhaus, das später in den Besitz des ebenfalls kurfürstlichen Triftmeisters Seemüller übergeht, dann an Baron Karl Albert von Aretin und danach an den Kurfürsten selbst, der es im Jahr nach dem Erwerb, 1785, mit der niederen Gerichtsbarkeit ausgestattet an seinen Kabinettssekretär Stephan Freiherr von Stengel weitergibt. Der prägt den Namen Biederstein, nutzt das Anwesen aber keineswegs bieder, sondern entfaltet mit seiner großen Familie ein reges künstlerisches und wissenschaftliches Leben. Der Name Biederstein scheint denn auch eine spätere Verballhornung zu sein. Der 1790 überlieferte Name lautet nämlich Petterstein, was vielleicht mit dem Schutzheiligen der Fischer zusammenhängt, dem heiligen Peter, also Petrus. Aber auch Stengel kann sich des Besitzes nicht lange erfreuen. Kurfürst Max IV. Joseph versetzt den Freiherrn nämlich kurzerhand nach auswärts und erwirbt das Anwesen 1803 zurück, um es zwei Jahre später seiner zweiten Ehefrau Caroline zu schenken. In diesen zwei Jahren lässt er den Altbau aufstocken und zwei Seitenflügel ergänzen. Die umgebende Wiese gestaltet Hofgärtner Friedrich Ludwig von Sckell zu einem Landschaftspark. 1810 errichtet Carl von Fischer ein zusätzliches Belvedere, welches Fischers Nachfolger im Amt des Hofbaumeisters, Leo von Klenze, aber zugunsten eines klassizistischen, größeren Schlossneubaus wieder abreißen lässt. Caroline, Witwe geworden, lebt dort bis 1841. Schloss und Park Biederstein bleiben danach im Besitz der Wittelsbacher, bis diese das Anwesen 1934 meistbietend verkaufen. Zuvor wird der Fischteich trockengelegt und teilweise verfüllt. Nur ein kleiner Teil des Parks geht an die Stadt. Die nutzt ihn in den 1960er Jahren, um hier ein Stück des Mittleren Rings mit einer kreuzungsfreien Abfahrt nach Schwabing in die Erde zu legen.

Klein-Biederstein nennt sich ein winziges Schlössl, das Martin Schadenfroh, Kastner des Freisinger Domkapitels, 1795 an der heutigen Ecke Gohrenstraße/Artur-Kutscher-Platz erbauen lässt. Das Anwesen wird 1796 für ein paar Jahre Rittersitz, verliert diese Würde aber schon 1801 wieder. Bereits im Jahr darauf übernimmt Hofmarschall Ludwig Moritz von Gohren zusätzlich zu seinem benachbarten Marschallhof an der gleichnamigen Straße auch Klein-Biederstein, pflegt es aber ebenso wenig wie seine Nachkommen, so dass das Schlössl immer stärker verfällt und 1960 abgerissen wird. Seit 1978 steht dort ein gewöhnliches Wohnhaus. Auch der Marschallhof selbst ist Geschichte. Er geht auf einen barocken Lustgarten zurück, den der kaiserliche Garderobemeister Joseph von Dengelbach um 1700 hat anlegen lassen und der knapp hundert Jahre später, 1793, als Besitz eines außerehelichen Sohnes von Kurfürst Karl Theodor, Fürst Karl August von Bretzenheim, seinerzeit Großprior des Malteserordens, ebenfalls zum Rittersitz aufgewertet wird, damals unter dem Namen Neufeld. Auch diese Ritterwürde währt nur kurz, sie wird 1802 wieder entzogen. Da greift Hofmarschall von Gohren zu.

Der Dengelbach'sche Lustgarten ist übrigens nicht der einzige auf den Schwabinger Fluren gewesen. Aus einem weiteren solchen Garten entsteht im 18. Jahrhundert das sogenannte Silbergütl, auch Hammergütl genannt, das aber bereits 1755 einem Wohnhaus weichen muss, welches im darauffolgenden Jahr an den kurfürstlichen Rat Franz Xaver Anton Richard von Stubenrauch übergeht. Als Stubenrauchschlössl ist die-

ses Wohnhaus in der Werneckstraße bis heute erhalten. Dagegen hat man das Baaderschlössl nicht nur beseitigt, sondern auch seine Nachfolgebauten bereits mehrfach ausgetauscht. Es hat auf dem Areal des heutigen Kaufhauses an der Münchner Freiheit gestanden. Anfangs ist es ein Anwesen des kurfürstlichen Hofkammerrats Franz von Thurbert gewesen, dann zunächst an die Grafen von Preysing gegangen, danach an den Freiherrn von Waldkirch, der 1790 ebenfalls in den Grafenstand befördert wird. Seit damals hat es Rittersitz Mitterschwabing geheißen, ehe es 1812 der Münchner Oberstbergrat und spätere Professor Franz Xaver von Baader übernimmt. Er hinterlässt ihm seinen Namen. 1877 funktioniert der Brauereibesitzer Ludwig Petuel das Baaderschlössl zu einer Gastwirtschaft der nebenan entstandenen Brauerei um, lässt es 1890 aber durch einen neuen und wesentlich größeren Brauerei-Festsaal ersetzen. Später werden Sudhaus und Malzdarre zum städtischen Elektrizitätswerk umfunktioniert. Heute ist dieses, aufgestockt, in der Feilitzschstraße 6 ein Bürohaus, in dem unter anderen die Constantin-Film arbeitet. Der Brauhaus-Festsaal wird 1942 zerbombt und in den 1960er Jahren durch den „schwarzen Riesen" ersetzt, ein Hochhaus über dem dort errichteten Kaufhaus. Dieser düstere Hochbau beherrscht das Bild der Leopoldstraße dermaßen störend, dass er bei sich bietender Renovierungsgelegenheit zu Beginn der 1990er Jahre gekappt worden ist.

Das Schlösschen Suresnes (im Volksmund auch Werneck-Schlössl) in einer Fotografie von etwa 1900. Seinen Namen hat es von einem Château nördlich von Versailles, wo Kurfürst Max Emanuel und sein Kabinettssekretär von Wilhelm unterhaltsame Jahre im Exil zugebracht hatten. Das Schlösschen Suresnes in Alt-Schwabing hat Franz Xaver Ignaz von Wilhelm 1718 von Hofbaumeister Johann Gunezrainer errichten lassen.

Als der bayerische Kurfürst Karl Theodor in München den ersten Abschnitt des Englischen Gartens anlegen lässt, ist just das Jahr der Französischen Revolution. In jenem Schicksalsjahr 1789 hat der bayerische Polizei- und Kriegsminister, Generalmajor und Staatsrat Sir Benjamin Thompson, den Garten weiter anlegen lassen. Dieser gebürtige Amerikaner, der im amerikanischen Unabhängigkeitskrieg auf britischer Seite aktiv gewesen war und deshalb sein Land nach Kriegsende hatte verlassen müssen, ist in Großbritannien zu Adel und Reichtum gekommen und 1784 in bayerische Dienste getreten. Am 21. Februar des Revolutionsjahres 1789 veröffentlicht Thompson in München ein Memorandum über einen neu anzulegenden militärischen Garten, in dem die Soldaten des Kurfürsten Gemüse ziehen und zugleich die Landeskultivierung voranbringen sollen. Thompson favorisiert dafür vor dem Schwabinger Tor ein Stück Land mit nassen Wiesen, auf dem die Hofgesellschaft gelegentlich zur Jagd ausreitet: den Hirschanger. Er erwirbt die sumpfigen Ländereien zwischen der späteren Königinstraße und dem Eisbach und lässt sie entwässern. 1793 wird er zum Grafen ernannt. In alter Verbundenheit zu der amerikanischen Stadt, in der einst seine Karriere begonnen hatte, wählt er selbst den Namen „Rumford".

Noch vor dem ersten Spatenstich stürmen die Franzosen die Pariser Bastille. Es mag daher gut sein, dass der Münchner Hof sich bewogen sah, aus den Militärgärten zugleich auch einen Park für das Volk machen zu lassen. Noch im Spätsommer desselben Jahres, am 21. September, verfügt der Kurfürst, dass die neue Grünanlage „nicht nur allein zum Vorteil und Ergötzung des Militärs, sondern auch zum allgemeinen Gebrauch als ein

Einer der Väter des Englischen Gartens ist Friedrich Ludwig von Sckell, der nach Lehrjahren in den Pariser Tuilleriengärten und im Park von Versailles die englische Gartenkunst kennen und schätzen lernte. Er (im Bild rechts) überzeugte den bayerischen Kurfürsten Karl Theodor (Mitte) und seinen Berater Benjamin Thompson, den späteren Grafen Rumford.

Entwurf zur Gedenksäule für Friedrich Ludwig von Sckell. Federzeichnung von Leo von Klenze von 1823. Die Büste wurde nicht ausgeführt, sondern durch einen symbolischen Pinienzapfen ersetzt. Unten ein Plan des Englischen Gartens von 1830, vermessen von Carl Effner und gezeichnet von J. B. v. Sell.

öffentlicher Spaziergang sowohl für das Zivile als auch für das Militär" dienen soll.

Die Öffnung eines höfischen Gartens für das Publikum hat in München allerdings Tradition. Den im französischen Stil gestalteten Hofgarten seiner Residenz hat Kurfürst Karl Theodor schon 1780 der Allgemeinheit zugänglich gemacht und

dort Adel und Bürgertum enger auf Tuchfühlung kommen lassen. „In diesem Garten, welcher von jedermann besucht werden darf", berichtet der Sankt Gallener Pater Johann Nepomuk Hauntinger 1784 an sein Schweizer Zuhause, „ist man sehr ungeniert; alle Komplimente, Verbeugungen, Hutrücken, selbst wenn man dem Kurfürsten begegnet, sind da verboten." Für den anzuschließenden, abermals öffentlichen Landschaftspark hat der Kurfürst im Sommer 1789 den in England ausgebildeten Gartengestalter Friedrich Ludwig von Sckell nach München berufen. Sckell schafft eine Parkanlage unter dem Namen des Kurfürsten: Theodorpark. Er reicht von der Residenz bis ans später südliche Ufer des Kleinhesseloher Sees, also von München nach Schwabing.

Bereits 1789/90 wird nach ebenfalls britischen Vorbild mitten im Park ein Chinesischer Turm aufgerichtet. 1792 wird daneben eine Gaststätte eröffnet. Als im Jahr darauf Kaiser Franz II. von Österreich den Park besichtigt, ist von ihm schon gleichrangig als vom „englischen Garten oder Theodors Park zu München" die Rede. Im selben Jahr 1793 entsteht auf den nördlich an den Park angrenzenden und tief liegenden Schwabinger Wiesen ein Amphitheater und Tanzplatz, ein Rund, das auch als Schauplatz für Feuerwerke benutzt wird. 1799 wächst dann das bis dahin rund 300 Morgen große Parkgelände in der bewaldeten Hirschau auf mehr als doppelte Größe, und im Jahr 1800 wird auch die eigentliche Parklandschaft an beiden Enden vergrößert: Im Süden hebt der Hof die Militärgärten auf und integriert ihr Gelände in den sie umgebenden Park, und im Norden lässt Sckells Amtsnachfolger Freiherr von Werneck auf dem Schwabinger Wiesengelände einen zunächst recht kleinen Kleinhesseloher See anlegen.

Der 1800 angelegte Kleinhesseloher See mit dem 1882 errichteten ersten Seehaus

Das Grün wächst noch weiter: Im Süden wird 1803 und 1804 das Gartenpalais Salabert in einem Park hochgezogen und später Prinz-Carl-Palais genannt. An dessen Parkeingang wird eine von Franz Jakob Schwanthaler gestaltete lebensgroße Marmorfigur aufgestellt. Im Münchner Volksmund wird die schöne Jünglingsskulptur nur kurz „der Harmlos" genannt, nach dem Beginn der Inschrift seines Stifters Theodor Graf Topor-Morawitzky auf ihrem Sockel: „Harmlos wandelt hier / dann kehret / neu gestärkt / zu jeder Pflicht zurück." Im Norden erwirbt der bayerische Hof das Schloss Biederstein wiederum mitten in einer großen Wiese, die alsbald ebenfalls zum Landschaftspark wird. 1810 entsteht am nördlichsten Ende des erweiterten Parks das Aujägermeisterhaus. 1812 erhält der Kleinhesseloher See seine endgültige Größe. Ein von Sckell geplantes Denkmal auf einer der Inseln im See zur Erinnerung an die „großen vaterländischen Ereignisse" der Befreiungskriege gegen Napoleon, wird nicht mehr gebaut. Dafür erhält er selbst auf einer Landzunge am Südostrand des Sees ein von Leo von Klenze entworfenes Denkmal und unweit davon auch Freiherr von Werneck das seine. 1883 hat dann Gabriel von Seidl am von Schwabing abgewandten Seeufer, wo es schon seit 1791 eine Meierei mit Bierausschank gegeben hatte, ein Seehaus errichtet, eine Ausflugsgaststätte, die Karl Esterer 1935 erneuert und die 1970 nochmals abgebrochen und in den 1980er Jahren zum dritten Mal neu aufgebaut wird.

Aber es gibt auch Entwicklungen, die mit einer Parklandschaft nichts zu tun haben. Schon kurz nach der Vergrößerung des Kleinhesseloher Sees auf sein heutiges Maß siedelt sich am Rande des Parks am Eisbach der Lindauer'sche Eisenhammer an. Sckell protestiert dagegen erfolglos. 1838 übernimmt Johann Anton Ritter von Maffei diese Anlage und baut dort bis 1933 Lokomotiven.

Georg Frey, der 1842 direkt neben der Universität eine Woll- und Seidenweberei aufgemacht hat, kauft in den frühen 1850er Jahren das mitten im südlichen Teil des Englischen Gartens gelegene populäre Dianabad, eine Badeanstalt mit Wannen- und Brausebädern, baut es zu einer Manufaktur für Lodenstoff aus, wozu auch er das vorbeifließende Bachwasser braucht, plant dort 1862 eine neue, weitaus größere Fabrikation, erwirbt aber am 29. August 1870, sechs Wochen nach Ausbruch des deutsch-französischen Krieges von 1870 und 1871 – gerade hat er den Auftrag zur Ausstattung der bayerischen Soldaten mit Lodenmänteln erhalten – ein neues, ungleich größeres Grundstück vor der Stadt München im Nachbardorf Schwabing, wo zwar Kunden nicht hinkommen, wo es aber beliebige Expansionsmöglichkeiten gibt. Auch dort fließt der Schwabinger Bach. Freys neues Stück Land liegt in einer Bachschleife nahe dem Schloss Biederstein. Auf diesem Areal legt er den Grundstein zu seiner neuen Fabrik. Sie wird in den 1930er Jahren bis zu tausend, in den 1950ern sogar 1.600 Menschen beschäftigen. Aber bis zum Ende des 20. Jahrhunderts wird die Fabrikation komplett ins Ausland verlagert. Heute dienen ihre Hallen dem Lodenfrey Park mit 80 kreativen Firmen unterschiedlichster Branchen.

Das erste Seehaus (oben), anfangs einfach Kahnhaus genannt, errichtete Gabriel von Seidl am Ostufer des Kleinhesseloher Sees in den Jahren 1882 und 1883.

Kaffee und Kuchen wurden bald wichtiger als Bootfahren. Deshalb errichtete man vor dem ursprünglichen Kahnhaus eine vorgelagerte Kaffeeterrasse (oben rechts).

Das zweite Seehaus gestaltete Rudolf Esterer in den 1930er Jahren (rechts).

Das heutige Seehaus (unten) entstand 1985 nach einem Entwurf von Ernst Hürlimann und Ludwig Wiedemann.

1845 erbaute Friedrich von Gärtner an der Leopoldstraße 13 das Palais Leopold. 1872 wurde es nach Westen, 1883 nach Norden erweitert. Die zwei oberen Abbildungen zeigen die Situation um 1900. Reste des Palais wurden nach dem Zweiten Weltkrieg noch als Jazz-„Studio 15" genutzt (unten).

Zweimal muss der Englische Garten noch massive Einschnitte hinnehmen. In den 1930er Jahren werden quer durch ihn zwei ost-westlich verlaufende Straßen gebaut. Die eine, zentrumsnähere, wird 1934 zwischen Martius- und Oettingenstraße zwar nur für den Busbetrieb angelegt, die andere aber, südlich an Freys Lodenfabrik vorbei, für den Durchgangsverkehr. Über sie führt seit 1963 der Mittlere Ring. Dafür gelingt es der Öffentlichen Hand jedoch, das Areal der 1933 abgesiedelten Lokomotivenfabrik zu erwerben und es nach dem Zweiten Weltkrieg zusammen mit dem nach einer Isarregulierung wirtschaftlich uninteressant gewordenen Hirschauer Forst dem

Die Giselastraße hat einstmals genau auf das Hauptportal des Palais Leopold zugeführt. Hier steht heute die LMU-Mensa.

Park zuzuschlagen. Doch verliert der Park auch: Auf der Bogenhausener Seite geht 1950 nach der Auflösung des Hofblumentreibgartens ein Stück Land an Radio Free Europe, einen von den USA betriebenen Sender mit Programmen in nahezu allen osteuropäischen Sprachen, der nach dem Ende des Kalten Krieges nach Prag verlegt wird. Heute arbeiten in diesem kammartigen Gebäude Professoren und Studenten der Kommunikationswissenschaften und anderer Disziplinen.

In Schwabing wird dem Park 1952 am ehemals Rosipal'schen Besitz ein Streifen Land abgenommen, damit die Tierärztliche Fakultät, deren Portal den südlichsten Zipfel Schwabings markiert, sich zwischen der Königinstraße und dem dazu eigens verlegten Schwabinger Bach weiter ausbreiten kann. Weiter nördlich in Schwabing werden Ende der 1970er Jahre hingegen Hochschulsportplätze vom Rand des Parks weg verlegt. Ihre gut sechs Hektar große Fläche wird als sogenannte Schwabinger Bucht dem Park einverleibt. Zwischen ihr und der Veterinärmedizin, die Schwabings nördliche und südliche Grenzen bezeichnen, haben sich früher bäuerliche Fluren angesichts dieser Parknähe schon vor der Wende zum 20. Jahrhundert zu bevorzugten Wohnlagen entwickelt.

Alt-Schwabing ist als historisch gewachsenes Ensemble heute denkmalgeschützt. In der Bildmitte der Park der Katholischen Akademie mit dem Schlösschen Suresnes, am Nordrand das Biederstein-Gelände, unter dessen Grünanlagen der Mittlere Ring in einem Tunnel verläuft.

Vor der Stadt

Schwabing ist über Jahrhunderte nur sehr langsam gewachsen. Im 15. Jahrhundert ist es erst zwei ganze und zwei halbe Bauernhöfe sowie ein gutes Dutzend Söldengütl groß. Bis in die Mitte des 18. Jahrhunderts sind daraus knapp 50 Anwesen geworden. Noch immer gibt es nur zwei volle Höfe. Denn Schwabing liegt über der Isar am Schwabinger Bach zwar günstig am Handelsweg vom Oberland nach Freising, aber „die Bodenkultur ist höchst undankbar, die Humuslage ist ganz unbeträchtlich," wie der Landgerichtsarzt Dr. Anton Kranz in den Jahren 1858 bis 1861 festhält, „oft nur einige Zoll tief und ohne viel beigemengten Lehm." Die karge Krume über den kiesigen Moränen bringt denn auch „nur spärliche Gräser und schlechte Pflanzen hervor; die Nutzgewächse müssen durch reichliche Düngung erzwungen werden." Sie wachsen

Eines der Altschwabinger Gasthäuser, der ehemalige Sechstelhof „Beim Goaser", in der Gunezrainerstraße 6 auf einem Aquarell gegen Ende des 19. Jahrhunderts

Direkt unterhalb der Schwabinger Dorfkirche hat an der Ecke der Feilitzsch- und der Biedersteiner Straße die Bergwirtschaft gestanden. Diese Zeichnung von etwa 1877 zeigt links den Wirtsgarten mit Eiskeller, dann eine Gaststube mit einer Wohnung darüber, in der Mitte den Wirtssaal und darüber ein Café, das mindestens seit 1829 als Abt'sches Cafféhaus, als Café Schoener und als Mühldorfer'sche Gastwirtschaft bestanden hat, sowie rechts eine zum Wirtsanwesen gehörende Metzgerei.

Ein Schwabinger Millimadl, also eine Milchverkäuferin, in einer Lithografie von Tony Muttenthaler, um 1850

So hat Schwabing um 1870 ausgesehen. Diese Zeichnung fertigte Rudolf Förth nach Angaben des Heimatforschers Theodor Dombart an. Die Pappelallee der späteren Leopoldstraße zieht sich durch dieses Bild von ganz links unten bis zur hier noch stehenden Hofmark Mitterschwabing an der späteren Münchner Freiheit. Die Einfahrt von den Landstraßen aus Freising (heute Ungererstraße) und Ingolstadt (heute äußere Leopoldstraße) ist noch mit Schlagbäumen verstellt.

Das Gohren-Schlössl, der einstmalige Rittersitz Neufelden am „Baronbergl", einem noch heute bestehenden und unbebauten Hang, stand an der Einmündung der Gohren- in die Biedersteiner Straße. Diese Fotografie von Theodor Dombart zeigt es im Jahr 1910.

erstens nur in feuchten Jahren ordentlich hoch. Zweitens müssen die Bauern ihren Ertrag aber auch noch mit der Obrigkeit teilen.

1860 sind von den inzwischen 168 Schwabinger Anwesen nur noch 40 reine Bauernhöfe. Auf 33 wirtschaften Handwerker, 23 gehören Tagelöhnern, 15 Milchlieferanten, die anderen verteilen sich auf sonstige Eigentümer. Von den acht Anwesen in der Marschallstraße sind nur noch vier Bauern. Sind die es zufrieden, dass andere gekommen sind, die anderer Arbeit nachgehen? Mitnichten. Von „fremden Eindringlingen" ist in einem Bericht die Rede, den Kranz wie alle seine bayerischen Amtskollegen ab 1858 anfertigen und binnen drei Jahren vorlegen muss. So sei es gekommen, schreibt er an das Landgericht München links der Isar, „dass wir jetzt einen wahren Mischmasch von Einwohnern besitzen, die sich alle feindselig gegenüberstehen."

Da sind einmal die Altbayern, die auf ihren überkommenen Gefilden langsam zu einer Minderheit werden. Denn mit der Schaffung des Königreichs Bayern nach napoleonischem Vorbild hat die Hintersassenschaft der Bauern ein Ende. Sie können sich im Königreich frei ansiedeln, ja werden vom König geradezu aufgefordert, die kargen Böden des Oberlandes stärker zu nutzen. Also sind Angehörige anderer Stämme gekommen: „Rhein- und Oberpfälzer haben bereits den Stoß gegeben und die Altbayern aus ihrem Geleise getrieben," und „die neubayerischen Franken," setzt Kranz wörtlich hinzu, „welche wie nach einem gelobten Lande zu uns herübersiedeln, werden mit ihrer berechnenden Schlauheit das Werk vollenden und uns beherrschen." Was Wunder, wo doch „unsere ursprünglichen Bewohner im Ruf der ‚dummen Bayern' stehen. Wohl nicht ganz zu Unrecht." Kranz führt das auf mangelnde Bildungsmöglichkeiten zurück. Besserung sieht er nur kommen, falls „die Jugend mehr zu sittlichen Menschen als zu blinden Gläubigen erzogen" und „der Verstand kultiviert" wird, wenn „überhaupt der Mensch mehr für diese Welt als für die Ewigkeit erzogen werde."

Mit seinen Zuzüglern bringt es das Dorf Schwabing bis in die 1860er Jahre bereits auf rund 2.000 Einwohner in gut 200 Gebäuden, unter ihnen gut 100 Protestanten. Dass diese sich gerade hier ausbreiten, erklärt sich daraus, dass die aus Baden stammende, evangelische Königin Caroline auf Schloss Biederstein die erste prominente Protestantin in Altbayern gewesen ist.

1842 hat Frey seine Weberei in München direkt neben dem Universitätsgebäude gegründet. Fünfzig Jahre später feierte sein Unternehmen, das 1870 in die Nachbargemeinde Schwabing ausgezogen war und mit dieser 1890 wieder eingemeindet wurde, die erreichten Erfolge.

1842 heiratet der bayerische Kronprinz Maximilian Prinzessin Marie von Preußen. Zu diesem Spektakel kommen 50.000 Menschen in die Stadt, Zaungäste einer Jahrhunderthochzeit. Einem unter den vielen gelingt es, mit feinem, handgewebtem, wollenem Tuch die Aufmerksamkeit des Hofes zu erringen. Dieser Stoff kommt aus der Adalbertstraße direkt neben der Universität. Am 28. April 1842 hat Johann Georg Frey nämlich eine Produktionslizenz für Webereiprodukte erworben, die man damals Webergerechtsame nennt. Er eröffnet einen Betrieb mit zehn Webstühlen für einfache Wollstoffe, sucht für seine Fabrikation aber schon bald einen anderen Standort. Zentral soll er sein, idealerweise ein Publikumsmagnet, aber zugleich in grüner Umgebung liegen, mit natürlich fließendem Wasser.

Solche Bedingungen gibt es in der Haupt- und Residenzstadt nur an einer einzigen Stelle: im Englischen Garten mit seinen eiskalten Bächen. In den frühen 1850er Jahren kauft Johann Georg Frey das populäre Dianabad mitten in diesem Garten und verlegt seine Fabrikation in unmittelbar an das Bad angrenzende größere Räume in der Tivolistraße. Die Parkbäche und das offene Wiesengelände erlauben es Frey, zusätzlich ein

1870 baute Georg Frey am Schwabinger Bach ganz in der Nähe des Schlosses Biederstein seine Lodenfabrik. In rund hundert Jahren wuchs Freys Fabrik seit 1870 zu einem Unternehmen, das allein an diesem Standort zeitweilig 1.600 Personen beschäftigte. Dann begann die Globalisierung. Die Fertigung wurde zunehmend verlagert und in den 1990er Jahren hier ganz aufgegeben. Heute sind die Fabrikhallen an unterschiedlichste Dienstleister vermietet. Die Fotografie von Theodor Dombart zeigt es 1910.

Produkt aufzunehmen, zu dessen Herstellung man viel Wasser braucht, viel Platz zum Trocknen an frischer Luft und übrigens auch viel Energie: Loden, einen bereits seit dem 11. Jahrhundert bekannten strapazierfähigen Stoff. Das Dianabad ist bislang ein Sommerbad. Im strengen Winter ist es geschlossen. Frey will seiner Kundschaft aber das ganze Jahr hindurch ein attraktives Ausflugs- und Einkaufsziel bieten. 1857 stellt er das Bad auf Ganzjahresbetrieb um. Es wird zu einem florierenden Kurbad erweitert. Dazu eröffnet er „zur Vermehrung des schon bestehenden Wintervergnügens" einen Wintergarten, „in welchem der Sommer mit einem Flor von Blumen und Gewächsen während des Winters vergegenwärtigt ist, um den verehrten Gästen zu jeder Zeit Annehmlichkeiten bieten zu können, wozu" am 1. Februar 1857 im Münchener Anzeiger „ergebenst einladet Joh. Gg. Frey".

1858 feiert München sein siebenhundertjähriges Bestehen. In Freys Tuchfabrik laufen über 50 Webstühle. 1862 plant er auf dem Dianabad-Gelände den Bau einer mechanischen Schafwoll-Spinnerei und einer Tuch- und Wollwarenfabrik. Doch der Plan wird nicht verwirklicht. Denn wie schon erwähnt: Sechs Wochen nach Ausbruch des deutsch-französischen Kriegs von 1870 und 1871 erwirbt Frey ein neues, ungleich größeres Grundstück außerhalb der Stadt München im Nachbardorf Schwabing. Auch dort fließt der Schwabinger Bach. Das neue Stück Land liegt in einer Bachschleife dem Schloss Biederstein zu. Das Fabrikareal entsteht von einer Keimzelle direkt an einer Bachverzweigung aus, die ein schon damals entstandener Stichkanal bis heute markiert. Die Wasserkraft, die der Stichkanal je nach Wunsch reguliert, betreibt zunächst eine Lodenwalkmühle. Natürlich wird das Wasser auch hier zum Waschen des Lodens genutzt.

Als Anton Ritter von Maffei vor Freys Start in der Hirschau den Lindauer'schen Eisenhammer übernimmt, um dort Lokomotiven zu produzieren, geht es zunächst um einen reinen Nachbau des in England entstanden „Adler", der bereits zwischen Nürnberg und Fürth hin und her fährt. Das lohnt sich. Drei Jahre nach der Gründung sind schon 150 Leute beschäftigt, 1848 bereits

Am Beginn der Schwabinger Industrialisierung stand im frühen 19. Jahrhundert ein Eisenhammer, der zu seinem Betrieb Wasserkraft brauchte und deshalb

500, „welche jedoch im eigentlichen Sinne des Wortes ganz gesetzlos dastehen, weil keine Gesetze oder Statuten vorhanden sind, nach denen sie sich richten können, sondern der Willkür eines Mannes überlassen sind, der oft schon seines Zorns so wenig Meister war, dass er sich durch persönliche Tätlichkeiten an einzelnen Arbeitern zu seinem persönlichen Schaden verging." Der Arbeitstag dauert 12 bis 16 Stunden, und nur der Sonntag ist frei. Denn das Königreich braucht

am Eisbach aufgebaut wurde. 1838 übernahm Anton Ritter von Maffei den Eisenhammer, um dort Lokomotiven zu bauen.

Um 1848 nutzte die Maschinenbauanstalt Maffei in der Hirschau im Englischen Garten bereits ein ausgedehntes Gelände. Mit eigenem Wasserkraftwerk und eigenen Dampfmaschinen war sie energietechnisch weitgehend autark. Über riesige Transmissionen wurde die Bewegungsenergie den einzelnen Maschinen zugeteilt. 1857 produzierte die Maffei'sche Fabrik Lokomotiven in großer Zahl. Der Lindauer'sche Dampfhammer in der zweiten Reihe dahinter mit dem zweiten qualmenden Kamin rechts im Bild wurde weiter benutzt. Vorn zogen sich Verwaltungsgebäude an der späteren Gyßlingstraße entlang.

Maffeis Lokomotiven. Bis über die Wende zum 20. Jahrhundert hinaus müssen diese allerdings auf Pferdefuhrwerken abtransportiert werden, denn das Werk bekommt lange keinen Gleisanschluss. 1912 sind schon über 2.000 Personen beschäftigt. Allein diese Zahl macht klar, dass Schwabing damals mit Freys und Maffeis Fabriken nicht zuletzt eine Arbeitersiedlung gewesen ist.

Die Schwabinger Feilitzsch- und Ursula-, die Occam-, Sieges- und Marktstraße, die Haimhauser- und die Hesseloher-, die Gohren- und die Marschallstraße entwickeln sich zu Arbeiterstraßen, deren relativ propere Fassaden ärmliche Hinterhöfe verdecken. Der von Arbeitern bewohnte „Sackzipfel" hinter dem Marschallhof hat bis in die 1960er Jahre bestanden. Nicht wenige Arbeiter kommen bei Bauern unter und leben in deren Höfen und Ställen.

Erst in den Jahren nach dem Ersten Weltkrieg verebbt Maffeis Boom. In den frühen 1930er Jahren wird er vom Konkurrenten Krauss übernommen. Beide Firmen werden zu Krauss-Maffei vereinigt. Die Produktion wird zu Krauss nach Allach verlagert.

Nur ein einziges Gebäude von Maffeis Fabrik hat die Zeiten überdauert: seine Elektrozentrale am Eisbach. Sie speist noch immer stündlich 900 Kilowatt ins nun öffentliche Netz.

Die Maffei'sche Lokomotivenfabrik mit einer Lok um 1912. Oben: die Schwabinger Arbeitersiedlung Sackzipfel, die bis in die 1960er Jahre bestanden hat.

Kraglfing

Kraglfing ist auf keiner Karte zu finden, in keinem Atlas verzeichnet. Kein Navigationssystem geleitet dort hin. Denn Kraglfing ist der Fantasie des Anwalts und Schriftstellers Dr. Ludwig Thoma entsprungen. Ist es ein nur in seiner Vorstellung entstandener Ort? Frei nach Tacitus' Germania schildert Thoma im letzten Jahrzehnt des 19. Jahrhunderts bayerisches Landleben zunächst in einer Beilage der Augsburger Abendzeitung und bald schon in der Satirezeitschrift *Simplicissimus*. Zusammen mit den Zeichnern Bruno Paul und Adolf Hölzel macht er aus diesen Geschichten 1897 sein Buch „Agricola". Gemeinsam erfinden die drei dazu Kraglfing, wo bodenständige Bauern „ihre irdene Schwerkraft nur in dem Moment aufheben, wenn während der Kirta bei reichlich Biergenuss im Streit nur noch die Körperkraft als Argument zählt. Inmitten einer Rauferei … fängt der Kraglfinger an abzuheben, zu fliegen. Nur dann." (Bauer 1998: 18)

Fantasien Ludwig Thomas hätten in diesem Schwabing-Buch keinen Raum, hätte es Kraglfing nicht vielleicht wirklich gegeben. Nicht nur der Jurist Thoma hat nämlich den Kraglfinger Alltag protokolliert. Der Mediziner Dr. Anton Kranz hat ihn, ohne das Wort Kraglfing zu benutzen, regelrecht seziert und sich dabei exakt an das gehalten, was er kurz nach der Mitte des 19. Jahrhunderts in Schwabing vorfand: „Die Dungstätten sind immer unmittelbar vor den Stallungen angebracht, nicht selten in der Nähe der Wohnzimmer. Der Stolz eines jeden Bauern ist sein Düngerhaufen, und diesen will er immer vor Augen haben." Die Häuser hinter den Dunghaufen sind in der

Oben: das Anwesen Hesseloherstraße im Jahr 1957, unten: die Gapperl- und Kötterl-Anwesen in der Gunezrainerstraße in einer Aufnahme aus den 1960er Jahren

Regel schon aus Stein, „von ganz hölzernen" existieren in Kranz' 1861 abgeliefertem Bericht „nur noch ein paar uralte Exemplare". Aber auch die neuen Häuser sind fast alle nur einstöckig, „mit einem Dache von Holz, wohl auch noch von Stroh, selten aus Tonplatten", und „haben selten mehr als eine heizbare Stube".

Das mag ein Grund dafür sein, dass der Mittelpunkt Kraglfings das Wirtshaus ist. „Wenn ein Bauer einen ordentlichen Braten oder eine andere schmackhafte Fleischspeise essen will, so geht er in ein Wirtshaus – und es geschieht oft genug. Wir haben gar viele Bauern, welche tagtäglich ihre Abendmahlzeit in einem Wirtshaus einnehmen." Dazu wird ordentlich etwas getrunken. „Das gewöhnliche Luxusgetränk ist braunes Bier, welches in großen Maßen getrunken wird. Fast jeder größere Bauer hat sein Bierfassl im Hause, und wenn er das nicht hat, so trinkt er sein Bier beim Wirt oder lässt es sich bei ihm holen. Wir haben sehr wenige Bauern," schreibt Kranz, „die nicht täglich ihr Bier trinken und nur zu oft bis zum Übermaß. Die Vermehrung der Wirtshäuser in letzterer Zeit gibt dazu Gelegenheit und ist für viele Einwohner die Veranlassung zu ihrem Ruin. Aber nicht nur die Bauern selbst, sondern auch die Knechte und überhaupt die Dienstboten geben sich dem Biergenusse mehr hin als ihnen in jeder Beziehung an Leib und Seele nützlich ist."

Im Wirtshaus, und praktisch nur dort, hat Kraglfing auch sein geselliges Leben. Dessen Vergnügungen sind, wie Kranz weiter ausführt, allerdings „nur grobsinnlicher Art", sie bestehen „in ausgelassenen Tänzen dortselbst. Für alle anderen Ergötzungen", urteilt Anton Kranz in den Jahren 1858 bis 1861, seien die Kraglfinger „stumpf und gefühllos." Zu „geistigen Vergnügungen" müsse das Volk erst erzogen werden. Aber daran fehle es gänzlich. Mehr könne man daher nicht erwarten. In der Kraglfinger Feiertagsschule lernen die Kinder „nur notdürftig lesen, schlecht schreiben und noch weniger rechnen. Die größte Zeit wird auf unverständige Gegenstände verwendet. So kommt es, dass die meisten der jungen Leute bei der Entlassung aus der Feiertagsschule wieder fast alles vergessen haben und kaum mehr ihren Namen leserlich schreiben können."

In der Konsequenz bleibe daher viel zu viel Altes beim Alten. „Der heutige Bauer baut noch sein Feld auf die nämliche Weise wie seine Vorfahren auch. Die Ergebnisse der neuen Wissenschaft auf diesem Felde gehen bei ihnen verloren, teils aus Widerwillen gegen jede Neuerung, welchen sie schon in der Schule einsaugen, und teils, weil sie nicht so viel Schulbildung erlangen, dass sie wirtschaftliche Schriften lesen und verstehen könnten." Also bleibt, was so ist, und jeder Kraglfinger bleibt, wer er ist, „der Bauernjunge wird wieder Bauer und der Schneiderknabe wird wieder Schneider usw."

Wer aus diesem Weltbild herausfällt, muss mindestens mit Abneigung rechnen wenn nicht mit Argwohn. „In besonderer Ungnade stehen bei unseren Bauern alle Menschen höherer Bildung, und deswegen ist es eine sehr seltene Ausnahme, wenn ein Junge unseres Bezirkes eine höhere Bildungsanstalt irgend einer Art besucht; höchstens, dass alle Säcula sich einer dem geistlichen Stande widmet. Sie sind stark im Glauben und schwach im redlichen Handeln." Deshalb ändert sich nichts: Da in der Kraglfinger Schule „nur auf blinden Glauben und nicht auf Moralität hingewirkt wird, bleiben an diesen Zöglingen der mittelalterlichen Schule von den angeborenen tierischen Leidenschaften nur zu viele

Teile haften, die sich dann in Rohheit und Ungezogenheit aussprechen."

Der Lebenslust tut das allerdings keinen Abbruch. Besonders wenn der Pfarrer ruft, wird tüchtig gefeiert. Denn „alle Feste, welche unsere Landsleute haben, sind kirchlicher Natur. Diese beginnen morgens mit einem Gottesdienst und gewähren den ganzen Nachmittag bis in die späte Nacht hinein den Wirten ihre beste Ernte." Zu Kirchweih etwa versammelt sich schon am Nachmittag „fast die ganze erwachsene Bevölkerung nicht nur des Ortes, sondern auch der Umgegend von weiter Ferne. Welche Ausgelassenheit, Übermut und Mutwillen der rohesten Art bei diesen Festen gewöhnlich vorfallen, kann gar nicht beschrieben werden. In der Regel endet jedes solche Fest mit einer nicht selten recht ernstlichen Rauferei."

Damit freilich ist kein Fest schon zuende. „Wenn sich nämlich ein Mädchen von einem Burschen zum Tanze führen und sich dort Bier und Braten bezahlen lässt – wonach alle als ihrem einzigen Vergnügen streben, so bald sie nur der Feiertagsschule entwachsen sind –, so glaubt es sich auch zur Entschädigung verpflichtet zu sein und die Auslagen des Burschen mit ihrem Leibe vergüten und sich zur Befriedigung fleischlicher Lust hergeben zu müssen. Diese schändliche Sitte ist so allgemein bekannt, dass kein Mädchen mehr für eine Jungfrau angesehen wird, welches einmal mit einem Burschen einen Tanzboden besucht, sich hat ausführen lassen." In Schwabing, setzt der Verfasser dieser Beschreibung hinzu, sei diese Lust besonders einfach zu haben. Wenn im Ort selbst keine Geige ertöne, würde ganz einfach „die so sehr nahe Hauptstadt

Zwölf Paar Pferde waren nötig, um eine fertige Lokomotive auf einem provisorischen Radsatz aus Maffeis Fabrik 24-spännig quer durch Schwabing und dann nach München hinein zum Hauptbahnhof zu ziehen. Denn erst 60 Jahre nach der Firmengründung hat Maffeis Lokomotivenfabrik im Englischen Garten einen Gleisanschluss bekommen. 1863 löste ein eigens angefertigtes Lokomobil die Pferde ab. Das stählerne und fauchende, dampfbetriebene Ungetüm verängstigte Mensch und Tier, und der Schwabinger Magistrat entschied deshalb: „Der Straßenlokomotive hat jederzeit ein zuverlässiger Mann ... mit einer Laterne voranzugehen, um entgegenkommende Fuhrwerke u. dergl. aufmerksam zu machen und etwa notwendigen Beistand zu leisten."

Am 17. Mai 1803 malte ein unbekannter Künstler den Schwabinger Kirchberg. Auf diesem Aquarell ist sehr schön zu sehen, dass das Dorf einmal wesentlich höher als das Tal des Schwabinger Bachs lag. Der Hang ist auch heute noch nicht verschwunden, aber nicht mehr so deutlich erlebbar.

Das älteste Schwabinger Gemeindehaus hat bis 1917 in der Marschallstraße gestanden. Unten wurden die Geschäfte der Gemeinde geführt, oben, im Dach, waren zwei Krankenzimmer eingerichtet – das erste „Krankenhaus".

Schwabing nach 1895. In diesem Jahr wurde eine elektrische Bahn vom Schwabinger Ortszentrum durch die dörflichen Felder zum Ungererbad eingestellt und durch eine neue Tram in der Mitte der Straße ersetzt. Sie hat Schwabing von da an direkt mit dem Münchner Zentrum verbunden.

benützt, in welcher an jedem Feiertag Gelegenheit zur Liederlichkeit jeder Art gegeben ist."

So mag es sich erklären, dass es im Ort nur sehr wenige ledige Burschen und Mädchen gibt, die keine außerehelichen Kinder zu ernähren haben. Da ihrem „außerehelichen Stande doch manche Schranken und Hindernisse gesetzt werden, trachten sie nach Kräften zur Ehe. Wenn heute die Ehe völlig freigestellt würde, so hätten wir morgen um die Hälfte Eheleute mehr." Rechnete man die außerehelich Geschwängerten ein, die in München entbinden, „so würden die außerehelichen Geburten die ehelichen überschreiten." Ledig zu sein und trotzdem Kinder zu haben sei eben „gar keine Schande mehr", stellt Anton Kranz fest: „Weil mich meine Gemeinde nicht heiraten lässt," höre man sagen, „so bringe ich ihr so viele Kinder, dass sie daran genug zu ernähren hat."

Dabei ist auch die Ehe keineswegs ein Paradies. Zumindest die größeren Bauern heiraten kaum aus Neigung, sondern nur aus Vernunft. „Nur bei der ärmeren Volksklasse kommt die Ehe aus Liebe vor." Wer einen größeren Bauernhof erben will, muss nämlich Eltern und Geschwister so teuer ausbezahlen, dass er „nach Reichtum heiraten" muss statt seiner Neigung zu folgen. „So ist es auch bei den kleineren Bauergütern, überhaupt bei Heiraten auf ein Anwesen. Welches Leben solche Verhältnisse bedingen, bedarf keiner weiteren Erörterung: an ehelicher Untreue von beiden Seiten fehlt es daher nicht sowie auch nicht an fortwährendem Zank und Hader. Überhaupt werden die Weiber von ihren Männern nur als die ersten Mägde betrachtet und mit Sorgen und Arbeiten überladen. Dafür entschädigt sich aber das Weib hinter dem Rücken des Mannes durch Verschwendung jeder Art."

Nun könnte es natürlich sein, dass die Nähe Schwabings zur bayerischen Landeshauptstadt die Kraglfinger Zustände allmählich verändert. Einerseits gibt sie den Kraglfingern tatsächlich Gelegenheit, „ihre Erzeugnisse leicht und gut zu verwerten und ihre Bedürfnisse auf eine wohlfeilere Art befriedigen zu können". Andererseits ist es auch ziemlich gefährlich, dort Geschäfte zu machen, denn die Besucher aus dem Dorf lassen ihren Erlös „größtenteils in der Stadt wieder zurück, entziehen unseren Gewerbsleuten ihren Verdienst und – was die Hauptsache ist – haben an ihrer (nun auf einmal offenbar doch festzustellenden) Sittenreinheit, Genügsamkeit und Sparsamkeit einen Verlust erlitten, welchen der pekuniäre Vorteil nicht aufwiegen kann."

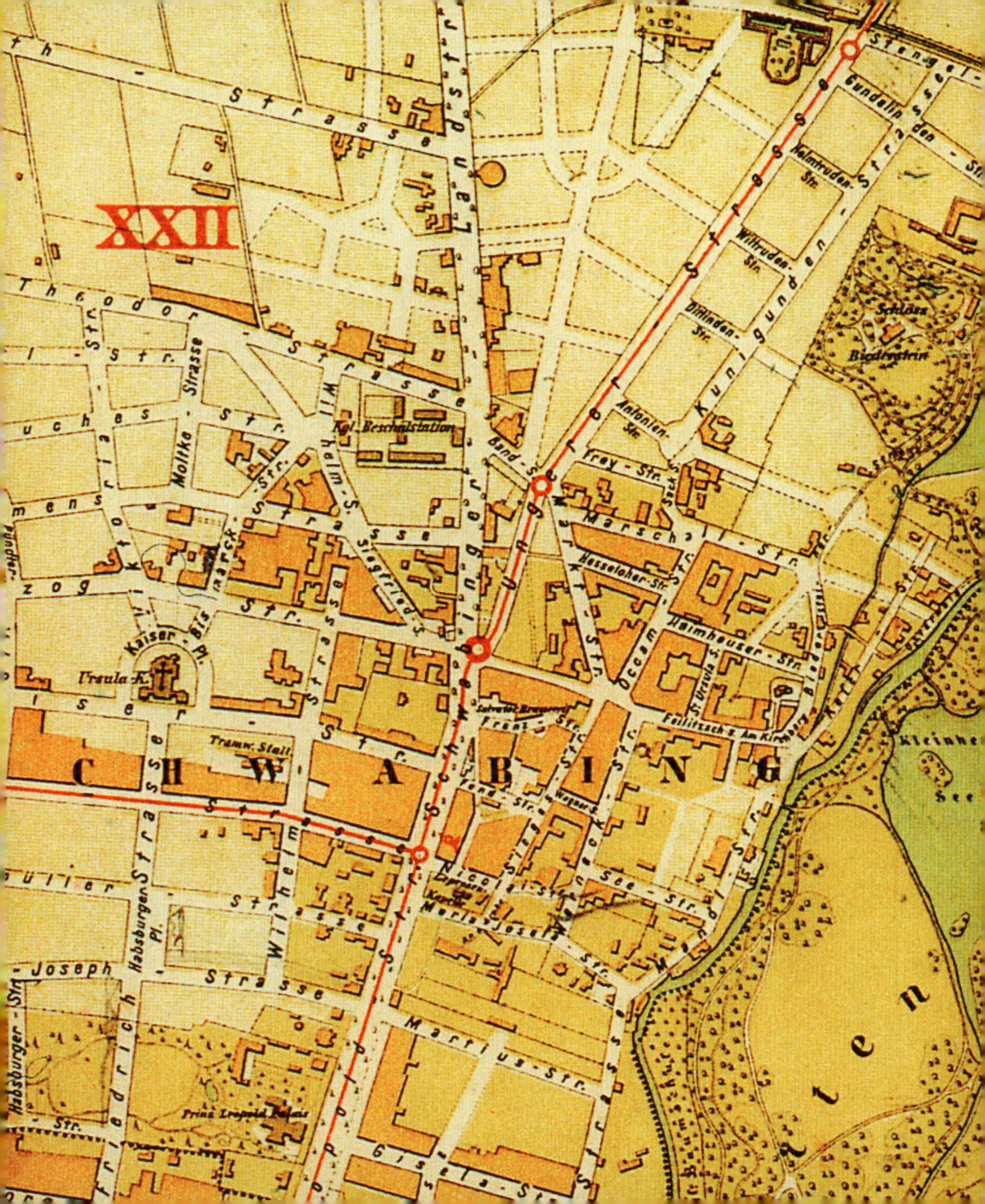
XXII
SCHWABING
Theodor Strasse
Kol. Beschälstation
Ursula K.
Kaiser Pl.
Tramw. Stall
Moltke Strasse
Bismarck Str.
Wilhelm Str.
Siegfried Str.
Leopold Str.
Ungerer Strasse
Kunigunden Strasse
Gundelinden Str.
Helmtruden Str.
Wiltruden Str.
Biltruden Str.
Antonien Str.
Frey Str.
Marschall Str.
Hesseloher Str.
Haimhauser Str.
Occam Str.
Feilitzsch Str.
Franz Str.
Werneck Str.
See Str.
Nicolai Str.
Maria Josefa Str.
Habsburger Pl.
Habsburger Str.
Friedrich Strasse
Joseph Strasse
Martius Str.
Gisela Str.
Prinz Leopold Palais
Schloss Biederstein
Kleinhesseloher See

Schon im 19. Jahrhundert war die Straße vom Münchner Zentrum nach Schwabing eine Pappelallee. Sie ist es bis heute geblieben. Auch die Ungererstraße ist bis ins erste Jahrzehnt des 20. Jahrhunderts einer schattige Allee gewesen (mittleres Bild). Schon um 1910 wurde sie aber abgeholzt (unten).

Vorderhand aber verändert die Hauptstadt sich erst einmal selbst. Sie wächst nämlich nach Norden in Richtung auf Schwabing. 1885 hat Gottfried von Neureuther nach der Technischen Hochschule in der Maxvorstadt direkt neben dem Siegestor, nur ein paar Meter nördlich davon, auch die Königlich Bayerische Akademie der Bildenden Künste fertig gestellt. An der Schwabinger Landstraße, der späteren Leopoldstraße, schließt sich an ihren Garten das Haus des Gasdirektors Schilling an, danach ein ausgedehntes Gartengrundstück, das nach 1850 dem Grundstücksspekulanten Michael Rosipal gehört und dessen Aufteilung die Anlage der Georgenstraße ermöglicht, gefolgt von der Residenz des russischen Gesandten im Königreich Bayern, die später an den Fürsten Oettingen-Spielberg übergeht. Gegenüber der Einmündung der Giselastraße folgt – ebenfalls in einem Park – das Palais Leopold mit Hofmarschallhaus – heute das Gelände der Mensa. Weiter zum Schwabinger Zentrum kommen bis zur späteren Hohenzollernstraße nur noch Gärten.

Auf der gegenüber liegenden östlichen Seite hat Rosipal, dem ein Einrichtungshaus am Rindermarkt im Münchner Zentrum gehört, zwischen der Schwabinger Landstraße und dem Englischen Garten weitläufige Gründe aufkaufen können. Ihm gehören deshalb bis hin zur Kleinhesseloher Brücke über den Schwabinger Bach zahllose künftige Baugrundstücke zwischen der Residenzstadt und Schwabing. Beidseits der heutigen Ohmstraße erstreckt sich an der Schwabinger Landstraße zunächst ein Park mit der Villa eines Rosipal-Bruders. Bis an die sogenannte Schwabinger Grube mit der St. Nikolaikirche und ihrem stillgelegten Leprosenhaus, das 1856 abgebrochen wird, während die Kirche noch bis 1898 besteht und erst dann der Immobilienspekulation Platz machen muss, erstrecken sich Wiesen. Auf diesen Gründen sind die Ohm- und die Giselastraße, die Martius- und die Trautenwolfstraße, die Maria-Josepha- und die Seestraße entstanden, planvoll parzellierte Bauareale für die wachsende Stadt. Schließlich ist auch das

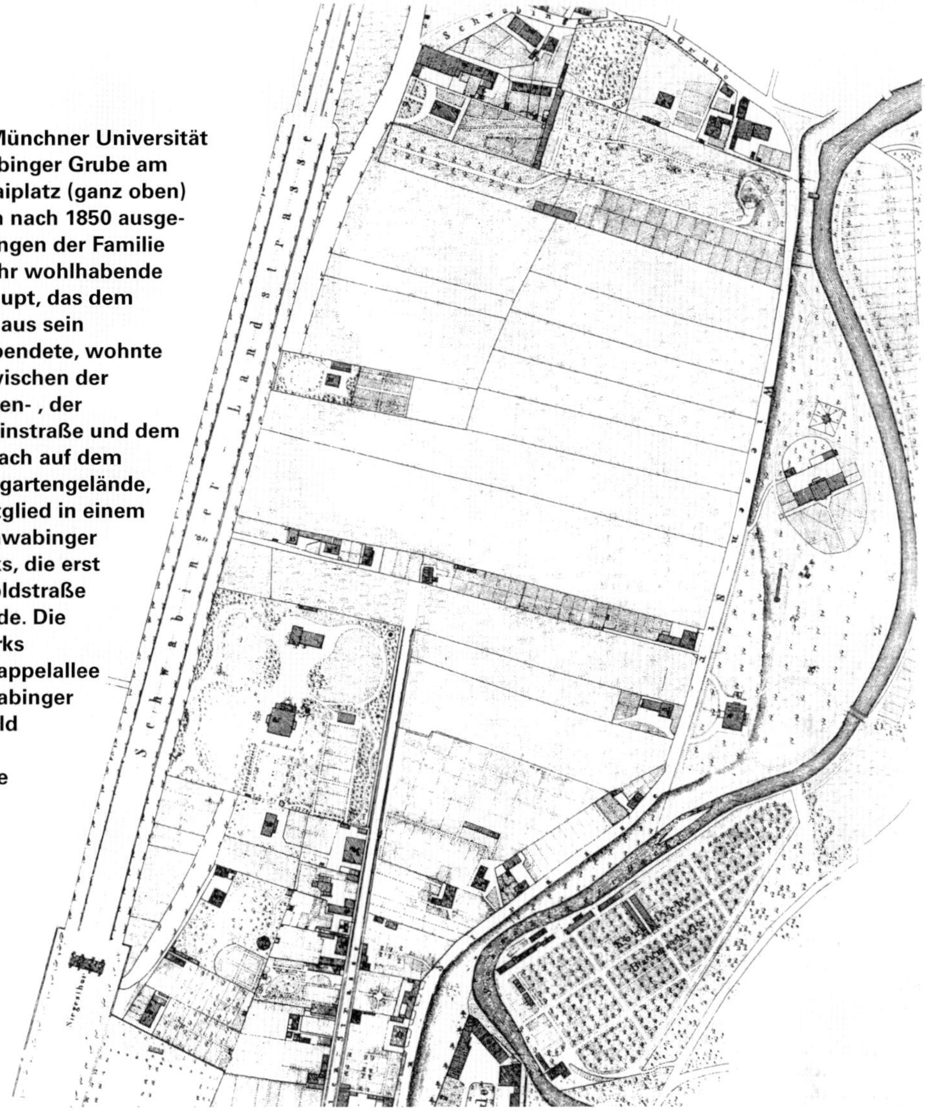

Zwischen der Münchner Universität und der Schwabinger Grube am heutigen Nikolaiplatz (ganz oben) erstreckten sich nach 1850 ausgedehnte Besitzungen der Familie Rosipal. Das sehr wohlhabende Familienoberhaupt, das dem Münchner Rathaus sein Glockenspiel spendete, wohnte in einer Villa zwischen der damaliger Wiesen- , der heutigen Königinstraße und dem Schwabinger Bach auf dem vormaligen Tiergartengelände, ein Familienmitglied in einem Park an der Schwabinger Landstraße links, die erst später in Leopoldstraße umgetauft wurde. Die Wiesen und Parks zwischen der Pappelallee und dem Schwabinger Bach sollten bald gesuchte Baugrundstücke werden.

Werneckschlössl, wie das Suresnes-Schlösschen volkstümlich heißt, in einen Park eingeschlossen, der bis heute besteht. An der Seestraße hat sich das Wohnhaus mit früherer Stallung des Lohnkutschers Kindl erhalten. Er ist der Leibkutscher Michael Rosipals gewesen.

Rosipal selbst residiert im späten 19. Jahrhundert an der München-Schwabinger Grenze in der Wiesenstraße, die man später in Königinstraße umtaufen wird, in einer weitläufigen Villa mitten in einem vierhundert Meter langen Park. Dessen Areal gehört heute zur Tierärztlichen Fakultät der Ludwig-Maximilians-Universität. Am nördlichem Ende steht die Universitätsreitschule. Hier hat zuvor Münchens erster Zoologischer Garten gelegen. Ein Affenhaus und Volieren, Käfige und ein größerer Teich erinnern zu Rosipals Zeit an diese Vergangenheit. Außer dessen prächtigem Haupthaus enthält der Park nicht nur ein fast völlig von Weinreben überwachsenes Nebengebäude namens „kleine Villa" mit fünf Zimmern im Erdgeschoss und weiteren Kammern unter dem Dach, das der Familie als Sommerhaus dient, sondern auch ein Schweizerhäuschen, einst als Spielhaus für Rosipal-Söhne entstanden. Es ist in den 1890er Jahren einem Neubau für Rosipals Verwandtschaft gewichen. Auf dem Gelände der heutigen Reitbahn haben großräumige Stallungen, Remisen und Geschirrkammern gestanden. Auf einer Kreisbahn wurden Rosipals Pferde bewegt.

Dass diese großbürgerliche Idylle nicht mehr besteht, hat Rosipal mit seiner Grundstückspolitik selber gefördert. Schwabing hatte nämlich 1855 erst knapp 1.700 Bewohner, nur sechs Jahre später aber, 1861, schon fast 2.000. Bereits 1864 wird erstmals über eine Eingemeindung nach München gesprochen. Die Schwabinger lehnen sie ab. Aber sie leben über ihre Verhältnisse oder haben mit schwieriger werdenden Verhältnissen zurecht zu kommen, die ihre kleine, wenn auch wachsende Gemeinde auf Dauer nicht allein schultern kann. 1880 ist die Schwabinger Bevölkerung auf 7.260 Personen hochgeschnellt. Drei Jahre später wird erstmals ein Mann Bürgermeister von Schwabing, der kein Bauer mehr ist, sondern den damals in dieser Gemeinde vielleicht wichtigsten Beruf ausübt: Er ist Baumeister, Alois Ansprenger mit Namen. 1887 erreicht er, dass sein Ort zur Stadt hochgestuft wird. Da ist ihre Bewohnerschaft schon auf über 10.000 Menschen gewachsen. Zur Feier des Ereignisses schafft sich Schwabing auch ein Stadtwappen an: zwölf Goldähren, von einem weißen Band gehalten, auf azurblauem Grund.

1883 erhält die Siegesstraße erstmals elektrisches Licht, sieben Jahre später ist die gesamte Gemeinde elektrifiziert, noch vor München und Berlin. Aber die Infrastrukturprobleme dieser stürmisch wachsenden Kommune sind immer schwerer zu lösen. Einem Gemeindevermögen von knapp 1 Million Goldmark stehen Schulden von mehr als 500.000 Goldmark entgegen. Nur vier Jahre zuvor ist Schwabing noch schuldenfrei

Von 1735 bis 1904 stand an der Feilitzschstraße (die anfangs noch Dorfstraße und später bis zur Eingemeindung Schwabings nach München Maffeistraße hieß) das erste Schulhaus des Dorfes. Hier unterrichtete der Mesner, weshalb die Schwabinger es auch Mesner-Schulhaus genannt haben.

gewesen. Im Millionenvermögen sind überdies Werte enthalten, die nichts einbringen. Das „rentierliche Vermögen" beläuft sich nur auf 102.000 Goldmark. Zum Bau eines Leihhauses hat Schwabing 330.000 Goldmark Kredit aufgenommen. Dessen Betrieb bringt nur 4.000 Goldmark jährlich wieder herein. Ein ernstes Problem ist vor allem die Infrastruktur. Die meisten Schwabinger Straßen sind nur sechseinhalb Meter breit und noch nicht gepflastert. Fußwege gibt es nur selten, gepflasterte Fußwege noch seltener. Immerhin kann Schwabing bereits die Münchner Wasserversorgung nutzen und besitzt ausreichend große Schulen sowie ein eigenes Krankenhaus.

Begeistert ist der Münchner Magistrat von den Aussichten nicht, die die sogenannte Einverleibung Schwabings eröffnen. Spräche man sich dagegen aus, wäre die Entscheidung aber eher verschoben als vermieden. Schwabing werde

Bis 1923 hat auf dem „Burgstall", dem Gelände der mittelalterlichen Schwabinger Burg, der Nonnenbauernhof gestanden, auch Ridler-Klosterfrauenhof genannt. Das Grundstück lag im Winkel der heutigen Occam- und der Haimhauserstraße hinter dem Theater am Sozialamt.

über kurz oder lang weitere Anleihen aufnehmen müssen, die bei einer späteren Eingemeindung voll und ganz auf Münchner Rechnung gingen, heißt es in einer Debatte im Münchner Rathaus. Letztlich stimmt München unter der Voraussetzung zu, dass die Schwabinger bis zum vorgesehenen Stichtag, dem 1. Oktober 1890, keine unvorhergesehenen neuen Schulden mehr machen. Allerdings mangelt es einigen Münchner Ratsherren auch ein wenig an Fantasie. So erklärt der Gemeindebevollmächtigte Seyboth allen Ernstes, „wie die Bebauungsverhältnisse in Schwabing sind, wie mitten in der Stadt große Felder, große Ökonomiegüter sich breit machen, so eröffnet uns das für die Zukunft gar keine günstigen Aussichten." Seyboth hat sich wohl nicht von Rosipal aufklären lassen. Sein Amtskollege Kröber stößt in das gleiche Horn: „Finanziell machen wir ein schlechtes Geschäft, das bestreiten ja unsere Gegner nicht; es ist nur die Frage, in welcher Tragweite wir es machen; wir machen es, und zwar in einem sehr erheblichen Maße" und ruft deshalb aus: „Halten Sie sich diese neue Last vom Halse!" Aber der Referent der Münchner Stadtverwaltung setzt noch einmal nach: „Wenn wir noch länger säumen – und darüber besteht kein Zweifel, dass wir der Einverleibung nicht auskommen, und wenn die Herren Kröber und Seyboth noch so sehr dagegen sind –, so kostet es unser Geld."

Am 20. November wird die Eingemeindung vollzogen, und der Münchner Bürgermeister Dr. Johannes von Widenmayer vergisst an diesem Tag nicht zu erwähnen, „dass Schwabing ein überaus entwicklungsfähiger Stadtteil von München ist". Mit der Eingemeindung verlegt die Stadt München ihre Burgfriedensgrenze an die nördliche Grenze von Schwabing und zugleich die Grenzlinie zur Maxvorstadt von der Höhe Hohenzollernstraße/Nikolaiplatz ein Stück weit stadteinwärts auf die Höhe der Georgenstraße. Widenmayers Prognose trifft zügig ein. Zehn Jahre nach der Eingemeindung wohnen in mittlerweile 1.276 Anwesen des Münchner Stadtbezirks Schwabing schon über 28.000 Personen. Allein im letzten Jahrfünft des 19. Jahrhunderts ist die Schwabinger Einwohnerschaft um fast die Hälfte gestiegen. Nur noch acht Einwohner von Schwabing sind als Ökonomen verzeichnet, also als Bauern. Keine weiteren zehn Jahre vergehen, bis der stark wachsende Bezirk Schwabing geteilt werden muss. Seit 1909 gibt es einen eigenständigen Stadtbezirk Schwabing-West. Aber erst seit 1996 gehört auch das Siegestor, dieser traditionelle Eingang zum Stadtviertel, zu Schwabing hinzu.

Wahnmoching

Eine Kraglfing-Karikatur: „Bin i froh, dass mei Haus auf der nämlichen Seit'n liegt wie's Bräuhaus. Mit dene Malefizautomobül kann ma gar nimmer über die Straß'n."

Der Weg von Kraglfing nach Wahnmoching „zieht sich. Mancher kommt nie an. Viele bleiben in Kraglfing. Andere stürzen sich kopfüber ins Wahnmochinger Treiben, vergessen Kraglfing", schreibt Bauer (1998: 17), und liefen dann Gefahr, den Boden unter den Füßen zu verlieren. Es sei besser, in Kraglfing zu wurzeln und in Wahnmoching zu fliegen oder auf dem Weg zu sein wie auf einer imaginären Reise mit dem Zug von Kraglfing nach Wahnmoching und mittendrin auszusteigen. Denn hier liege Schwabing. „Die Reise von Kraglfing nach Wahnmoching endet in der Symbiose von Land und Leben und Kunst und Leben, endet in Schwabing. Schwabing ist kein geografischer Ort, sondern ein kultureller Begriff. Nur von Kraglfing aus erreicht der Reisende Wahnmoching, versteht er Schwabing." (Bauer 1998: 19).

Wie hat sich dieses allmählich überfremdete Dorf, in dessen Zentrum sich Hunderte von Arbeitern niedergelassen haben und auf dessen Fluren, vor allem aber an dessen südlichem Rand gutsituierte Münchner Bürger in luxuriöse Mietwohnungen ziehen – die größten Wohnungen messen einschließlich zweier Einliegerwohnungen für Dienstmädchen und Kutscher bis über achthundert Quadratmeter – wie also hat dieses Dorf um die Wende vom 19. zum 20. Jahrhundert die Bohème anziehen und zu Wahnmoching werden können? Erich Mühsam, ein Schwabinger dieser Zeit, hat einmal erläutert (1905: 48), was das ist, ein Bohèmien: „ein Mensch, der aus der großen Verzweiflung heraus, mit der Masse der Mitmenschen innerlich nie Fühlung gewinnen zu können – und diese Verzweiflung ist die eigentlichste Künstlernot – drauflosgeht ins Leben, mit dem Zufall experimentiert, mit dem Augenblick Fangball spielt und der allzeit gegenwärtigen Ewigkeit sich verschwistert." Ein solcher Bohèmien ist im Grunde ein ortloser Mensch, prädestiniert, in einer Art Zwischenreich zu leben, ohne feste Regeln, ohne dauerhafte Bleibe womöglich. Liest man über die Schwabinger Zeit der Husumer Gräfin Franziska zu Reventlow oder über den Maler Paul Klee nach, sieht man: Beide sind damals nach München gereist, aber in Schwabing gelandet. Und beide sind unentwegt umgezogen.

Eine Postkarte von etwa 1910 (unten) macht klar, wie Schwabings Mitte damals ausgesehen hat. Hinter dem Tramhäusl erstreckte sich der Biergarten des Großwirts (rechts oben in einem Ölbild von J. v. Hartmann von 1884 – im unteren Bild rechts unten der Schwabingerbräu).

München ist in den Jahren der Prinzregentenzeit „die" Adresse für Kunst: Wer einen Sohn hat, den würde ich nach Munick zum Malereistudium schicken, notiert Pablo Picasso in einem Brief an einen Freund. „Der Begriff Münchner Malerei, solide unterrichtet, bürgt für Qualität", schreibt Bauer (1998: 174), und weiter: „Wegen der Malerei gilt München als Kunststadt. Eine internationale Messe für Maltechnik findet regelmäßig im Glaspalast statt. Aus aller Welt kommen Studierende an die Münchner Akademie." In Schwabinger Mietshausneubauten müssen laut Bauvorschrift im Dachgeschoss nach Norden Ateliers eingebaut werden.

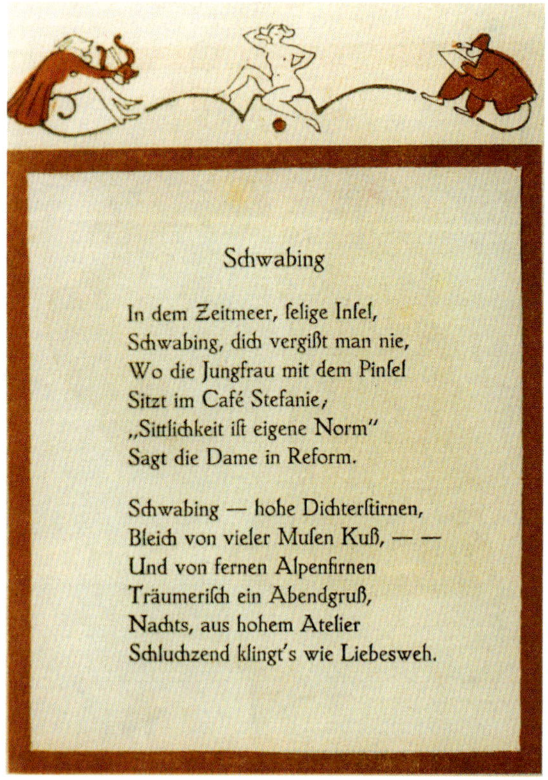
Schwabing

In dem Zeitmeer, ſelige Inſel,
Schwabing, dich vergißt man nie,
Wo die Jungfrau mit dem Pinſel
Sitzt im Café Stefanie,
„Sittlichkeit iſt eigene Norm"
Sagt die Dame in Reform.

Schwabing — hohe Dichterſtirnen,
Bleich von vieler Muſen Kuß, — —
Und von fernen Alpenfirnen
Träumeriſch ein Abendgruß,
Nachts, aus hohem Atelier
Schluchzend klingt's wie Liebesweh.

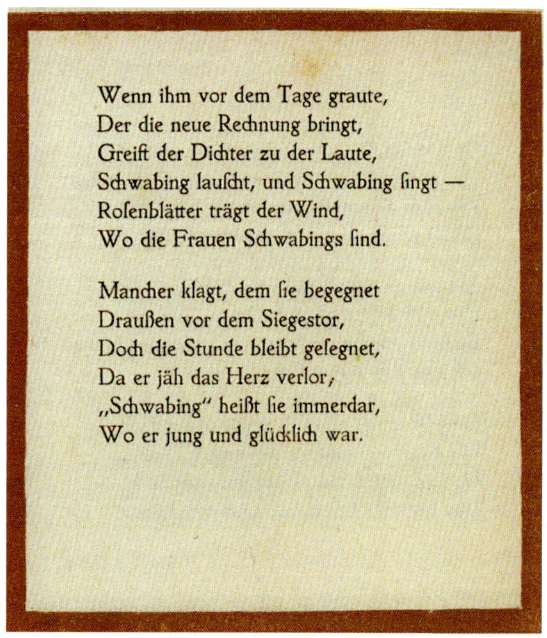
Wenn ihm vor dem Tage graute,
Der die neue Rechnung bringt,
Greift der Dichter zu der Laute,
Schwabing lauſcht, und Schwabing ſingt —
Roſenblätter trägt der Wind,
Wo die Frauen Schwabings ſind.

Mancher klagt, dem ſie begegnet
Draußen vor dem Siegestor,
Doch die Stunde bleibt geſegnet,
Da er jäh das Herz verlor,
„Schwabing" heißt ſie immerdar,
Wo er jung und glücklich war.

Hermann Jacques, 1911

Karl Wolfskehl, Alfred Schuler, Ludwig Klages, Stefan George und Albert Vevey

Franziska Gräfin zu Reventlow im Kreis von Freunden

Heinrich und Thomas Mann

Ludwig Thoma in bäuerlicher Faschingstracht

Erich Mühsam

Paul Klee

Alfred Kubin

Frank Wedekind

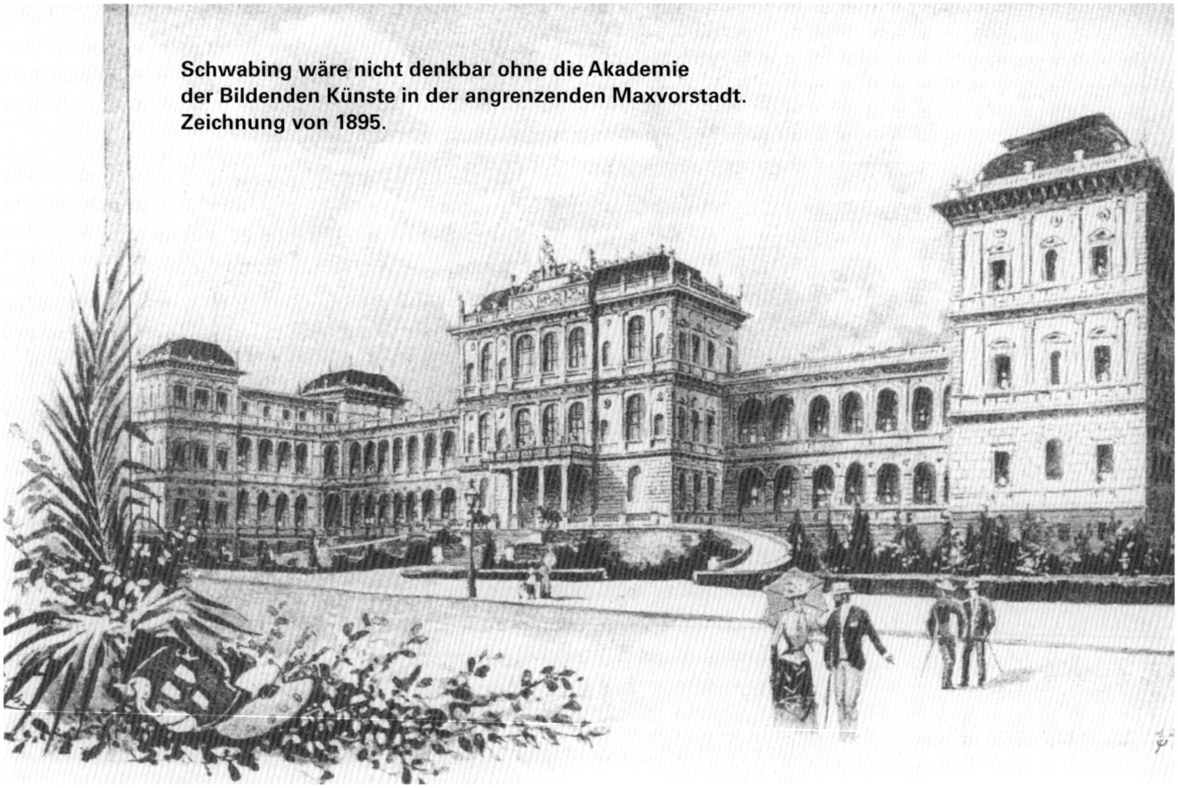

Schwabing wäre nicht denkbar ohne die Akademie der Bildenden Künste in der angrenzenden Maxvorstadt. Zeichnung von 1895.

Das Schwabing der Prinzregentenzeit definierte sich als Kontrapunkt zur Akademie mit privaten Malschulen für Frauen, die an der Akademie grundsätzlich nicht zugelassen waren, wie auch für Männer. Im Bild rechts die Malschule Ažbe.

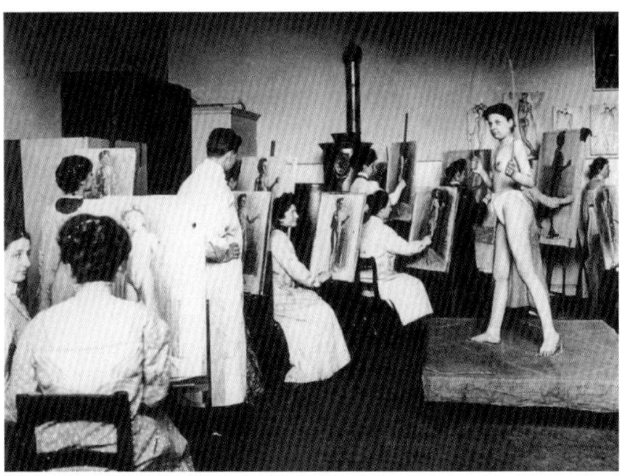

Rund um diese Akademie entstehen private Malschulen, in denen jene studieren, die entweder das „falsche" Geschlecht haben (an der Akademie dürfen sich damals nur Männer einschreiben) oder vom akademischen Betrieb abgewiesen werden, weil ihre Kunstauffassung deren Konventionen nicht entspricht oder weil sie von sich aus solche Konventionen ablehnen. Diese Malschulen arbeiten wie die Akademie selbst in der Maxvorstadt oder nördlich davon, wo sich die Stadt gerade massiv weiter ausdehnt, also in Schwabing. Anders als in der schon eng bebauten Maxvorstadt sind die Mieten dort billig und sind Remisen oder Schuppen, die als Atelier taugen können, fast beliebig verfügbar. Aber es kommt auch hinzu, dass jene von Erich Mühsam ge-

schilderte Künstlernot dort, wo die Stadt sich noch nicht verfestigt hat, sich am problemlosesten ausleben lässt. Schwabing ist so unfertig wie die Lebenslinien dieser Künstler selbst. Das passt zusammen. „Hier in Schwabing", sagt Bauer (1988: 26), „ist der Ort für Lebenskünstler, hier herrscht die Bohème, hier ist alles erlaubt, was in

KÜNSTLERINNEN-VEREIN MÜNCHEN

Damen-Akademie.

Ab 1. April 1899 im eigenen Hause, **Barerstr. 21**, Gartenbau.

Sommersemester 10. April bis 31. Juli.

Zeichnen- und Malklasse nach leb. Modell (Tageskurs): die Herren Friedr. Fehr, Georg Jauss, L. Schmid-Reutte.
Illustrieren, Radieren: Herr Maxim. Dasio.
Zeichnen nach der bekleideten Figur (Abendkurs) Herr Friedr. Fehr.
Anmeldungen zu adressieren

Inscription: 10. u. 11. April ebendaselbst.

Sekretariat des Künstlerinnen-Vereins, Barerstrasse 21, Rückgebäude.

Bürgerkreisen verboten ist. Hier wird die absolute Einheit von Kunst und Leben erreicht. Auf nach Schwabing! Dieses Klischee ist schnell hergestellt. Doch ist alles ganz anders."

Wer aus betuchteren Verhältnissen kommt, findet in den neuen großbürgerlichen Quartieren eine angemessene Bleibe. Alfred Walter Heymel, der 1898, eben volljährig geworden, ein beträchtliches Aktienvermögen erbt und im Jahr darauf zusammen mit seinem Vetter Rudolf Alexander Schröder und dem erfahrenen Verlagsredakteur Otto Julius Bierbaum für kurze Zeit die Zeitschrift „Die Insel" herausgibt, wohnt direkt hinter dem Siegestor in einem äußerst repräsentativen Neubau des Jugendstil-Architekten Martin Dülfer. In Schlaf-, Wasch- und Ankleidezimmern, in Frühstücks- und Ess-, Wohn- und Arbeitszimmern, im Rauchsalon und im Spielzimmer, im Kupferstichkabinett, im Teezimmer und in einer kleinen Bar, von seinen Redaktionsräumen der „Insel" noch gar nicht zu reden, verwirklicht er die Einheit von Leben und Kunst zwischen Möbel-Unikaten der Vereinigten Werkstätten für Kunst und Handwerk. Auch der Verleger Albert Langen muss keineswegs sparen. Im Rheinland Anteile an einer Zuckerfabrik, in der Schack- und Kaulbachstraße Wohn- und Büroräume. Dem Maler Wassily Kandinsky stehen Mieterträge aus 24 ererbten Moskauer Wohnungen zur Verfügung. Alfred Kubin finanziert sein Kunststudium aus einer Erbschaft der Großeltern. Thomas Mann heiratet die reiche Professorentochter und Mathematikstudentin Katia Pringsheim. Mann lässt sein alter ego Tonio Kröger einmal sagen: „Ach, lassen Sie mich mit meinen Gewändern in Ruh … Wünschen Sie, dass ich in einer zerrissenen Sammetjacke oder einer rotseidenen Weste umherliefe? … Man ist als Künstler innerlich immer Abenteurer genug … Äußerlich soll man sich gut anziehen, zum Teufel, und sich benehmen wie ein anständiger Mensch." (1945: 114 f.) Thomas Manns Wohnadressen lassen nacherleben, wie sich seine Verhältnisse wandeln: In der Schwabinger Marktstraße hat er seine wenigen Möbel noch selber lackiert, in der Franz-Joseph-Straße schon gutbürgerlich gewohnt und vor seinem Umzug nach Bogenhausen dort eine der schönsten und großzügigsten Villen der Stadt bauen lassen.

Aber finanzielle Sicherheit muss keine Voraussetzung für ein bürgerliches Leben sein, nicht in Wahnmoching jedenfalls. Zwar haben die Kandinskys ein Hausmädchen. Auch Alexej Jawlensky und seine Lebensgefährtin Marianne von Werefkin, ebenfalls Malerin, leben mit dem Hausmädchen Helene Nesnakomoff in einer großbürgerlichen Wohnung in der Giselastraße 23 und können dort sogar einen in russischen Emigrantenkreisen berühmten Salon führen. Aber es ist kein bürgerlicher Salon. Helene wird von Alexej schwanger. Alle drei ziehen den Sohn gemeinsam auf. Wer der Vater von Franziska zu Reventlows unehelichem Sohn ist, der allgemein nur Bubi genannt wird, verschweigt die Mutter zeitlebens – sie will keine neue Abhängigkeit.

Und dann ist da ja noch Kraglfing, das unter der Decke von Wahnmoching fortexistiert. Überkommenes Brauchtum, bayerische Lebensart, ist noch vorhanden. Wer so ungebunden sein will oder sein muss wie Menschen, die Erich Mühsam gemeint hat, kann sich der Elemente solchen Brauchtums bedienen, ohne dessen Teil sein zu müssen. So geht Ludwig Thoma 1908 mit Helene Taschner in der Dachauer Tracht der Schwabinger Bauern auf die Schwabinger Bauernkirta in den Schwabingerbräu, auf der es alles

Die Akademie pflegte ihre Traditionen (Bild oben: Akademieprofessor Nikolaus Gysis in seinem dortigen Atelier) und baute dessen Kollegen, dem Tiermaler Heinrich Zügel, sogar einen kombinierten Kuhstall mit Atelier. Derweil zog es ungebundene Schwabinger „Malweiber" und Maler eher in die freie Natur.

Denkbare gibt, nur keine Bauern. Veranstalter ist nämlich zunächst der Verein Deutscher Kunststudierender, später die Vereinigung Münchener Kunstacademiker. Bacchusfeste im selben Saal werden vom Verein für Kunst und Künstlerkultur ausgerichtet. Aber ohne die Bauernkirta wären die Bacchusfeste nicht denkbar gewesen, und ohne die handfesten Kirchweihvergnügen des Dorfes Kraglfing alias Schwabing hätte es keine künstlerische Bauernkirta gegeben.

So kommt also zusammen, was in Wahnmoching zusammengehört: die Nähe zur Kunststadt München bei gleichzeitiger Distanz zu ihren akademischen Zwängen, das Eintauchen in den bayerischen Urgrund, der faschingshalber doch zugleich nur mehr lächelnd zitiert wird, die mühelose Benutzung großbürgerlicher Annehmlichkeiten bei der gleichzeitigen Möglichkeit, in umgebauten Pferdeställen, ausgebauten Remisen oder gar einfach hergenommenen Rückgebäuden auch mit sehr wenig Geld auskommen und dabei Kunst machen zu können, die Gelegenheit, sich wie zufällig, aber doch mit berechenbarer Wahrscheinlichkeit in einer Handvoll Cafés und Kneipen begegnen und austauschen zu können sowie der Vorzug, zwischen Stadt und Land, Residenzstadt und Dorf, Atelier und Wiese, gepflegtem Englischem Garten und der freien Natur pendeln zu können. Lassen wir noch einmal Erich Mühsam zu Wort kommen. Er hat (1962: 28 f.) sehr schön zusammengefasst, was sich als Quersumme aus diesen Möglichkeiten ergab: „Weder Armut noch Unstetigkeit ist entscheidendes Kriterium für die Bohème, sondern Freiheitsdrang, der den Mut findet, gesellschaftliche Bindungen zu durchbrechen und sich die Lebensform zu schaffen, die der eigenen inneren Entwicklung die geringsten Widerstände entgegensetzen."

Der Schwabingerbräu mit seinem Festsaal ist das Zentrum auch für den Fasching gewesen. Der Saal hat bis 1942 bestanden.

Ernst und Spiel haben fließende Grenzen.
Frank Wedekind als „vermummter Herr" in seinem Schauspiel „Frühlings Erwachen" 1908.

Die Möglichkeiten im Schwabing der Wende vom 19. zum 20. Jahrhundert sind also enorm, und nicht wenige seiner Bewohner fühlen sich auch so: „In Schwabing ist keine Norm möglich. Schwabinger fühlen sich über die Norm erhaben (Enorme), mindestens außer der Norm, aber niemals unter der Norm." (Bauer 1998: 44). Damit ist nun nicht die normierende Disziplin der Königlich Bayerischen Akademie der Bildenden Künste gemeint, in der, wenn einer der göttergleichen Professoren seine Unterrichtsräume betritt, alles in Ehrfurcht erstarrt und man eine Stecknadel zu Boden fallen hören müsste, fiele denn eine, wie ein Studierender mit holländischem Namen 1904 nach England berichtet. Es ist eine Disziplin, die mit sehr geringen Studiengebühren belohnt wird, mit kostenloser medizinischer Versorgung und der Möglichkeit, in der Anatomie am menschlichen Körper Studien zu betreiben, mit kostenlos verfügbaren höchst lebendigen Modellen, mit freiem Eintritt in alle Kunstausstellungen und Museen sowie halben Preisen in der Oper, im Konzert und im Theater und übrigens auch in öffentlichen Bädern.

Aber nein, darum geht es nicht, als 1891 der slowenische Maler Anton Ažbe eine Schule für Malen und Zeichnen eröffnet, für Herren in der Georgenstraße 16 und für Damen in der Amalienstraße 57. In der Erinnerung Leonhard Franks (Links wo das Herz ist, München 1967) war Ažbe „ein genialer Lehrer. Die begabteren jungen Leute verließen die Akademie der Künste, um unter seiner Leitung zu studieren. Aus allen Ländern Europas kamen Kunstjünger zu ihm. Er fragte nicht, ob ein Schüler bezahlen konnte, und wusste auch nie, wer Schulgeld bezahlt hatte und wer nicht. Solange Geld für die Modelle und für Kognak in der Nachttischschublade lag, war die

Plakat zu einem der legendär gewordenen Künstlerfeste im Schwabingerbräu zu Beginn des 20. Jahrhunderts

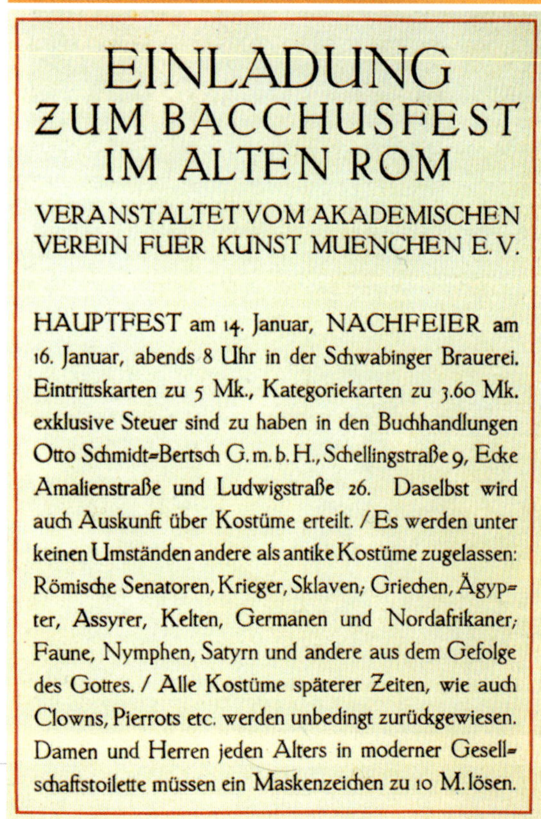

EINLADUNG
ZUM BACCHUSFEST IM ALTEN ROM

VERANSTALTET VOM AKADEMISCHEN VEREIN FUER KUNST MUENCHEN E.V.

HAUPTFEST am 14. Januar, NACHFEIER am 16. Januar, abends 8 Uhr in der Schwabinger Brauerei. Eintrittskarten zu 5 Mk., Kategoriekarten zu 3.60 Mk. exklusive Steuer sind zu haben in den Buchhandlungen Otto Schmidt-Bertsch G.m.b.H., Schellingstraße 9, Ecke Amalienstraße und Ludwigstraße 26. Daselbst wird auch Auskunft über Kostüme erteilt. / Es werden unter keinen Umständen andere als antike Kostüme zugelassen: Römische Senatoren, Krieger, Sklaven; Griechen, Ägypter, Assyrer, Kelten, Germanen und Nordafrikaner; Faune, Nymphen, Satyrn und andere aus dem Gefolge des Gottes. / Alle Kostüme späterer Zeiten, wie auch Clowns, Pierrots etc. werden unbedingt zurückgewiesen. Damen und Herren jeden Alters in moderner Gesellschaftstoilette müssen ein Maskenzeichen zu 10 M. lösen.

Buchführung in Ordnung. Viele warteten auf einen frei werdenden Quadratmeter, seine Malschule war überfüllt. ‚Wer zuerst kommt, malt zuerst', war sein stehender Scherz."

Allein in der Hohenzollernstraße, die im Jahr 1900 nach dem Vorbesitzer der dortigen Ländereien noch Hörmannstraße heißt, gibt es damals 15 Ateliers mit elf Kunstmalern und sechs Bildhauern. In der Hohenzollernstraße 21 richten der Bildhauer Hermann Obrist und Wilhelm von Debschütz 1904 ihre Lehr- und Versuchs-Ateliers für angewandte und freie Kunst ein, die Bildhauer Waldemar Hecker und Willhelm Hüsgen, unterstützt von „Dr. Wassily Kandinsky und Dr. Freytag, plastische Anatomie", ihre Malschule in einem Rückgebäude der Ainmillerstraße 11 und danach in der Hohenzollernstraße 6. Diese Adresse entwickelt sich zu einem regelrechten Atelierzentrum. Die Gegend ist noch preiswert. Relativ bequem kann man „leere Wohnungen und Ateliers mieten und fand vielfach das größte Entgegenkommen bei den Hausbesitzern, die froh waren, ihre Räume los zu sein", wie der Dozent Dr. Freytag berichtet. Das gesamte zweistöckige Haus dient der Kunst: Im Erdgeschoss unterrichten Hecker und Hüsgen, im ersten Stock liegt Wassily Kandinskys Atelier. Kunst und Leben sind da vereint – wie bei Ažbe. Der richtet im Wittelsbacher-Garten seinen eigenen Maskenball aus. Eine weitere Malschule führt Wilhelm Klingelmann. Eine Adresse für russische Studierende ist die Malschule Magidey. Private Malschulen für Damen, die an der Akademie grundsätzlich abgewiesen werden, haben zu dieser Zeit bereits eine

Ludwig Petuel hat den Schwabingerbäu an der Stelle der Hofmark Mitterschwabing errichten lassen. An der Feilitzschstraße (im Bild hinter dem Brauereigrundstück) wurde später stark verdichtet, wie der Bildvergleich zeigt. An der Stelle des Festsaals links mit seinen Faschings- und Künstlerfesten und des Biergartens steht heute ein Kaufhaus. In den umgebauten und aufgestockten Brauereigebäuden im Bildhintergrund arbeitet heute u.a. die Constantin-Film.

Was als Parodie auf das bäuerliche Leben begann – Bauern-Kirchweih 1907 im Schwabingerbräu –, war bald zu einem Faschingsvergnügen der Bürger und der Bohème geworden – Gauklertag 1909.

zwanzigjährige Tradition. Denn schon 1882 hatte die Künstlerin Clementine von Braunmühl in der Maxvorstadt einen Künstlerinnen-Verein gegründet. Zuerst in der Türken- und dann in der Barerstraße hatte sie Ateliers gemietet und es bis 1906 auf 427 Schülerinnen gebracht, unter ihnen Käthe Schmidt, Maria Franck und Gabriele Münter, die ersten beiden besser bekannt als Käthe Kollwitz und Maria Marc. Im folgenden Jahr verzeichnen auch Obrist und Debschütz bereits 250 Studenten. Und auch dort wird solides künstlerisches Handwerk vermittelt: Zeichnen nach der Natur und dem Menschen sowie Entwerfen für alle freien und angewandten Formen der Kunst. Zusätzlich zu Maler- und Grafiker-Ateliers gibt es Lehrwerkstätten für Metallbearbeitung und Metallguss, Handtapeten- und Handtextilherstellung sowie Keramik. Dozenten unterrichten in Perspektive und Kunstgeschichte ebenso wie im Umgang mit Holz und Metall.

Vor der Kunst liegt das künstlerische Handwerk. Paul Klee, der zeitweilig an der privaten Malschule von Heinrich Knirr eingeschrieben ist,

Kostümfest in der Malschule Ažbe 1899

lernt das Normgerechte, wenn auch kaum Enorme dieses Kunstalltags kennen: montags bis freitags von neun bis zwölf Uhr Ganzakt, von zwei bis vier Uhr Kopfakt, von fünf bis sieben Uhr Abendakt und samstags von neun bis zwölf wieder Ganzakt. Darüber schreibt er in sein Tagebuch (Stuttgart 1988: 266). „Die Leute zeichnen da ganz fleißig, aber auch ganz mäßig. Ob ich da viel ausrichte, ist fraglich." Was Klee bei Knirr studiert, hätte er ganz ähnlich auch bei Hecker und Hüsgen gelernt: „Zeichnen und Malen mit Abendakt, Modellieren mit Abendakt, Abendakt allein". Aber in Schwabing geht es keineswegs nur ums Malen und Zeichnen. So gründet Rudolf von Laban eine Schule für Kunst, in der Wort, Ton und Bewegung gleichermaßen angesehen sind. Der freie Ausdruckstanz bekommt in Schwabing mit Mary Wigman eine Protagonistin der neuen Zeit. Auch fotografische Ateliers entstehen, so das von Frank Eugene Smith, einem in New York geborenen Sohn deutscher Einwanderer, der in der Heimat der Eltern zunächst an der Akademie studiert, dann aber die Fotografie für sich entdeckt und diese künstlerisch einsetzbare Technik ab 1900 an der Lehr- und Versuchsanstalt für Photographie unterrichtet, die ab 1911 im früheren Schwabinger Krankenhaus in der Bismarckstraße 9 unterkommt. Zwei Jahre später wird er nach Leipzig berufen.

Anders als in der Akademie gibt es in allen diesen privaten Institutionen keine festen Lehrpläne. Entscheidend sind nach Debschütz' Überzeugung nämlich die Forderungen der Praxis und die Sehnsucht des Schülers. Hermann Obrist schreibt 1901 in der Zeitschrift Dekorative Kunst (IV, 9: 332) geradeheraus: „Wir müssen mit dem Begriffe Stil überhaupt brechen, insofern man darunter ein vererbtes und zu Tode gehetztes Motiv zu verstehen hat." Über die Norm erhaben zu sein – hier ist es zu greifen.

„Enormes" ereignet sich nicht weit entfernt bei Stefan George. Der lässt in der Römerstraße 16, wohin er aus seinem früheren Domizil in der Pension Fürmann Hanna und Karl Wolfskehl ge-

Malklasse von Professor Gysis mit Alfred Kubin (ganz hinten)

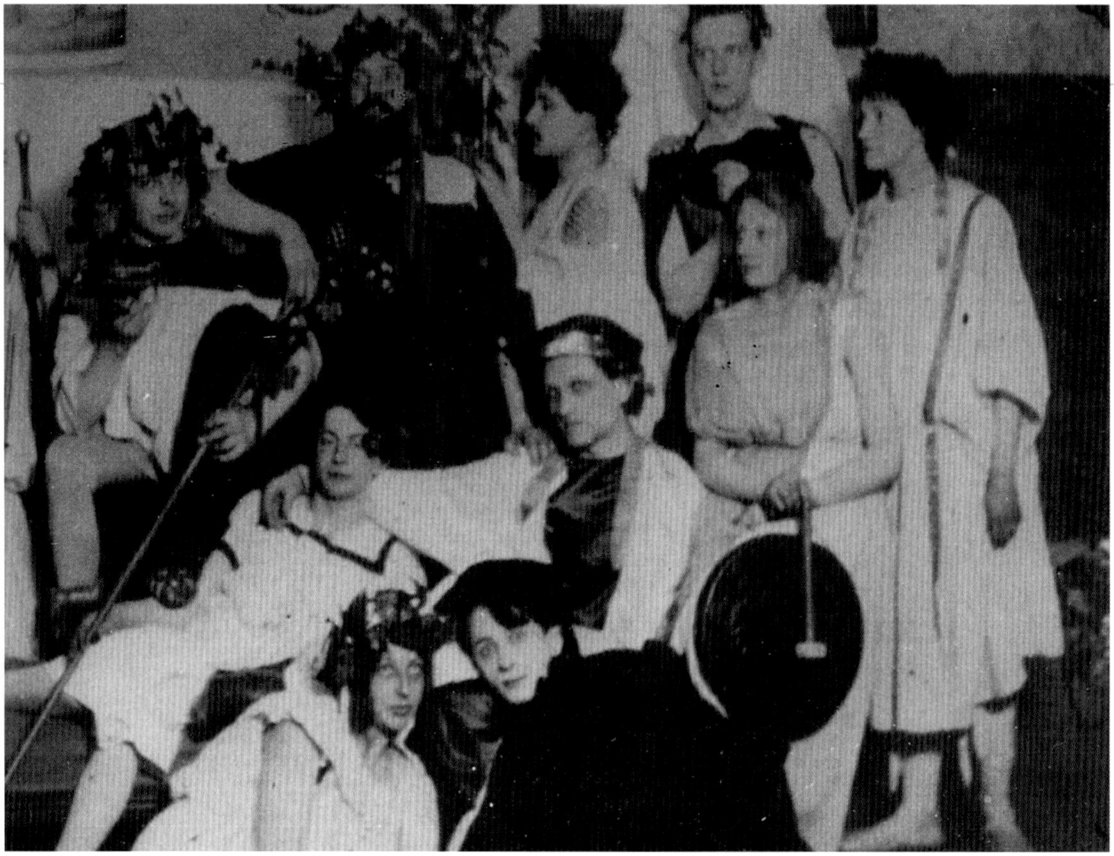

Kostümfest 1903 in der Wohnung von Karl und Hanna Wolfskehl: Leopoldstraße 51, mit Wolfskehl (hinten Mitte), Stefan George (Mitte, sitzend) und Franziska Gräfin zu Reventlow (vorn links)

folgt ist, in seiner Wohnung, die in der Erinnerung des mit ihm befreundeten Kunsthistorikers Ludwig Thormaehlen (1921: 51) „durch die Reinheit der verarbeiteten schlichten Werkstoffe, die Wohlabgestimmtheit der Farben und den ausgewogenen Rhythmus aller Maße" bezaubert, nur Gespräche über Gegenstände zu, die er nicht für profan hält. Der Schriftsteller Hans Bandenburg fand das eher lustig als gut: „Knabenliebe, feierliche Attitüde, priesterliches Gebaren, gestelzte Verskunst, Kleindruck der Hauptwörter, Anmaßung der ‚Blätter für die Kunst', als gebe es nur hier ‚die Kunst', erregten unsere Spottlust." (cit. Bauer 1997: 41). Franziska zu Reventlow hat George öfter besucht und schildert ihn 1901 in ihrem Tagebuch (1992: 176) als „fast unheimlich, dieser seltsam gebildete Kopf mit den erloschenen Augen. Kommt einem nicht recht wie ein wirklicher Mensch vor, trotzdem er lachen kann." Wenn jemand bei ihr die Idee zu dem Wort Wahnmoching ausgelöst hat, dann nicht zuletzt er.

„Schwabing hat keine Grenzen", sagt Bauer (1998: 43): „Schwabing ist grenzenlos. Zuvor ein kleines Dorf, ethnografisch zum Amperland gehörig, wird Schwabing gegen 1900 zum Künstlerviertel Münchens. Hier, in den Straßen Schwabings, wird die Einheit von Kunst und Leben Wirklichkeit. Der Stadtteil Schwabing beginnt im Norden am Ungererbad, findet statt im Café Stefanie, hat seine Filialen am Lago Maggiore und im Quartier Latin, ist Murnau und Café Luitpold, ist die kosmische Wiese neben der Pension Fürmann, ist überall dort, wo sich Schwabinger Kunst und Leben nachweisen lassen." Im Eindruck des Schwabinger Schriftstellers

Eine Einladung zum Karnevalszug der Künstlerpension Fürmann von 1909: „Wer mitfahren will, hat seinen Namen am nebenstehenden Bogen zu unterzeichnen!"

René Prévot ist Schwabing „ein Babelturm, der in den Himmel wachsen möchte. Da sprach jeder die Sprache seines kostbaren Ich. Jeder konnte Meister werden in irgendeinem Kreis von Jüngern, konnte stolz mit diesem Knappentross die Leopoldstraße hinunter wandeln. Bis ans Siegestor glaubte man ihm seine Bedeutung" (cit. Bauer 1997: 52). Das kunstbesessene Schwabinger Leben zwischen Ažbe und Wolfskehl – um das Alphabet einmal so einzugrenzen – hat den Ort Schwabing allerdings immer nur bis zu einem gewissen Grade bestimmt. Parallel hat es in der Prinzregentenzeit auch noch Bauern gegeben, parallel eine nach Tausenden zählende Arbeiterschaft, parallel eine Bourgeoisie, die die als eher dumpf empfundene Münchner Altstadt zunehmend meidet und sich in den sonnigen und großzügigen Wohnungen niederlässt, welche den Schwabinger Süden und Westen immer stärker bestimmen.

Dieses bürgerliche Schwabing nimmt Jahr für Jahr an Prägekraft zu, das Schwabing der Bohème in den Jahren nach 1910 aber allmählich ab. Franziska zu Reventlow etwa verlässt 1910 Schwabing für immer. Sie entflieht ihrem bis dahin unsteten Leben nach Ascona, schreibt dort bis 1913 ihre Schwabinger Erfahrungen auf und publiziert sie als Buch. Erich Mühsam, wie viele andere Künstler ein Stammgast im Café Stefanie an der Ecke der Amalien- mit der Theresienstraße in der Maxvorstadt, beginnt erst im selben Jahr, sich persönliche Notizen über Schwabing zu machen, über den Stadtteil, in dem er zuhause ist. Franz Jung aber schreibt: „Wir sind ohne Bedauern von München geschieden. Aber auch die allgemeine Abwanderung von Kunst und Literatur aus München hatte 1913 bereits eingesetzt. Margot konnte den größten Teil der Leute, mit denen sie im Stefanie zusammengesessen hatten, bereits wenige Monate später im Café des Westens am Kurfürstendamm wiedertreffen." (Der Weg nach unten. Hamburg 1988: 78).

1914, mit dem Ausbruch des nationalistischen Irrsinns, der fast ganz Europa verwüstet, ist dieses legendäre Kapitel Schwabings beendet. Die Hungerwinter des Ersten Weltkriegs und die Revolution 1918 haben andere Sorgen. Etwas Abglanz aus der Vorkriegszeit allerdings strahlt noch in die neu beginnende Ära hinein. Für kurze Zeit ist der Schwabinger Schriftsteller Erich Mühsam Mitglied der bayerischen Räteregierung, ehe diese von Freikorps aufgelöst wird. Rilke hält zwar den Krieg über durch, aber auch er verlässt Schwabing 1919. Seine Wohnung in der Belgradstraße behält er noch drei Jahre länger. Sie steht jedoch leer.

Was also bleibt? „Fröhliches Künstlervölkchen, Atelierfeste, Fasching in der Pension Fürmann, das sind ungefähr die heiteren Vorstellungen, die den Unkundigen bei dem Klang jenes Wortes beherrschen: politische Wirrköpfe, Kaffeehausliteraten, Schlamperei und Nichtstuerei gepaart mit ungeheurer Selbstüberschätzung, das wären die minder erfreulichen" schreibt Rolf von Hoerschelmann (cit. Petzet / Falckenberg 1944: 61) und fährt fort: „Die Zwischenkriegszeit hat vieles von dem in Vergessenheit geraten lassen, was in den zwanzig Jahren, die Schwabing zum Begriff erhoben, hier geschah ... Jene Schwabinger aber machten sich anheischig, die Welt zu ändern, jedes Ideal im täglichen Leben zu verwirklichen, nach ihren Grundsätzen zu leben."

Diese Maxime ist zeitlos. Wir werden ihr auch im Schwabing von heute begegnen.

Plakat zu einem der legendär gewordenen Künstlerfeste im Schwabingerbräu zu Beginn des 20. Jahrhunderts

So sah Paul Klee Schwabing von seinem Küchenbalkon in der Ainmillerstraße 32 – im Bildhintergrund die Hohenzollernstraße

Arbeiter und Bürger

Arbeiter, Arbeiterinnen!

Wähler des 5. Bezirks!

Wen wählen wir?

Ernst Toller

den Kandidaten der Unabhängigen Sozialdem. Partei

Weil Toller die Interessen der Hand- und Kopfarbeiter vertritt und auch bis jetzt stets mit Leib und Seele der gerechten Sache der Arbeiter voll und ganz sich gewidmet.

Toller ist ein ehrlicher Vorkämpfer der Revolution!

Toller hat im Frühjahrs-Streik mit uns gekämpft und

ist durch und durch erprobt.

Toller hat 8 Monate für Ueberzeugung der gerechten Arbeitersache, für Frieden, Freiheit und Würdigung unseres Menschenrechts gelitten.

Es gilt jetzt Auer oder Toller!

Was hat Auer bis jetzt für uns als Arbeiter gemacht?

Auer hat uns verraten und verkauft. Denkt nur an das Bürgerwehrkomplott! Denkt daran, wie wir geknebelt und betrogen worden sind, durch die Herrn Gewerkschafts-Oberbonzen im Januar.

Denkt an den Fanfarenzug, den Auer am 7. November zum Siegesengel unternommen!

Auer war stets gegen die Revolution, gegen jede Regung in der Arbeitermasse. Wenn es hier etwas für die Freiheit und Verbesserung der Arbeitslage, der Arbeiter und Arbeiterinnen zu unternehmen galt.

Schaut mit gesundem Sinn und klaren Herzen, wie Auer mit den Bürgerlichen liebäugelt, darum weg mit Auer! Wir können und dürfen nur unsere Stimme am 12. Januar

Ernst Toller

geben.

Oben: Die Villa des Grundstücksspekulanten Rosipal in der Wiesen-, der heutigen Königinstraße 28 war seit 1823 für den bayerischen Kriegsminister Maillot de la Treille erbaut worden. Sie gehörte von 1860 bis 1870 zur Anlage des ersten Münchner Zoos.
Mitte: Georg Pettendorfer machte 1908 ein Foto von den ersten Häusern an der Teng- und Georgenstraße am Südrand von West-Schwabing (vorn Tengstraße 14, hinten der Turm des Gisela-gymnasiums).
Rechts: Die sogenannte Seidlvilla mit Gutshaus, Marstall, Kutscherwohnung und Garten errichtete Emanuel von Seidl 1905 und 1906 für den Gutsbesitzer Paul Lautenbacher am Nikolaiplatz.

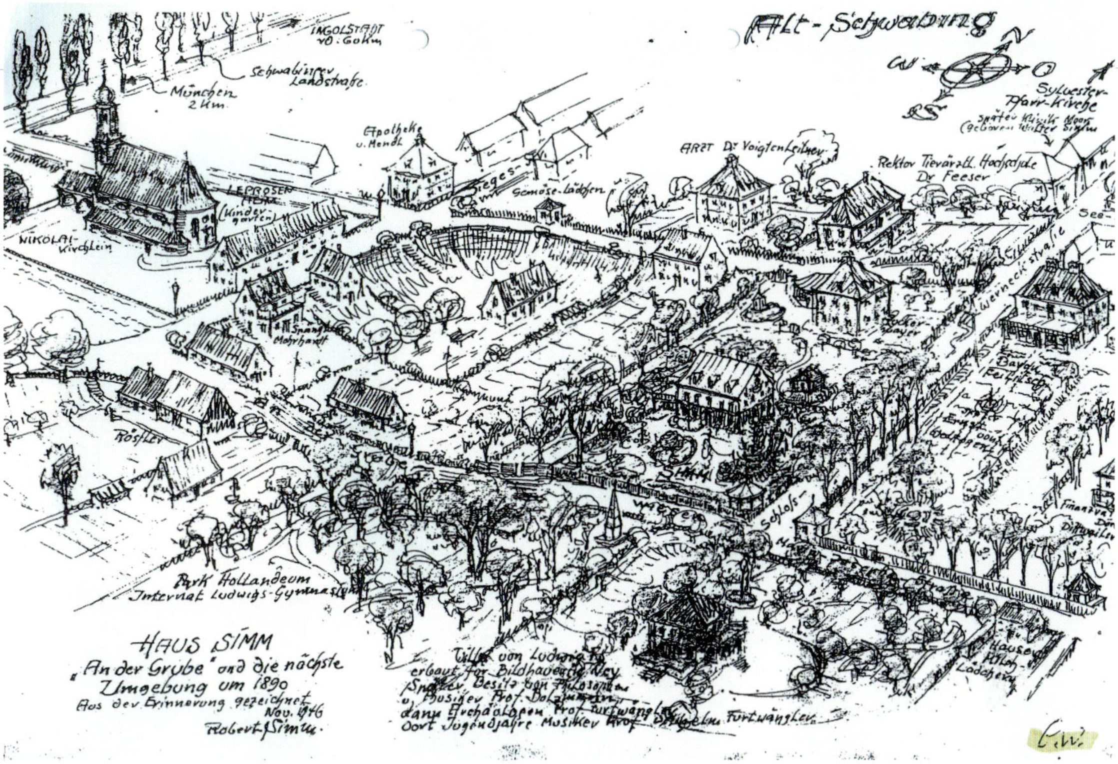

1890, im Jahr der Eingemeindung Schwabings nach München, ist der kurz darauf ausbrechende Immobilienboom noch nicht voll sichtbar. Die Nikolaikirche links im Bild wurde erst 1898 beseiigt, um Platz für Wohnblocks zu schaffen, die „Grube" in der Bildmitte erst ab 1905 mit der Seidlvilla bebaut und das Wohnhaus der Furtwänglers unten im Bild, das König Ludwig II. für die Bildhauerin Elisabeth Ney hatte errichten lassen, erst 1911 durch die noch bestehende herrschaftliche Villa von James Loeb abgelöst.

Trotz aller künstlerischen Prägung wohnen in Schwabing schon in der Prinzregentenzeit überwiegend ganz bürgerlich tätige Menschen, Handwerker und Arbeiter. So sind im Jahr 1900 in der Hohenzollernstraße 33 ein Postbeamter, ein Bader, ein Sattler, ein Maurer, ein Eisengießer, ein Schreiner und ein Tagelöhner gemeldet – normale Bürger. Wer das Bürgerrecht hat, darf auch wählen. Das Wahlrecht ist allerdings nicht für jedermann wohlfeil. Beamten wird es für eine Gebühr von drei Mark gegeben, Arbeiter müssen 85 Goldmark bezahlen. Die mindestens seit 1873 bestehende Schwabinger Sektion der unter Bismarck zeitweilig illegalen Sozialdemokratischen Arbeiterpartei wirbt erfolgreich dafür, dass Arbeiter sich trotzdem eintragen lassen. 1902 halten sie im Schwabingerbräu einen Reichsparteitag ab. Aus diesem Arbeitermilieu geht 1910 der Volkschor Schwabing hervor, bei dem, ungewöhnlich für die damalige Zeit, auch Frauen mitsingen dürfen. An gewöhnlichen Tagen treffen sich die Schwabinger Sozialdemokraten in der Kaiserstraße 53 (heute 42) in der Gaststätte Zum Goldenen Onkel. Nebenan hat es auch eine Gastwirtschaft Zur Goldtante gegeben, das Kaiserstüberl, den Kaiserhof und den bis heute existierenden Kaisergarten sowie die SPD-Nachbarschaftslokale Rote Fahne und Solidarität. Insgesamt halten in Schwabing 1891 siebzig Bierwirtschaften offen. Von 1899 bis 1903 ist Georg Rittmeyer Wirt des Goldenen Onkel. Bei ihm findet zeitweilig ein Mann Unterschlupf, der sich konspirativ Meyer nennt, ehe er und seine Lebensgefährtin Nadeshda Krupskaja eine eigene Wohnung in der Siegfriedstraße 14 beziehen. Es ist Wladimir Iljitsch Uljanow, Kampfname Lenin

(„Der vom Fluss Lena Stammende"), der spätere Gründer der Sowjetunion. Beide gehen in Schwabing spazieren. Sie beschreibt die spätere Leopoldstraße als „eine wundervolle Straße, beidseits mit Pappeln bepflanzt, und ringsum Felder und Gärten", auf der „die elektrische Straßenbahn und die Fahrräder die Pferdedroschken gänzlich zurückdrängen" (cit. Bauer 1997: 46).

In dieser Gegend investieren die Bürger. 1895 baut Maffei sein Tivoli-Kraftwerk. 1889 wird in Schwabing eine elektrische Zentrale errichtet. In den Jahren 1908 und 1909 bekommt das gerade entstehende Schwabinger Krankenhaus seine eigene Elektroversorgung. Das vormalige Pferdebahndepot in der Wilhelmstraße wird für die elektrische Tram umgerüstet. In den Jahren 1903 bis 1909 entsteht als weitsichtige Neuerung ein Postamt mit Fernmeldezentrale. Alle diese Serviceeinrichtungen werden dringend gebraucht. Denn die Neubaugebiete explodieren förmlich. Theodor Fischer, von 1893 bis 1901 Leiter des Münchner Stadterweiterungsbüros und bis 1901 auch Schwabinger Bürger mit Wohnung in der Giselastraße, hat dazu den Rahmen gesetzt. Anders als sein Amtsvorgänger Arnold Zenetti hat er nicht nur das orthogonale Straßensystem der Maxvorstadt, das Zenetti fortsetzen wollte, aufgegeben und stärker organisch anzulegende Straßen beschlossen, die auf Geländebesonderheiten und bestehende Bauten mehr Rücksicht nehmen und so ein insgesamt harmonisches Stadtbild erzeugen sollen. In der bis in die 1970er Jahre geltenden Münchner Staffelbauordnung hat er auch minutiös festgelegt, wo wie dicht und wie hoch gebaut werden durfte: in repräsentativen Alleen wie etwa der Franz-Joseph-Straße durchgehend fünfstöckig, in einer von frei stehenden villenartigen Gebäuden wie der Leopoldstraße geprägten Gegend nur in diesem offeneren Baustil, in Wohnstraßen noch offener, noch niedriger, bisweilen jedoch in Reihen von Stadthäusern mit Gärtchen davor und Garten dahinter auch durchaus kompakt. Fischers Staffelbauordnung hält bis in die 1970er Jahre und hat daher noch den Wiederaufbau Münchens nach dem Zweiten Weltkrieg maßgeblich geprägt. Erst dann muss sie übergeordnetem Bundesrecht weichen.

An markanten Stellen situiert Theodor Fischer repräsentative öffentliche Gebäude, vor allem stadtbildbeherrschende Schulen.

Theodor Fischer hat die Schule am Elisabethplatz 1901 als bewusst prägendes Stadtzeichen errichtet. Diese Qualität hat sie bis heute.

Soziale Zustände um 1900, links in einem großbürgerlichen Haus mit den Dienstboten und deren typischen häuslichen Gerätschaften, rechts Arbeiterinnen in einer Kleiderfabrik

Eine städtebaulich auffällige Tat Theodor Fischers ist die Schule am Elisabethplatz 4 in Schwabing-West. Dieses stadtbildbeherrschende Gebäude hat Fischer schon 1895 als Flügelbau mit Giebeln im Stil Carl Hocheders geplant. Errichtet hat er es mit seinen dreißig Klassenräumen auf vier Ebenen erst 1900 und 1901. Hinter dem niedrigeren Turnsaaltrakt überragt ein burgähnlicher Turm das Dach. Fischer hat diesen Bau ausdrücklich als „Schmuck und Zentrum für das ganze Stadtviertel" verstanden. Das Äußere, erläutert er im Erbauungsjahr 1900 (cit. Bauer 1997: 110), „ist im besonderen darauf berechnet, dass das Gebäude infolge seiner Situierung mehrere Straßen beherrschen wird; aus diesem Grund wurde auch eine öffentliche Uhr am Turm, der wohl in der dortigen Gegend ein Bedürfnis ist, in Vorschlag gebracht." Eine öffentliche Bedürfnisanstalt hat Fischer nicht vorgesehen. Das technische Schulreferat setzt sie zusätzlich durch. Im Ersten Weltkrieg dient die Schule dem Militär als Außenstelle der Infanteriekaserne. Es zieht hier Rekruten ein. Einer von ihnen heißt Adolf Hitler. Er hat sich als Kriegsfreiwilliger gemeldet und bringt es bis zum Gefreiten. Heute ist dort ein Berufsbildungszentrum für Fahrzeug- und Maschinentechniker und für Kraftfahrzeugmechaniker untergebracht.

Direkt neben Fischers Elisabeth-Volksschule entsteht 1903 und 1904 nach Entwürfen des Architekten Cajetan Pacher an der Ecke Arcis- und Agnesstraße als Kreisrealschule das spätere Giselagymnasium. Anfangs nur eine Aufbauschule zur Berufsvorbereitung, wird das Haus 1929 zur mathematisch-naturwissenschaftlich orientierten Oberrealschule ausgebaut. Das Jugendstilgebäude wird im Krieg kaum beschädigt. Seit den frühen 1980er Jahren unterrichtet diese Schule auch Mädchen, seit Beginn der 1990er Jahre auch in einem neusprachlichen Zweig. Eine Besonderheit ist der Unterricht für gehörgeschädigte Schüler. 2008 hat das Giselagymnasium in der Arcisstraße einen zeitgemäßen Anbau erhalten.

Die Gemeinde Schwabing hat ihr erstes Schulhaus nur einen Steinwurf weit von ihrer Kirche errichtet, in der Haimhauserstraße. 1889 wird es zum Kinderspital umfunktioniert und von wohlhabenden Damen unterhalten, zu denen Hedwig Pringsheim gehört, die Schwiegermutter des Schriftstellers Thomas Mann, der das Haus in „Königliche Hoheit" zu einem Ort der Weltliteratur macht. Direkt daneben, in der Haimhauserstraße 16, hat der Münchner Architekt und Stadtbaurat Theodor Fischer 1897 und 1898 auf einem engen Grundstück um einen Innenhof ein neues, größeres Schulhaus mit drei Giebeln und einem Turm errichtet, ursprünglich mit getrennten Flügeln für Jungen und Mädchen. Es hat 26 Klassenzimmer, ein Lehrer- und ein separates Lehrerinnenzimmer, eine Bibliothek, zwei Turnsäle, zwei Räume für die Armenpflege und zwei Karzer, in denen unbotmäßige Schüler nach damaliger Sitte eingesperrt werden können. Im Keller gibt es ein Brausebad, eine Suppenküche, einen Suppensaal sowie Schülerwerkstätten – eine damals alles andere als selbstverständliche Ausstattung. Im gesamten Gebäude arbeitet bereits eine Dampfheizung und ursprünglich eine Gasbeleuchtung. Während die Innenausstattung dieses Schulhauses weitgehend von Fischer selbst stammt, lässt er den plastischen Fassadenschmuck mit Motiven aus dem Schulleben und der Tierwelt von Josef Floßmann gestalten. Besonders rund um die Eingangstür hat sich dieser Schmuck bis heute erhalten.

Neben einem nur wenig älteren gemeindlichen Schulhaus von 1887 hat Architekt Carl Hocheder zwei Jahre nach der Eingemeindung Schwabings 1892 hinter einer prächtigen Fassade in norddeutscher Renaissance in der Wilhelmstraße eine Grundschule errichtet, ursprünglich mit 16 Klas-

1897 bis 1898 hat Theodor Fischer neben der zu klein gewordenen alten Schwabinger Schule diese neue an der Haimhauser Straße 16 bauen lassen. Sie wurde wie viele andere im Ersten Weltkrieg vom Militär requiriert, wie dieses zeitgenössische Bild mit einer Reihe Soldaten vor dem Haus zeigt.

Erst nach 1918 konnten Buben und Mädchen – noch lange Zeit in getrennten Klassen – ihre Schulräume wieder beziehen.

Carl Hocheders Wilhelmschule, zwei Jahre nach der Eingemeindung Schwabings 1892 hinter einer prächtigen Fassade in norddeutscher Renaissance errichtet.

Der historisierende Bau der Simmernschule von 1910–1911 von Stadtbaurat Wilhelm Bertsch setzte den Fischer'schen Baustil bruchlos fort. In dem Zweiflügelbau entstanden 39 Klassenzimmer, drei Turnsäle, ein Zeichensaal und eine Suppenküche.

Die Hohenzollernschule an der gleichnamigen Straße 140 aus dem Jahr 1906 entstand als Volksschule mit Jugendstilelementen.

senräumen auf drei Ebenen. Diese beschränkte Größe erweist sich allerdings schnell als kapitale Fehlkalkulation. Denn im Jahr 1900 gibt es bereits 1.300 Schüler in 26 Klassen mit teilweise über 50 Schülern. 1906 sind in den vier Schulformen Werktagsschule, Feiertagsschule, gewerbliche und weibliche Fortbildungsschule schon 1.600 Schüler zu versorgen, weshalb eine ganze Reihe von ihnen an die Haimhauserschule verwiesen werden muss. Auch die Wilhelmschule ist weit mehr als nur eine Ansammlung von Klassenzimmern: Das Haus beherbergt eine sogenannte Suppen- und Beschäftigungsanstalt, einen Knabenferienhort und eine Zentralsingschule. Hier domiziliert ferner der Stenographenverein und es gibt Patronagen für katholische Arbeiterinnen. Wegen des schnellen Bevölkerungswachstums in Schwabing übernimmt die Wilhelmschule schon 1900 das benachbarte neubarocke Feuerwehrhaus. Im Gegenzug errichtet die Feuerwehr im Schulhof einen Steigerturm zum Trocknen ihrer Schläuche, muss diesen nach Protesten der Schulleitung aber wieder abreißen. Stattdessen legt man einen Schulgarten an. Nach Kriegsausbruch 1914 beschlagnahmt das Militär die Wilhelmschule und gibt sie erst 1917 wieder frei, quartiert sich aber schon im folgenden Jahr 1918 erneut ein. 1919 ist das Militär verschwunden. Die Wilhelmschule bekommt eine Jugendherberge unter ihr Dach und ab 1928 auch einen Kindergarten mit Hort. 1939 bis 1945 ist sie neuerlich Militärstandort. Sie erleidet nur wenig Kriegsschäden. In den Jahren 1945 bis 1961 versorgt sie Klassen des späteren Sophie-Scholl-Mädchengymnasiums, ist zugleich ein Tagesheim für Oberschülerinnen, bis 1949 auch Wirtschaftsober- und Wirtschaftsaufbauschule und besteht im übrigen aus einer katholischen und separat

Das Alte (zuvor Königliche) Realgymnasium, später Oskar-von-Miller-Gymnasium genannt, hat 1910–1912 zusammen mit dem 1849 in der Ludwigstraße gegründeten nach äußerlich mittelalterlichen Vorbildern einen repräsentativen Neubau mit einem hohen Turm erhalten.

davon einer evangelischen Schule. Diese werden erst 1960 zur christlichen Gemeinschaftsschule fusioniert. Der Kindergarten zieht 1972 ins ehemalige Feuerwehrhaus in der Wilhelmstraße 29. Seither arbeitet eine Grund- und Realschule im Gebäude, letztere nach Ricarda Huch benannt, bis 1982 als reine Mädchenschule als Nachfolgerin der Mädchen-Mittelschule am Salvatorplatz.

Zum Schwabing der Prinzregentenzeit gehört die Hermann-Frieb-Realschule an der Hohenzollernstraße 140 aus dem Jahr 1906, damals vom Architekten Robert Rehlen als Volksschule mit Jugendstilelementen errichtet. Ab 1910 werden hier probeweise Ideen des Reformpädagogen Georg Kerschensteiner verwirklicht. Besonders soll „das Prinzip der Selbstständigkeit durchdringen, wie es in den Arbeitsschulen zum Ausdruck kommt." Dazu hat das Haus in seinem Untergeschoss ausgedehnte Werkstätten. Es besitzt ursprünglich außerdem eine Schulküche und ab 1920 auch einen Schulgarten. Im Zweiten Weltkrieg dient es als Lazarett und danach bis 1960 als Chirurgisches Krankenhaus. Erst seit 1960 ist hier eine Realschule zuhause. Sie ist die Nachfolgerin der ersten gewerblich-technischen Mittelschule der Stadt auf dem früheren Marsfeld an der Deroystraße. In den 1980er Jahren werden auch Musikklassen eingerichtet und zu Beginn der 1990er Jahre ein griechisches Lyzeum mit integriert.

Eine weitere Volksschule aus der Prinzregentenzeit ist die Simmernschule, errichtet 1910 und 1911 vom städtischen Baurat Hermann Bertsch in der gleichnamigen Straße mit malerischer Portalvorhalle, 39 Klassenzimmern und drei Turnsälen, einem Zeichensaal und einer Schulküche.

Das Maximiliansgymnasium, 1849 in der Ludwigstraße als Eliteschule für Söhne von Professoren, Offizieren und anderen Beamten gegründet, wird 1912 in einen Neubau in die Schwabinger Morawitzkystraße verlegt, wo der Architekt Karl Höpfel in den Jahren 1910 bis 1912 eine dreiflüglige Anlage errichtet. Das Maximiliansgymnasium erhält den Ostflügel und das (alte) Realgymnasium, das 1864 in der Luisenstraße als Polytechnikum begründet worden ist und heute nach einem seiner ehemaligen Schüler Oskar von Miller heißt, den Westflügel. Im Südteil gibt es Turnhallen. Ein hoher Turm über dem Realgymnasium beherrscht die Anlage. Am Maximiliansgymnasium wird nach wie vor klassische humanistische Bildung vermittelt. Einen guten Ruf hat seit vielen Jahren auch die musische Erziehung mit einer sehr aktiven Schulbühne. Zu ihren vielen Absolventen gehörte auch der Schriftsteller Michael Ende und der Physiker Max Planck. Das Realgymnasium hat die Stadt schon 1918 geteilt, und zwar in das weiterhin in Schwabing bestehende „alte" und das damals in der Klenzestraße errichtete „neue". Seinen heutigen Namen Oskar-von-Miller-Gymnasium trägt das „alte" erst seit 1966. Hier haben unter anderem der Verleger Ernst Heimeran, der frühere bayerische Minister Gebhard Glück, der Vizepräsident des Landtags Franz Maget und Münchens Oberbürgermeister Christian Ude die Schulbank gedrückt.

Das Sophie-Scholl-Gymnasium geht auf eine Mädchenschule von 1929 zurück, die zuerst in der Teng-, dann in der Hiltenspergerstraße und zeitweilig auch in der Wilhelmstraße untergebracht ist, ehe sie 1961 einen Neubau in der Karl-Theodor-Straße 92 bezieht und ein Jahr später den heutigen Namen bekommt. In den 1980er Jahren wird direkt unter den Schulräumen dieser Mädchenschule hindurch die U-Bahn zum Scheidplatz gegraben. Aus dem Sophie-Scholl-Gymnasium heraus hat sich 1966 das benachbarte koedukative Willy-Graf-Gymnasium an der Borschtallee 26 entwickelt.

Auf einer ganz anderen Tradition, nämlich dem anthroposophischen Menschenbild, fußt dagegen die Rudolf-Steiner-Schule in der Leopoldstraße 17. Sie ist eine private Waldorfschule. Seit ihrer Gründung 1948 mit anfangs nur acht Kindern ist sie rasch gewachsen. In dem vom Architekten Walter Beck 1955 errichteten Neubau werden rund 500 Schüler unterrichtet. Die Schulaula wird abends für Gastspiele als öffentliches Theater in der Leopoldstraße genutzt.

Zu den Schwabinger Schulen gehört schließlich die Berufsoberschule für Hauswirtschaft in der Antonienstraße mit ihrem „Puddingabitur".

Stadtbildprägend sind die Schwabinger Kirchen. Von deren ältester, der früheren St. Ursula- und späteren St. Sylvester-Kirche, war zu Beginn dieses Buchs schon die Rede. Die heutige Kirche St. Ursula am Kaiserplatz 1 lehnt sich stilistisch an Filippo Brunelleschis Florentiner Kirche Santo Spirito an. Sie geht auf Pläne des Architekturprofessors August Thiersch zurück, eines Bruders des Justizpalast-Architekten Friedrich Thiersch. Im September 1894 wird der Grundstein gelegt und das Gotteshaus drei Jahre später, im Oktober 1897, eröffnet. Es fasst 2.600 Personen. Sein 60 Meter langes Haupthaus mit vergoldeter Holzkassettendecke und dem 64 Meter hohen Turm ist klar auf die gleichzeitig neu entstandene Friedrichstraße ausgerichtet. Es wird von zwei eingewölbten Seitenschiffen unter kassettierten Tonnen flankiert. Ausgemalt hat man den Innenraum erst 1911 und 1912. Abgesehen von ihren Glasmalereien erleidet die Kirche nur geringe Kriegsschäden. Im Inneren ertönt jedoch bereits die dritte Orgel – die zwei älteren von 1897 und 1952 stehen auf der Empore über der Vorhalle. In den 1950er Jahren stellt das Münchner Architekten-Ehepaar Walter und Bea Betz der Kirche das ebenfalls aus Backstein ausgeführte Pater-Rupert-Mayer-Heim an die Seite.

Ein Wahrzeichen von Schwabing ist die Erlöserkirche an der Münchner Freiheit in der Germaniastraße 4. Ihr Architekt ist Stadtbaurat Theodor Fischer. Er hat eine asymmetrisch angeordnete, malerische Baugruppe aus einer Basilika mit zwei ungleich breiten Nebenschiffen und umlaufender Empore sowie 41 Meter hohem Satteltum mit neugotischen, neuromanischen und Jugendstil-Elementen entworfen und in die Blickachse der Ludwig-/Leopoldstraße gestellt. Im April 1900 wird der Grundstein gelegt. Errichtet hat den Bau

St. Sylvester ist die alte katholische Schwabinger Dorfkirche. Ihr gotischer Kern wurde im 17. Jahrhundert barock überformt.

Die evangelische Erlöserkirche ist eines der Hauptwerke von Theodor Fischer.

Der dreischiffige Klinkerbau der katholischen Kirche St. Sebastian entstand 1928 und 1929 nach Plänen der Architekten Eduard Herbert und Otto Orlando Kurz.

die Firma des letzten Schwabinger Bürgermeisters Alois Ansprenger. Eingeweiht wird die tausend Personen fassende Kirche schon im Oktober des darauffolgenden Jahres. Das Pfarrzentrum folgt erst 1934. Auch die Erlöserkirche muss nur geringe Kriegsschäden verkraften. Lediglich die Glasfenster gehen zu Bruch. Schwerer wiegt, dass man die ursprüngliche Ausmalung nach dem Krieg übertüncht. Erst 1975 und 1976 wird die ursprüngliche Farbigkeit wieder hergestellt. 1972 kommt ein neues Gemeindezentrum hinzu. Theodor Fischer wertete seinen Kirchenbau 1936 rückblickend als „in der künstlerisch außerordentlich bewegten und frischen Zeit um die Jahrhundertwende erbaut" (cit. Bauer 1997: 107), und zwar „in Formen, die der heutigen Mode nicht mehr entsprechen, in Kürze aber, wie ich mit der Objektivität des Alters annehmen möchte, wieder besonderer und gerechter Würdigung begegnen werden." Das „alberne Wort" Jugendstil werde verstummen, hoffte Fischer, „und die auf unmittelbarer geschmacklicher Überlieferung aufbauende und lebendiger Fantasie entspringende Art" werde anerkannt werden. Mit der ersten Vermutung lag Fischer falsch, mit der zweiten richtig. Seine Ablehnung des „albernen Worts" und des Jugendstils insgesamt hat bis in die 1970er Jahre noch zahlreiche Jugendstilhäuser der Spitzhacke überantwortet, dann jedoch zu einem grundlegenden Wandel geführt. Heute wird diese Kunst wieder sehr hoch bewertet. Die Erlöserkirche wurde in den letzten Jahren völlig renoviert, so dass Fischers großartige Komposition gerade im Detail wieder sichtbar ist. Eine Schwabinger Spezialität ist nicht nur die Kooperation dieser Gemeinde mit der Evangelischen Akademie Tutzing („Kanzelreden"), sondern auch die ökumenische Zusammenarbeit von St. Ursula mit der Erlösergemeinde.

In der Hiltenspergerstraße steht unter der Hausnummer 57 die evangelische Kreuzkirche. Sie geht auf eine 1930 errichtete Notkirche in einer Baracke mit Glockenturm zurück. Fünf Jahre später, 1935, kann die Gemeinde direkt daneben ein Pfarrhaus errichten. Der Krieg zerstört die Anlage. 1946 beginnt die Gemeinde von vorn, wieder in einer Baracke, die diesmal aus Schweizer Militärbeständen stammt. 1949 folgt der Wiederaufbau des Pfarrhauses und 1950 nach dem Entwurf des Architekten Otto Bartning auf den Grundmauern einer Schulturnhalle auch eine neue Kirche, die heute als Gemeindezentrum dient und zu Bürgerversammlungen des Stadtbezirks Schwabing-West genutzt wird. 1967 wird dann der Grundstein für die heutige Kreuzkirche nach dem Plan des Architekten Theo Steinhauser gelegt. Der sechseckige Stahlbetonskelettbau mit ausgefachten Ziegelwänden und hufeisenförmigen Sitzreihen auf einem Holzpflasterboden samt einem zur Straße vorgeschobenen Glockenturm mit Bläserempore wird bereits im folgenden Jahr fertig.

In den Jahren 1956 und 1957 sind in der Hörwarthstraße 5 die Kirche und das Kloster Maria vom Guten Rat erbaut worden. Anlass dazu ist die 1949 erteilte päpstliche Erlaubnis an Augustiner-Eremiten gewesen, ihre in München 1803 erloschene Tradition wieder zu beleben. Sie haben in der Altstadt die Augustinerkirche besessen, die man in der Säkularisation profanisiert hat und die heute das Bayerische Jagd- und Fischereimuseum beherbergt. Nach der Genehmigung, in München ein Kloster zu errichten, beauftragen die Augustiner den Architekten Professor Josef Wiedemann mit der Bauaufgabe. Der errichtet den Bau in unverputztem Ziegelmauerwerk mit einem offenen Glockenturm. Auch im Inneren bleibt die Kirche radikal nüchtern. Ein Kreuz aus

Die evangelische Kreuzkirche in Schwabing-West ist ein von der Straße zurückgesetzter Bau aus den späten 1960er Jahren. Nur ihr Campanile steht direkt an der Straße.

Die katholische Allerheiligenkirche wurde 1957 in der Ungererstraße 187 für eine vormalige Kuratie errichtet, die seit 1927 bestanden hatte.

Inschrift an einer Hauswand in der Nähe der Sebastianskirche

Eichenholz, heute außen angebracht, ist ursprünglich der einzige Schmuck. 1964 und 1995 fügt Wiedemann ein Pfarrzentrum an. Noch im selben Jahr muss der Orden diesen Standort wegen Personalmangels aufgeben. Seither arbeitet dort die Stadtkommunität Licht und Leben.

Zu erwähnen ist ferner die Nikodemuskirche in der Alten Heide an der Echinger Straße 20 aus den Jahren 1960 und 1961. Sie geht auf Pläne des Architekten Wilhelm Becker zurück. Diese Kirche betreut auch die Studentenstadt.

Eine Backsteinkirche aus dem Geist des Bauhauses ist St. Sebastian in der Hiltenspergerstraße 115, errichtet in den Jahren 1928 und 1929 von den Architekten Eduard Herbert und Otto Orlando Kurz. Der dreischiffige Klinkerbau mit seitlich versetztem Turm harmoniert mit 1930 und 1931 im Stil der neuen Sachlichkeit geschaffenen Wohnbauten einer katholischen Genossenschaft. Dieses Quartier hat damals 8.000 Bewohner, 2.500 Kirchgänger und rund tausend Arbeitslose. Deshalb gibt es dort in den Erbauungsjahren auch Wärmestuben und Volksspeisungen. Nach starken Kriegszerstörungen hat der Architekt Josef Höhne St. Sebastian bis 1949 verändert wiederaufgebaut.

Ein gleichermaßen beherrschender Kirchenbau in der Maxvorstadt ist St. Joseph an der Tengstraße 7, errichtet ab 1899 nach Plänen des Architekten Hans Schurr für den Kapuzinerorden zusammen mit einem Kloster. Drei Jahre später, im Juni 1902, wird St. Joseph auf fast noch freier Wiese eröffnet. Erst allmählich entsteht Schwabing-West in den Straßen rundum. Pfarrkirche wird St. Joseph erst 1913. Das 79 Meter lange, 31 breite und 24 hohe Kirchenschiff wird im Krieg stark beschädigt und nach einem vereinfachten Wiederaufbau erst 1952 wieder eröffnet. Gottesdienste gab es derweil in einer barackenartigen Notkirche auf dem Platz. Seit 1967 ist

St. Joseph Sitz des Provinzialrats der bayerischen Kapuziner. 1984 wird der Innenraum historisierend neu stuckiert. Die Kirche dient außerdem als katholisches Zentrum der Polen in München.

Im nördlichen Schwabing, an der Ungererstraße, hat der Architekt Karl Kergl 1956 und 1957 unweit einer in den 1930er Jahren kurz nach der Schenkendorfstraße errichteten behelfsmäßigen Allerseelenkirche an der Ecke Domagkstraße eine neue katholische Allerheiligenkirche erbaut. Das Schwabinger Architektenehepaar Udo und Dimut Bünnagel hat die alte Sakristei mit Pfarrsaal 1984 bis 1993 durch ein neues Pfarrzentrum mit Alltagskapelle, Sakristei, Pfarrsaal, Bücherei und Räumen für die Jugend ersetzt. Die bisherige Allerseelenkirche wird ab Mitte der 1980er Jahre von der griechisch-orthodoxen Gemeinde genützt. 1993 bis 1995 ersetzt sie das Gebäude durch einen Neubau mit dem Namen „Allerheiligenkiche", die Architekt Robert Brannekämper mit Geldern der Katholiken errichtet.

Eine nicht nur Schwabinger Institution schließlich ist die Katholische Akademie in der Mandlstraße 23. Gegründet hat die Kirche sie zwar erst Anfang Februar 1957. Ihre Bauten sind jedoch wesentlich älter. 1959 erhält die Akademie ein unbefristetes Nutzungsrecht am Schloss Suresnes in seinem zehntausend Quadratmeter großen Park, das seit 1937 im Besitz des Korbinianvereins ist und zuvor als Altenheim gedient hat. Das Schloss beherbergt heute außer Veranstaltungsräumen auch die Privatbibliothek des Religionsphilosophen Romano Guardini. Zum Komplex der Akademie gehört ferner der Altschwabinger Viereckhof, den die Akademie 1976 als herunter gekommene Fast-Ruine erworben und danach bis 1980 durchgreifend saniert hat. Dazwischen steht der Kötterlhof, der bis ins 18. Jahrhundert zurückreicht. Er ist seit 1975 mehrheitlich im Besitz der Akademie. 1962 arrondiert die Akademie ihren Standort mit einem Tagungsgebäude des Architekten Thomas Wechs, dem 1985 ein Bibliotheksanbau von Alexander von Branca folgt. 1995 hat schließlich der Bildhauer Max Faller den Vorplatz neu gestaltet. Ihn bewacht heute ein Löwe vom kriegszerstörten Wittelsbacherpalais. Die Katholische Akademie veranstaltet regelmäßig Vorträge und Tagungen zu theologischen und politischen Themen für die Öffentlichkeit.

Münchens zweite griechisch-orthodoxe Kirche, die Allerheiligenkirche, Ungererstraße 131, wurde 1993 bis 1995 vom Architekten Robert Brannekämper mit drei Apsiden und Campanile errichtet. Die Innenausstattung dieser Schwabinger Kirche stammt von griechischen Künstlern.

1911 hat Georg Pettendorfer dieses Foto vom frisch eröffneten Schwabinger Krankenhaus, erbaut von Richard Schachner in den Jahren 1904 bis 1910, über freie Felder hinweg machen können.

Schon 1861 hat es in der Mandlstraße ein „Hospital Schwabing" gegeben. Nach einem zeitgenössischen Urteil hat der Bürgermeister, der „selbst von gar nichts Kenntnis hatte" und dem Amt „nicht im geringsten gewachsen" war (cit. Bauer 1997: 125), es allerdings so desaströs geführt – überdies hat der Gemeindeschreiber damals auch noch die Rathauskasse unterschlagen –, dass die Gemeinde Schwabing das Haus schon drei Jahre später an Münchner Kaufleute abgibt.

Erst in einem 1885 errichteten Neubau an der Clemens- und Bismarckstraße funktioniert der Klinikbetrieb, obwohl dieses Krankenhaus zugleich als Armenversorgungshaus dient. Das Gebäude wird aber schon bald zu klein, obwohl die Stadt als neue Eigentümerin 1910 an der Viktoriastraße ein Gebäude hinzu pachtet. Sie beauftragt daher den Architekten Richard Schachner, am Nordrand von West-Schwabing ein neues Krankenhaus speziell zur Behandlung von Infektionskrankheiten zu errichten. Das geschieht nach Max von Pettenkofers Erforschung der Hygiene in einzelnen Pavillongebäuden, die möglichst weit voneinander entfernt stehen müssen, um Ansteckungsgefahren zu minimieren – es gibt noch keine Antibiotika. Vor jedem der zur Sonne ausgerichteten Bettengebäude lässt Schachner zwei Brunnenhäuser errichten. In ihnen wird frische Luft mit Grundwasser befeuchtet, erwärmt und durch Luftschächte in alle Zimmer verteilt. Das ist damals Spitze der Technik. Für die nötige Wärme sorgt eine eigene Dampfturbine auf dem Gelände. Gewerbebetriebe, die die Atemluft belasten könnten, sind im weiten Umkreis verboten. Kritiker sprechen von Luxus und Verschwendung. Klinikchef Hofrat Brunner kontert mit Licht und Luft, Raum und Reinlichkeit, Ruhe und Ordnung. 1907 übernehmen die Barmherzigen Schwestern den noch im Aufbau befindlichen Klinikbetrieb. 1910 geht der Operationssaal in Betrieb. 1913 sind alle Bauten fertiggestellt. 370 Personen sind in der Klinik beschäftigt. 1918 wird auch ein Kin-

Noch in den 1930er Jahren waren die Klinikbauten voneinander durch weite grüne Flächen getrennt. Vorn im Bild ist die Parzivalstraße mit dem Klinik-Hauptgebäude zu sehen, daneben die Klinikkirche.

derkrankenhaus beschlossen, aber erst zehn Jahre später vollendet. 1945 besetzen amerikanische Truppen die im Krieg kaum beschädigte Klinik. Aus Sorge vor Sabotage schütten sie erst einmal die Brunnenhäuser und die unterirdisch in alle Gebäude führenden Frischluftkanäle zu. Aber sie führen auch das Penicillin ein. Erst in den 1950er Jahren kommt das Schwabinger Krankenhaus wieder in deutsche Hände. 1960 wird es durchgreifend renoviert. Zwei Jahre später übernimmt die Stadt den Klinikbetrieb. Die Bettenzahl steigt auf 1.360, die Zahl der Mitarbeiter auf 2.700. Über fünftausendmal im Jahr rücken von hier aus Notärzte aus. Ab Mitte der 1980er Jahre wird erneut um- und ausgebaut. Die Klinik erhält ein neues Operationsgebäude mit Intensivstation und einem Hubschrauberlandeplatz auf dem Dach. Die einst sorgsam isolierten Gebäude sind durch lange Flure wettergeschützt miteinander verbunden und die Satellitengebäude damit zu einem eng vernetzten System zusammengewachsen.

Mitten auf der Heckscherstraße pendelte bis 1972 eine Dampflok zwischen Klinik und Schwabinger Güterbahnhof.

1707 bis 1713 lässt der Geheimrat Johann Ignaz Tobias Böttinger in der Bamberger Judengasse in genuesischem Stil ein Bürgerpalais errichten, das nach dessen Tod in wechselnde Hände gerät, bis es im letzten Jahr des 19. Jahrhunderts abgerissen wird. Seine in reinstem Barock gestalteten Fassadenteile werden zum Verkauf angeboten. Kommerzienrat Dr. Rank erwirbt diese Bauelemente. Er transferiert sie nach München und fügt sie in ein 1912 im Luitpoldpark errichtetes Parkschlösschen ein, das als Café-Restaurant konzipiert ist. Es wird 1944 durch Bomben zerstört, aber 1951 provisorisch wieder errichtet. Zeitweise arbeiten dort Firmen, dann wieder öffentliche Einrichtungen. 1983 überlässt

Nicht nur das Bamberger Haus mitten im Luitpoldpark ist mit seinem Restaurant und seiner großen Gästeterrasse ein beliebter Treffpunkt, sondern auch der angrenzende Spielplatz.

die Stadt das Haus einem Pächter mit der Auflage, wieder ein Café-Restaurant zu eröffnen. 1988 führt es Prinz Luitpold von Bayern und lässt es völlig umbauen. Im Untergeschoss richtet er eine Mini-Brauerei ein, neben der die Gäste das frisch gebraute Bier verkosten können. 1995 übernimmt die Augustiner-Brauerei das Bamberger Haus. Die Minibrauerei im Keller verschwindet, die Restauration bleibt. An schönen Tagen stehen nun nicht nur große Sonnenschirme auf der Terrasse, sondern auch Liegestühle im Garten, der sich in den Luitpoldpark hinein öffnet.

Der Luitpoldpark ist im ersten Jahrzehnt des 20. Jahrhunderts zusammen mit den Wohnstraßen von Schwabing-West angelegt worden. Nördlich der Hohenzollernstraße gibt es damals noch Felder und Gärten – wie die Gärtnerei zwischen dem Luitpoldpark und der Schleißheimer Straße, die allen städtischen Entwicklungen zum Trotz auf ihrem angestammten Gelände bis heute Gemüse und Blumen anbaut. Die Stadt kann zu Beginn des 20. Jahrhunderts kostengünstig Grünland von Bauern erwerben. Nördlich der Karl-Theodor-Straße lässt sie ein kleines Plateau aufschütten. Zum 90. Geburtstag des Prinzregenten Luitpold werden dort im Jahr 1911 akkurat in Reihen ebenso viele, also 90 Linden gepflanzt. Ins Zentrum des Plateaus platzieren die Bürger der „dankbaren Haupt- und Residenzstadt" München einen 17 Meter hohen Obelisken mit dem Medaillon ihres Prinzregenten. Rundum werden rechtwinklig Wege angelegt. Ganz im Norden, Milbertshofen zu, soll ein Schulgebäude mit Schulgarten die Parkanlage abschließen. Das wird nie gebaut. Zunächst wird weiter im Süden bis zur Clemensstraße der schmale grüne Bayernplatz angelegt. Dann, nach dem Zweiten Weltkrieg, werden Gleise einer Lorenbahn aus der Maxvorstadt bis in den Luitpoldpark gelegt und an dessen östlichen Rand zwei Millionen Kubikmeter Trümmerschutt abgeladen. Er wächst bis über die Baumkronen 37 Meter hoch und wird ab 1951 begrünt. Ein Kupferkreuz mahnt auf seinem Gipfel: „Betet und gedenket all der unter den Bergen von Trümmern Verstorbenen." Heute ist der frühere Schuttberg, längst eingewachsen und etwas unter seiner Kuppe mit einer Art Aussichtsplattform nach Süden versehen, ein beliebtes Ziel von Spaziergängern. Von der Plattform aus ist München südwärts wie im Bilderbuch ausgebreitet, und nach Norden zieht sich eine populäre Rodelbahn die Hänge hinab, bevor sich ein Gewirr von Heimgärten anschließt. Ganz an der Ecke von Schleißheimer Straße und Petuelring duckt sich am Ende des Luitpoldparks ein kleines Kloster mit Wohnhaus, Kapelle und Friedhof unter die Bäume. Hier betreuen seit dem frühen 20. Jahrhundert Karmeliter-Schwestern in einem Hort Schwabinger und Milbertshofener Kinder.

Der Obelisk im Luitpoldpark trug ursprünglich einen Stern. Er wurde noch nicht wieder aufgesetzt. Die vielen Parkbesucher kennen es nicht anders und vermissen ihn deshalb auch nicht.

Als fast identische Kopie von Friedrich von Gärtners „Campo Santo", Münchens 1844 entstandenem neuen Teil des Alten Südfriedhofs, hatte der Architekt Arnold von Zenetti 1869 den Alten Nordfriedhof in der Maxvorstadt anlegen lassen. In der rasant wachsenden Großstadt war er schnell belegt. Etwas Neues und Großes musste geplant werden. Der Architekt und städtische Baurat Hans Grässel schuf deshalb zwischen 1899 und 1907 vier große, nach den Himmelsrichtungen platzierte Friedhöfe, unter ihnen auch den Nordfriedhof in Schwabing. Seine Friedhofsbauten erhalten durch die Anlehnung an frühchristliche Architektur eine feierliche Ausstrahlung. Grässel entwarf monumentale Gebäudekomplexe. Durch „größte Vereinfachung aller Architektonik, lediglich durch Raumform und Farbe" wollte er Innenräume von „hohem geistigen Inhalt, feierlichem Ernst, eindrucksvoller Pracht und tief ergreifender Stimmung" schaffen. Die Kuppelbauten sind ein Bekenntnis zum christlichen Raumtypus und zur Basilika. Mit dem Nordfriedhof erinnert er an ravennatische Bauten und versucht, verschiedene christliche Konfessionen räumlich und zeremoniell zu vereinen. Er legte den Friedhof parkähnlich und mit viel Grün an. Ein dichtes Wegenetz mit Brunnen und Bänken soll den Grabbesuch erleichtern.

Der Nordfriedhof mit seinem großen grünen Park

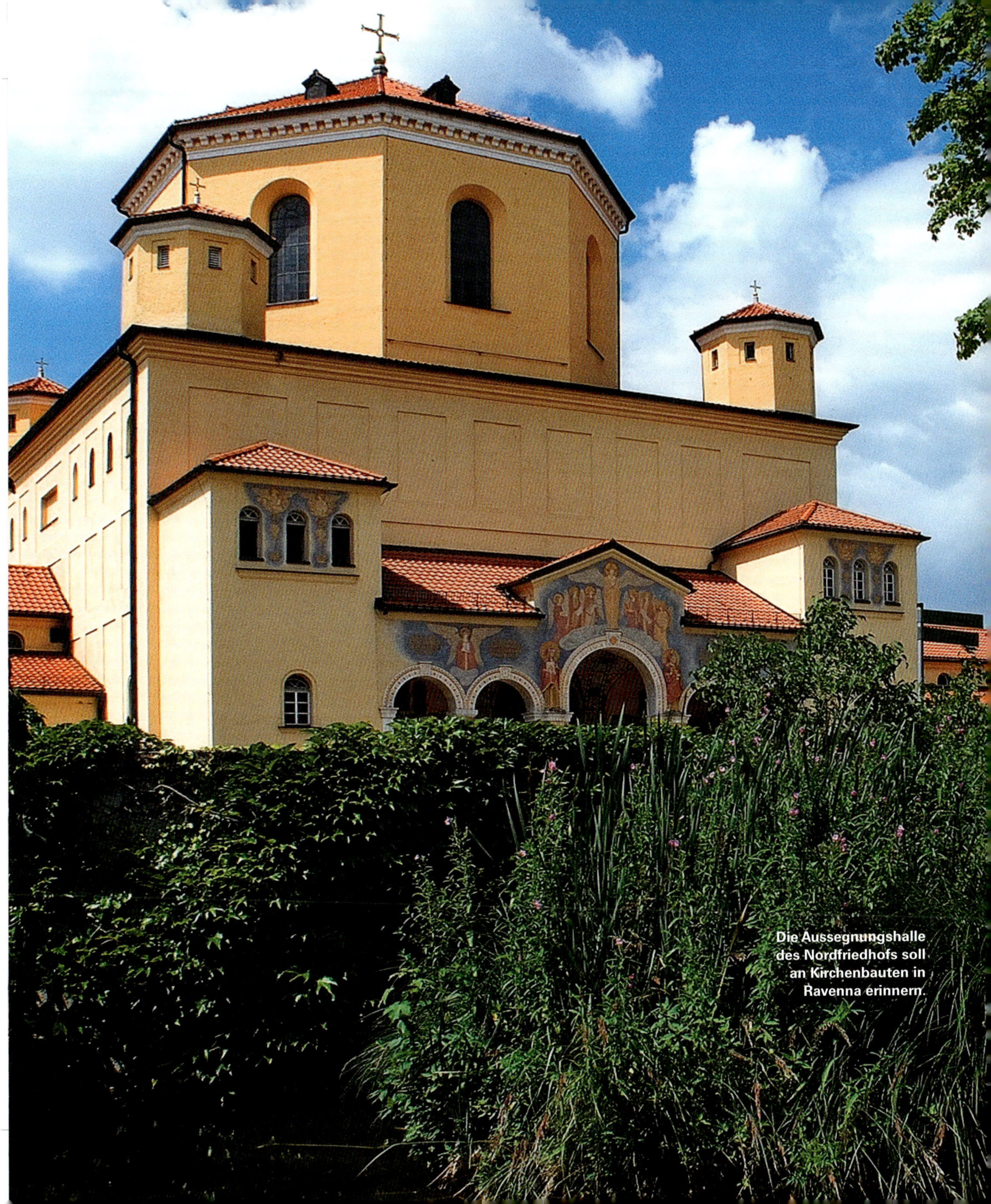

Die Aussegnungshalle des Nordfriedhofs soll an Kirchenbauten in Ravenna erinnern.

„Jenes Künstlerheim, einst dafür berühmt, dass die Pensionärseigenschaft einen vollausgefüllten Lebensberuf bildete, stand plötzlich mit Hahnenschrei auf den Beinen und eilte zur Arbeit: ins Büro, in die Werkstatt", schreibt der Schwabinger Schriftsteller Henri Prévot. „Der Sohn der feudalsten Bohèmekönigin zog Eisendraht bei Maffei. Die neue Jugend lernt schon im und nach dem ersten Weltkrieg um positive Werte [zu] kämpfen." (cit. Bauer 1997: 52) Aber sie ist auch anfällig für nationalistische Parolen. Schon 1920 hat sich in der Trautenwolfstraße 8 der Geheimbund Organisation Consul niedergelassen, der Nachfolger der ebenfalls rechtsradikalen Marinebrigade Ehrhardt in der Franz-Joseph-Straße 3, getarnt als Holz-Verwertungs-Gesellschaft München. Sie organisiert Attentate gegen linke und jüdische „Vaterlandsverräter" und ermordet mehrere Personen, unter ihnen Außenminister Walter Rathenau.

In den 1920er Jahren schüttelt das kulturelle Schwabing sich neu. Die „klimatische Körperlichkeit jenes Altschwabing zwischen Leopoldstraße und Englischem Garten mit seinen neuen und doch schon bröckelnden Zinskästen zwischen ebenerdigen Bauernanwesen, seiner Vorstadtödnis und seinen verfallenden Gartenhäusern, kurz, mit allen jenen unterschiedlichen Behausungen, darinnen wir unser Wesen getrieben hatten," erinnert sich der Schwabinger Hans Brandenburg, „war unheimlich, geisterhaft, beklemmend", aber auch „geballte Strahlung, vollendete Magie" (cit. Bauer 1997: 52). Hinter den Fassaden findet sich im Weinhaus Brennessel an der Leopold- und Nikolaistraße ein gleichnamiger Künstlerstammtisch zusammen. Stefan Anders, Werner Bergengruen, Georg Britting, Rolf von Hoerschelmann, Alexander Roda Roda, Willy Seidel treffen sich hier. Bei den 1923 gegründeten Argonauten

In der Hesseloherstraße 10 hat im frühen 20. Jahrhundert eine bunte Mischung meist kleinbürgerlicher Bewohner gelebt.

Das südliche Schwabing war dagegen schon Stadt. Ein Blick in die Hohenzollernstraße.

Friedensnobelpreisträger Ludwig Quidde (Mitte) neben der Frauenrechtlerin Bertha von Suttner

Frieden wollten nicht alle. Noch übte die Reichswehr einen Waffengang mit Panzerattrappen aus Pappe. Mitten in Schwabing wurden sie gewartet.

Nach dem Zweiten Weltkrieg war Ludwig Müller, genannt „Ochsen-Sepp", einer der Mitgründer der CSU.

finden sich Paul Alverdes, Hans Brandenburg, Ernst Heimeran, dessen Schwager Ernst Penzoldt und Eugen Roth mit anderen zusammen. Sie organisieren auch wieder Faschingsfeste, um aus deren Erlös ihre literarische Arbeit mitzufinanzieren. Aus dem 1930 gegründeten Tukan-Verlag geht der literarische Tukan-Kreis hervor, bis ihn die Nationalsozialisten 1937 wegen seiner Unterstützung „unerwünschter Autoren" verbieten. Die avantgardistische Bildende Kunst aber, die hier zuhause gewesen ist, hat es in den 1920er Jahren schwer. Als dem expressionistischen Maler Karl Caspar aus der Elisabethstraße 38 an der Kunstakademie eine Professur angeboten wird, stößt das auf wütende Proteste. Ein Vortrag Albert Einsteins in der Universität wird wegen antijüdischer Proteste ganz abgesagt. Was wohl Ernst Reuter, später Bürgermeister im Nachkriegs-Berlin, und Theodor Heuss, der erste Bundespräsident, von hier mitgenommen haben, als sie als Studenten in die Schwabinger Bohème oder das, was von ihr übrig geblieben ist, eingetaucht sind?

Noch gibt es Gegenbewegungen. 1927 erhält ein Schwabinger den Friedensnobelpreis: Ludwig Quidde, der Vorsitzende der Deutschen Friedensgesellschaft. Er ist von 1907 bis 1918 Landtagsabgeordneter gewesen und hat 1919 der Nationalversammlung angehört. Der SPD-Landtags- und Reichstagsabgeordnete Wilhelm Hoegner zieht 1926 aus der Maxvorstadt in die Schwabinger Römerstraße 4, muss aber 1933 wie viele andere fliehen. Er kommt erst nach Kriegsende zurück und wird von den Amerikanern als Bayerischer Ministerpräsident eingesetzt. Josef Müller, bekannter als „Ochsensepp", wird nach dem Zweiten Weltkrieg in der Schwabinger Gedonstraße die CSU gründen.

Schwabinger
Gemeinde-Zeitung.

Verlag & Redaktion von Josef Osterhuber in Schwabing.

Samstag, den 1. August 1885. Nr. 36. 8. Jahrgang.

Die „Schwabinger Gemeinde-Zeitung“ erscheint jeden Samstag, Morgens 8 Uhr. Für die Abonnenten wird ein schön illustrirtes Unterhaltungsblatt beigegeben. Das Abonnement beträgt pro Quartal 80 ₰. — Inserate, die 4 spaltige Petitzeile oder deren Raum 10 ₰. Einzelne Nummer 5 ₰.

(Gründung.) Wie wir erfahren, hat sich in der Restauration „Zum Prinzen-Bad“ verflossenen Donnerstag ein Verein gegründet unter dem Titel „Männer-Turn-Verein Schwabing.“ Derselbe beabsichtigt in kürzerster Zeit eine Turnhalle zu erbauen und die nöthigen Requisiten anzuschaffen. — Wir begrüßen dieses Unternehmen mit Freuden und geben uns der Hoffnung hin, daß dasselbe sowohl von Seite der Gemeindeverwaltung, als auch von der Gesammtbürgerschaft Schwabings Unterstützung finden werde. Der neugegründete Verein zählt schon die respektable Mitgliederzahl von 50 und war die Stimmung des neuen Turnvereines am Gründungsabend eine sehr animirte. —

Ab 1904 war der MTSV auch für Mädchen und Frauen zugänglich.

1885 gründen 42 Schwabinger in der damaligen Prinzen-, der späteren Mandlstraße einen Turn- und Sportverein, den MTSV Schwabing. Ursprünglich sind nur Buben und Männer zugelassen, aber schon 1904 auch Mädchen und Frauen. 1899 kann der Verein ein Grundstück in der Ursulastraße erwerben und dort bis 1901 eine Turnhalle errichten, deren Baukosten er bis 1919 zu bezahlen hat, zumal das Militär sie ab 1914 beschlagnahmt. Seit 1919 hat der MTSV eine alpine Abteilung. Seit 1921 wird im MTSV aber auch Faustball gespielt, seit 1925 Handball, seit 1928 wird rhythmische Gymnastik geboten. 1931 wird dem Verein im Englischen Garten kostenlos ein Grundstück der Lokomotivenfabrik Maffei überlassen. Dort legt er daraufhin einen der schönsten Münchner Sportplätze an. Ab 1935 steht Basketball auf dem Programm. In die Vereinsturnhalle an der Mandlstraße werden 1942 russische Kriegsgefangene einquartiert. 1944 machen ihr Bomben ein Ende. 1951 ist die Halle wieder errichtet, gerade rechtzeitig zur Feier der Deutschen Basketball- und Hallenhandballmeisterschaft. In den 1980er Jahren hat der Verein im Basketball und im Bergsport, im Turnen, in Karate und im Handball nahezu tausend Mitglieder. 1991 werden die Basketball- „Alten Herren" Deutscher Meister der Herren über 32 Jahre. Die 1. Damenmannschaft spielt von 2003 bis 2007 in der 1. Bundesliga und erreicht das Deutsche Pokalfinale. Der Münchner Sportclub e.V. (MSC) von 1896, einer der ältesten Hockey- und Tennisclubs in Deutschland und zeitweise der größte Sportverein Europas, war bis 1963 in Schwabing. Berühmte MSC'ler waren unter anderen Herzog Luitpold von Bayern († 1973) und Erich Kästner

Die MSC-Hockeymannschaft von 1951 zusammen mit Gästen aus Hamburg-Uhlenhorst

Im noblen Iphitos-Vereinsheim im Schwabinger Norden kehrten häufig bekannte Tennisgrößen ein.

(† 1974). Von 1906 bis 1919 schloss sich ihm der ruhmreiche FC Bayern als „Fußballabteilung des MSC" an und hat seither die Clubfarbe weinrot.

Ein amerikanischer Dozent für höhere Mathematik, ein Südafrikaner namens Hugo Nauder sowie Prinz Albert von Bayern gehören 1892 zu den Gründern eines Sportclubs, der sich für eine damals aus England kommende Sportart interessiert: Lawn Tennis, also Rasen-Tennis. Der Club nennt sich nach einem antiken Erneuerer der Olympischen Spiele Iphitos und richtet bereits 1894 ein erstes Turnier aus. Damit beginnt ein stürmischer Aufstieg. Die Satzung, die höchstens 50 Mitglieder vorsieht, ist deshalb schon 1906 Makulatur. Die Iphitos-Tennisplätze liegen zuerst an der Karl-Theodor-Straße, dann an der Belgradstraße beim Schwabinger Krankenhaus und seit 1928 beim Aumeister. 1930 kommt Iphitos allerdings in finanzielle Bedrängnis. Der Münchner Tennis- und Turnierclub MTTC übernimmt Anlage und Namen. 1987 geht der Verein Partnerschaften ein und wird Veranstalter des internationalen Tennisturniers BMW Open. Er kann internationale Stars an den Aumeister ziehen. So erkämpft Ehrenmitglied Michael Stich 1990 die Deutsche Meisterschaft.

Das Vereinsabzeichen von 1885–1985

1885–1910

1919–1921

1921–1923

1923–1931

1932–1939

1950–1985

Das von Georg Frey gestiftete Germania-Bad hat nur im späten 19. Jahrhundert dort bestanden, wo heute der Mittlere Ring über den Biedersteiner Kanal hinweg führt.

Schwabing liegt nicht weit von der Isar. Doch hat der Fluss sich hier kaum zu einer Freizeitlandschaft entwickelt. Besser taugte dazu der Nymphenburg-Biedersteiner Kanal, den Kurfürst Max Emanuel hatte anlegen lassen. An ihm reihten sich Badeanstalten auf wie Perlen an einer Schnur: das Dantebad in Neuhausen, das bis heute besteht, eine Militärschwimmschule an der Stelle des heutigen Olympiastadions, nicht weit davon entfernt das 1901 eröffnete, aber längst wieder aufgegebene Cigonibad am späteren Karmeliterkloster an der Schleißheimer Straße, dann das Georgenschwaigbad zwischen dem Kloster und der Belgradstraße. Dieses Bad

Sehr seltene Bilder zeigen hier die Anlage des Germaniabades mit Springbrunnen künstlichen Felsen und Badehütten. Trotzdem ist das Bad nicht alt geworden.

am nördlichen Ausläufer des Luitpoldparks hat der Architekt Karl Meitinger 1926 als Familien-Sommerbad anlegen lassen und 1934 bis 1936 zusammen mit Fritz Beblo erweitert. Von 1945 bis 1950 durften hier nur Besatzungssoldaten ihre Freizeit verbringen. Seither ist wieder die Allgemeinheit am Zuge. 1964 hat die Stadt das Bad vom Kanal wegen dessen mangelhafter Wasserqualität abgehängt, seither wird es aus dem normalen Leitungsnetz gespeist.

Meitinger und Beblo haben 1931 auch das Ungererbad ausgebaut. 1944 haben es Bomben völlig zerstört. Danach hat es die Stadt erneuert.

Das öffentliche Hallenbad Schwabings ist das Nordbad an der Schleißheimer Straße 142. Karl Meitinger hat es zusammen mit Philipp Zametzer 1934 bis 1941 erbaut. Nach starken Kriegszerstörungen ist es seit 1951 wieder geöffnet. Drei Jahre später hat die Stadt hier erstmals in München eine finnische Sauna errichtet. 1997 hat sie das Bad mit einer Freiluftterrasse und mit einem Außenbecken versehen und die Sauna zu einer Saunalandschaft mit Ruheräumen ausbauen lassen.

Das Ungererbad (Bild) und das Georgenschwaigbad sind die beiden populären Schwabinger Sommerbäder.

Jahre des Nationalsozialismus

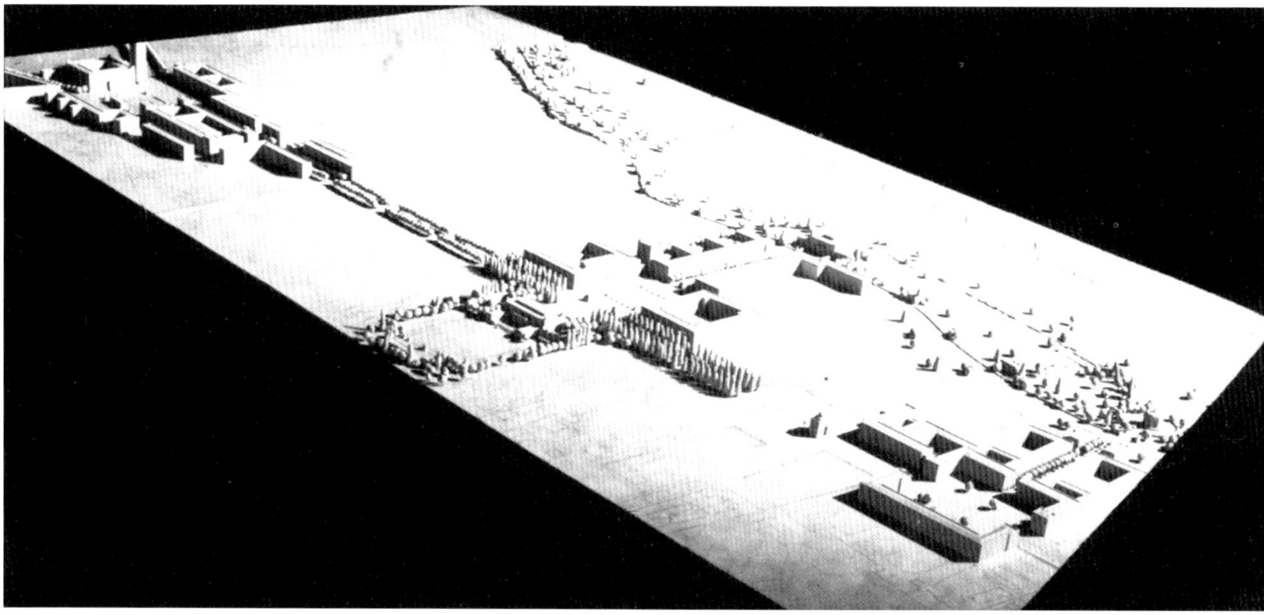

Modell einer Neugestaltung zwischen der Universität ganz rechts und der damaligen Danziger Freiheit ganz links. In der Mitte in Höhe der Giselastraße links das geplante Wohnhaus Hitlers, dann das massige geplante Generalkommando der Wehrmacht und am Rand des Englischen Gartens als Straßenabschluss das Gästehaus der Stadt. Konzeption des Generalbaurats Hermann Giessler von 1940/1941.

Für die heutige Münchner Freiheit bringen zwei Architekten schon 1927 einen „Schwabinger Stachus" und für dieses „kommende Nord-Geschäftszentrum den städtebaulichen Akzent in Form eines gewaltigen [!] Kauf- und Wohnhausblockes" ins Gespräch. (Rasp 1981: 177) Der Plan hat zwar nie reelle Chancen, die Idee, diesen Schwabinger Mittelpunkt repräsentativ aufzuwerten sehr wohl. Dazu soll in der Zeit des Nationalsozialismus das Deutsche Haus der Pariser Weltausstellung von 1937 an der Einmündung der Ungerer- in die Leopoldstraße wieder aufgebaut werden. Was die Nationalsozialisten wollen, duldet keinen Widerspruch. Denn sie haben bald jede Macht, auch in Schwabing. In der Schwabinger Sektion von Adolf Hitlers NSDAP, deren Ortsgruppe Schwabing-West Anfang der 1930er Jahre die mitgliederstärkste in München ist, übernimmt bereits 1926 ein gewisser Karl Fiehler den Vorsitz. 1933 wird er zum Münchner NS-Oberbürgermeister ernannt. In Schwabing wohnen auch SA-Chef Ernst Röhm, den Hitler umbringen lässt,

NSDAP-Reichsorganisationsleiter Georg Strasser und der NS-Chefideologe Alfred Rosenberg.

In den späten 1930er Jahren machen NS-Planer für die Schwabinger Mitte konkrete Pläne: Der hohe Turm des Pariser Ausstellungsgebäudes und dieses selbst sollen tatsächlich in die Blickachse der Leopoldstraße kommen und die Erlöserkirche völlig verdecken. Sie soll aber ohnehin abgerissen werden, ebenso wie es 1937 mit der Matthäuskirche am Rande der Altstadt geschah. Verschiedene Platzgestaltungen werden entwickelt. Einmal soll die Häuserfront auf der einen, ein andermal auf der anderen Platzseite weichen. Je nach Verfasser ist die gesamte Bebauung zwischen der Kaiser-/Fend- und der Herzog-/Antonienstraße in Gefahr. Alle Varianten „zeigen deutlich die Absicht, diesen Platz zu ‚architektonisieren': er wirkt für den durch die äußere Leopold- oder durch die Ungererstraße Kommenden wie ein Sammelbecken, das die eigentliche Zufahrt zur Stadt in die Leopold-/Ludwigstraße kanalisiert. Für den aus der Stadt Kommenden kündigen die amorphen Öffnungen im westlichen und östlichen Teil der Nordseite des Platzes bereits hier den Übergang von der Stadt zum Umland an. Im Zusammenhang mit dem ‚Empfang' wäre diesem Platz eine repräsentative Funktion in der städtebaulichen ‚Regie' der Münchner Neugestaltung zugewiesen worden." (Rasp 181: 179).

Aber diese Ideen bleiben ebenso Papier wie die Idee, im Leopoldpark gegenüber der Giselastraße, wo zuvor das Palais Leopold gestanden hat, ein Wohnhaus für Hitler zu bauen, außerdem in dessen Verlängerung an der Giselastraße das Generalkommando der Wehrmacht und am Ende der Giselastraße, am Übergang zum Englischen Garten, ein Gästehaus der Stadt München. Nur in der Maxvorstadt werden einige NS-Bauten verwirklicht: das Haus der (damals: Deutschen) Kunst und Parteibauten an der Arcisstraße, bis zu denen der Königsplatz aufgeweitet wird. Allerdings wird dem Schwabinger Zentrum ein Namenswechsel verordnet: Nachdem die zuvor Freie Stadt Danzig unter Beraubung eben dieser Freiheit dem Reich wieder einverleibt ist, wird es Danziger Freiheit genannt – Namensvorbild der Münchner Freiheit, die an die „Freiheitsaktion Bayern" in den letzten Tagen vor den Befreiung Münchens durch die Amerikaner erinnert.

Das für die damalige Danziger Freiheit geplante Deutsche Haus der Weltausstellung von 1937 hätte den Fluchtpunkt der Leopoldstraße ähnlich stark beherrscht wie der Vorschlag eines „Irminsul"-Gebäude nach einer Idee von Alexander von Senger.

Das Antonienheim in der gleichnamigen Schwabinger Straße um 1925. Hier, gegenüber einer Hauswirtschaftsschule, richtete sich ab 1926 das jüdische Kinderheim ein. Eine hauswirtschaftliche Ausbildung gibt es auf der gegenüberliegenden Straßenseite auch heute.

Einen jüdischen Kindergarten hat es in München schon seit 1904 gegeben. Zeitweilig hat dessen Trägerverein, die Israelitische Frauenhilfe, bis zu 150 Kinder zu betreuen. 1925 kann der Verein in Schwabing ein zweistöckiges ehemaliges Bürohaus mit 20 Räumen in der Antonienstraße 7 erwerben. Ende März 1926 wird das zum Heim umgebaute Gebäude bezogen. Heimleiterin Elisabeth Kitzinger: „Aufnahme in das Heim fanden elternlose, uneheliche oder im Elternhaus gefährdete Kinder, den seit der Inflation geschaffenen Verhältnissen zufolge auch Kinder des schwer bedrängten Mittelstandes, ferner schulentlassene Mädchen zur Erlernung des Haushalts und der Kinderpflege." (1958: 77 f.)

Elisabeth Kitzinger

Zu den Antonienheim-Kindern gehörten auch Ernst und Werner Grube (links), vor dem Heim im Jahr 1940 – Gruppenfoto aus dem Kinderheim Antonienstraße aus dem Jahr 1941

Diese friedliche Situation ändert sich drastisch, als in der NS-Diktatur jüdische Familien brutal aus ihren Wohnungen verdrängt werden. „Wasser, Strom und Gas waren abgeschaltet", erinnert sich Ernst Grube. „Wir konnten nur noch Küche und Kammer bewohnen. Die übrigen Räume waren nicht mehr beheizbar. Seit der Enteignung hatten wir in diesem Haus kein Wohnrecht mehr. So blieb meinen Eltern nichts anderes übrig, als uns Kinder, meinen älteren Bruder Wender, meine Schwester Ruth – sie war erst vier Monate alt – und mich in das jüdische Kinderheim nach Schwabing in die Antonienstraße 7 zu bringen." (LHM, Jüdisches Leben 1995: 44) Ein Teil der dortigen Kinder hat keine Eltern mehr oder die Eltern sind bereits ins Ausland geflüchtet und wollen ihre Kinder später nachkommen lassen.

Manche der Kinder stammen aus nur noch nominell jüdischen Familien, die längst in die christliche Gemeinschaft integriert sind. Jüdischen Glauben und jüdische Feste lernt Grube erstmals in diesem Heim kennen. Er verlebt glückliche Monate. Aber im Herbst 1941 wird auch er wie alle Juden gebrandmarkt: „Im Heim haben wir Kinder den gelben Davidstern, auf dem mit schwarzer Farbe in pseudo-hebräischen Buchstaben das Wort ‚Jude' stand, ausgeschnitten und auf unsere Jacken, Pullover und Mäntel genäht. Ich meine heute, wir taten es nicht ganz ohne Stolz." (ibid.: 46) Bald darauf beginnen die Deportationen. Nur wenige Kinder können noch auswandern. Grüppchenweise werden die anderen des Nachts abgeholt. „Wir wussten nicht, wohin die Reise geht. Weinend haben wir uns verabschiedet. Ich erinnere mich dass sogar einige Briefe und Karten ankamen. ‚Wir sind gut angekommen!' – ‚Uns geht es gut!' stand darin. Das war das Letzte, was ich je von diesen Kindern, meinen Freundinnen und Freunden, gehört habe. Die meisten dieser Transporte gingen nach Theresienstadt und von dort weiter in die Vernichtungslager des Ostens." (ibid.).

Schriftzug Sophie Scholls auf der Rückseite des Begleitbriefs zu ihrer Anklageschrift

In Schwabing leben die Mitglieder der Widerstandsgruppe Weiße Rose, die sich ab 1942 offen gegen das nationalsozialistische Regime stellen und dafür umgebracht werden: Willi Graf in der Mandlstraße 1, Alexander Schmorell am Habsburgerplatz 2 sowie Hans und Sophie Scholl im Rückgebäude der Franz-Joseph-Straße 13. Ihr konspirativer Treff, an dem sie ihre Flugblätter drucken, ist in der Leopoldstraße 38a im Atelier eines Architekten, der als Soldat an der Front ist. Am 4. Februar 1943 werden in der Maxvorstadt „Nieder mit Hitler – Freiheit"-Parolen an Hauswände gemalt. Die Oberstaatsanwaltschaft München meldet, dass „etwa 1.300 Flugblätter antinationalsozialistischen Inhalts mit demokratisch-föderalistischer Tendenz auf den Straßen der Stadt gefunden" worden sind. „Die Täter sind unbekannt." (Preis 1980: 192) Aber sie bleiben es nicht. Am 18. Februar fallen bündelweise Flugblätter durch den Lichthof der Universität. Hausdiener Jakob Schmied sieht zwei Studierende die Zettel werfen und schreit: „Halt. Sie sind verhaftet." Hans und Sophie Scholl lassen sich widerstandlos zum Rektor führen. Bei Hans Scholl wird der Entwurf eines weiteren Flugblatts von Christoph Probst gefunden. Schon vier Tage später tagt der Volksgerichtshof. Dessen berüchtigter Vorsitzender Roland Freisler reist eigens aus Berlin an. Die Verhandlung ist eine Farce. Beide Scholls und ihr Freund Probst werden zum Tode verurteilt. Das Urteil wird noch am selben Tage (22. Februar 1943) in Stadelheim vollstreckt.

Erst nach dem Krieg wird bekannt: Der Freundeskreis der Weißen Rose hat sich im Sommer 1942 unter Medizinstudenten gebildet, die einer Studentenkompanie zugeteilt sind. Sie wohnen privat, denn sie haben „Ausgang bis zum Wecken" und müssen nur von Zeit zu Zeit vor ihrer Kaserne antreten, sind also halb Student und halb Soldat. Ihnen schließt sich auch die Biologie- und Philosophiestudentin Sophie Scholl an. Im Volksliedforscher Professor Kurt Huber findet die Gruppe einen Freund. Vier Flugblätter verteilen sie im Sommer 1942, ein fünftes im Januar, das sechste und letzte, das Huber verfasst hat, eindringlicher und schärfer als die vorausgegangenen, im Februar 1943. Auch Huber, Alexander Schmorell und Willi Graf werden verhaftet und von Freisler zum Tode verurteilt. Schmied dagegen erhält 1946 als kleiner Parteibeamter, der nach Ansicht der Spruchkammer „seine große Chance gekommen sah und sie nicht ungewahrt vorüber gehen lassen wollte" (cit. Preis 1980: 197), fünf Jahre Arbeitslager. Henker Johann Reichardt, der in Stadelheim bis 1945 mehr als dreitausend Menschen hinrichtet, wird 1945 ins amerikanische Kriegsverbrechergefängnis nach Landsberg beordert und bringt dort bis März 1947 zahlreiche weitere Menschen ums Leben.

Im letzten Flugblatt der Geschwister Scholl heißt es unter anderem: „Erschüttert steht unser Volk vor dem Untergang der Männer von Stalingrad. [...] Wollen wir weiter den niederen Machtinstinkten einer Parteiclique den Rest der deutschen Jugend opfern? Nimmermehr! Der Tag der Ab-

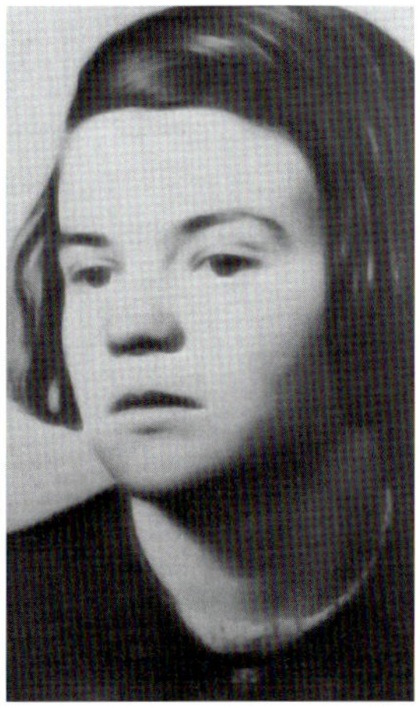

Hans Scholl, Sophie Scholl und Christoph Probst
Oben: Das ab 1936 gültige nationalsozialistische Wappen der Stadt München (Entwurf Richard Klein)

rechnung ist gekommen, der Abrechnung der deutschen Jugend mit der verabscheuungswürdigsten Tyrannis, die unser Volk je erduldet hat. Im Namen der deutschen Jugend fordern wir vom Staat Adolf Hitlers die persönliche Freiheit, das kostbarste Gut des Deutschen zurück, um das er uns in der erbärmlichsten Weise betrogen hat. […] Der deutsche Name bleibt für immer geschändet, wenn nicht die deutsche Jugend endlich aufsteht, rächt und sühnt zugleich, ihre Peiniger zerschmettert und ein neues geistiges Europa aufrichtet. […]"

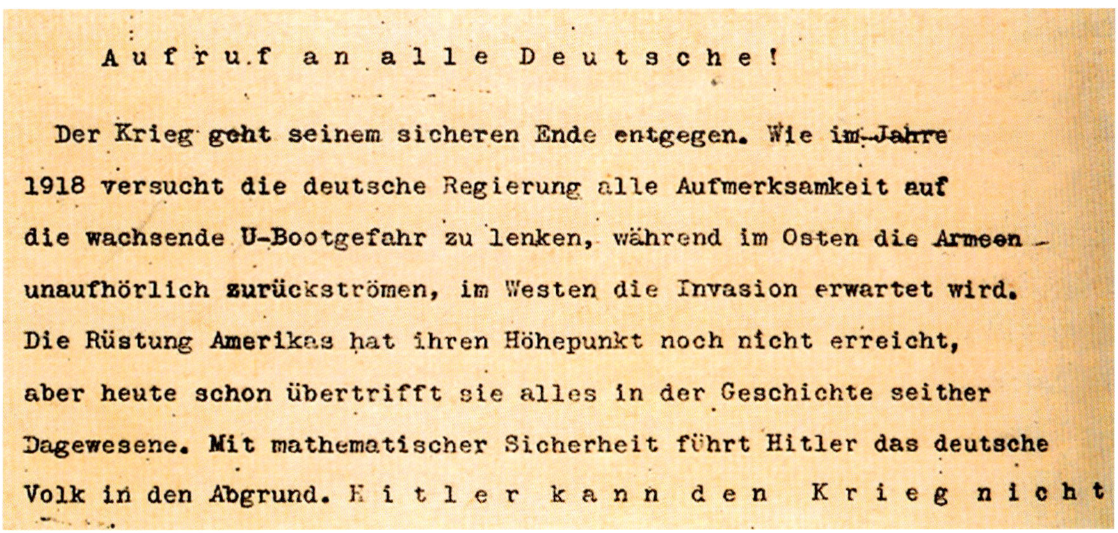

Aufruf an alle Deutsche!

Der Krieg geht seinem sicheren Ende entgegen. Wie im Jahre 1918 versucht die deutsche Regierung alle Aufmerksamkeit auf die wachsende U-Bootgefahr zu lenken, während im Osten die Armeen unaufhörlich zurückströmen, im Westen die Invasion erwartet wird. Die Rüstung Amerikas hat ihren Höhepunkt noch nicht erreicht, aber heute schon übertrifft sie alles in der Geschichte seither Dagewesene. Mit mathematischer Sicherheit führt Hitler das deutsche Volk in den Abgrund. Hitler kann den Krieg nicht

Das fünfte Flugblatt der Weißen Rose warb Anfang 1943 für ein föderalistisches Deutschland mit einem „vernünftigen Sozialismus" in einem erstarkten Europa.

In den letzten Jahren des Krieges von 1939 bis 1945 ist die Hälfte von dem, was München und damit auch Schwabing ausmachte, in Trümmer gesunken. Stellvertretend dafür zeichnen wir hier nur kurz nach, was das für die Verkehrsbetriebe bedeutet hat. 1939 wird Schwabing durch zahlreiche Trambahnlinien erschlossen: Ins Zentrum fahren die 3 und die 23 vom Kölner Platz sowie die 6 von Freimann, die 7 und die 27 von Milbertshofen, die 8 und die 18 vom Kurfürstenplatz sowie die 22 vom Nikolai- zum Rotkreuzplatz. Als am 4. Februar 1943 der totale Krieg ausgerufen wird, treffen die Folgen auch den Trambahnbetrieb. 1944 zerstört jeder Luftangriff durchschnittlich acht Wagen. Und Luftalarm ist fast jeden Tag. Nur auf abenteuerlichsten Umwegen, immer öfter nur mehr auf Teilstrecken, wird der Betrieb aufrecht erhalten. Nach einem Nachtangriff vom 25. April beispielsweise fährt die 6 als 6a von Freimann nur noch bis zum Nikolaiplatz, die 7a gerade noch bis zum Nordbad, die 8 und 18 nur noch im Süden der Stadt und nur die 22 weiter normal. „Normal" heißt, dass der Trambahnbetrieb frühmorgens so gut es geht einsetzt, nach dem ersten Tagesalarm aber stockt und nachmittags oder abends je nach den Zerstörungen ganz, teilweise oder auch gar nicht wieder aufgenommen wird. Nach Angriffen am 11. und 12. Juli 1944 gibt es in der gesamten Stadt nachmittags gar keinen Betrieb, am 13. ebenfalls nicht, am 16. wiederum nicht, vom 18. bis 24. nur frühmorgens einen Notbetrieb, teilweise mit Bussen, weil Schienen durch Bomben zerstört sind. Und so geht es weiter. Zugleich muss die Tram, weil die Reichsbahnanlagen mindestens gleich stark beschädigt sind, zunehmend auch dem Güternahverkehr dienen. Am 1. August 1944 fährt in Schwabing keine 3, keine 6, keine 18, keine 28 und die 22 nur noch als Bus. Fast täglich fahren die Züge anders – dorthin, wo gerade ein Durchkommen ist. 1944 werden über bombardierte Straßen provisorische Schienen von Kleinbahnen gelegt. Ende Dezember 1944 wird mit alten Loks und ehemaligen Reichsbahn-Steuerwagen ein Kleinbahnbetrieb vom Odeonsplatz durch die Ludwig- und Leopoldstraße zur Hohenzollernstraße aufgenommen. Die meisten Wagen sind in grauer Tarnfarbe gestrichen. Liniennummern gibt es schon lange

nicht mehr. Irgendwelche Papptafeln, manchmal auch schwarze Schiefertäfelchen oder einfach Wagenwände mit Kreideaufschrift versuchen Orientierung zu geben. Ende April 1945, in der letzten Kriegswoche des Dritten Reiches in München, fahren in Schwabing nur noch eine Linie 6a vom Hohenzollernplatz zur damaligen Danziger, der heutigen Münchner Freiheit und weiter nach Freimann, zeitweilig eine 7a vom Westend zum Nordbad sowie eine 7b eingleisig von dort nach Milbertshofen sowie eine 8a vom Feilitzschplatz zum Kölner Platz. Hilfsbahnen dampfen vom Lenbach- zum Kurfürsten- und vom Marien- zum Feilitzschplatz. Vom 29. April bis 22. Mai ruht jeglicher Trambahnverkehr. Erst am 25. Mai 1945 ist die Tram wieder nach Schwabing gefahren.

Der Bombenkrieg hat München massiv, Schwabing unterschiedlich schwer getroffen. In der an Schwabing angrenzenden Maxvorstadt sind ganze Viertel wie ausradiert. In West-Schwabing sind bei Kriegsende 5.550 der 11.293 Vorkriegswohnungen zerstört und mehr als die Hälfte der restlichen beschädigt. Der weniger dicht bebaute Schwabinger Norden ist nur zu einem Fünftel verwüstet. Altschwabing ist vergleichsweise glimpflich davon gekommen. Schloss Biederstein ist allerdings völlig zerbombt. Schloss Suresnes ist ausgebrannt. Der Schwabingerbräu ist ebenso vernichtet wie der Großwirt.

Feldbahnen, die schon in den letzten Kriegsjahren als Trambahnersatz haben herhalten müssen, bekommen nun eine neue, zweite Aufgabe: Fünf Millionen Tonnen Trümmerschutt aus der Stadt abzufahren. Bis Ende 1946 sind 1,3 Millionen fortgeschafft. Im früher topfebenen Terrain der Münchner Schotterebene entstehen 1945 weithin sichtbare Berge. Der bekannteste ist der Olympiaberg auf dem Südteil des vormaligen Exerzierplatzes Oberwiesenfeld am Westrand von Schwabing. Ein zweiter Trümmerberg reckt im nördlichen Luitpoldpark seine Kuppe ein wenig versteckt über mittlerweile hoch gewachsene Bäume hinaus.

Über verwüstete Straßen hinweg gelegte Feldbahnen erhalten einen notdürftigen Verkehr aufrecht.

Neuanfang

Das Siegestor 1947 zwischen Zerstörung und Wiederherstellung. Anfangs war sogar der Komplettabriss geplant. Nach dem vereinfachten Wiederaufbau erhielt das Tor auf der Stadtseite die Inschrift „Dem Siege geweiht, vom Krieg zerstört, zum Frieden mahnend".

Mit der Trümmerbeseitigung ist noch keine einzige neue Wohnung geschaffen. 71.792 Wohnungen hat der Zweite Weltkrieg in München zerstört, weitere 26.319 beschädigt. Um sie vor weiterem Verfall zu bewahren, müssen sie binnen fünf Jahren wieder aufgebaut werden. Dazu

Ein Schwabing-Motiv des Jahres 1947

sind 333.000 Tonnen Zement nötig (bis Ende 1946 werden davon gerade einmal 2,4 Prozent zugeteilt), 190.000 Tonnen Kalk (zugeteilt 7,3 Prozent), 76.000 Tonnen Eisen (0,5 Prozent) und 730 Tonnen Nägel (0,2 Prozent). Wäre es so weiter gegangen, wäre der Bedarf an Nägeln in 195 Jahren befriedigt gewesen. Aber wenigstens Pläne werden gemacht: 1946, ein Jahr nach dem Krieg, legt der Schwabinger Architekturprofessor Robert Vorhoelzer einen Wiederaufbauplan vor, der auch das Oberwiesenfeld, also den späteren Olympiapark, einbezieht. Er schlägt vor, in ganz Schwabing aus privaten Hofbereichen durchlässige Freiräume zu machen. Aber hier wie in der Altstadt, für die ähnliche Passagen-Ideen entwickelt werden, sprechen die privaten Besitzverhältnisse letztlich dagegen. Nach der Währungsreform von 1948 kommt der Wiederaufbau langsam in Gang, im Wesentlichen jedoch auf den historischen Baulinien.

Links: Bei Kriegsende standen in ganzen Stadtvierteln fast nur noch die Umfassungswände von Häusern, wie dieses Luftbild der US Air Force vom 8. Juni 1945 zeigt. Oben rechts die Ursulakirche, unten links der Alte Nördliche Friedhof.

Auch dieses Schwabinger Schild sprach am Kurfürstenplatz für sich selbst.

Bald aber begann der Wiederaufbau. In der Friedrichstraße wurden wieder Arbeiterinnen gesucht.

An der Ungererstraße hausen Ausgebombte und Flüchtlinge zunächst in Baracken.

Peter Paul Althaus, seit 1922 in Schwabing zuhause, ab 1930 Chef des Kabaretts Zwiebelfisch und nach 1945 selbsternannter Bürgermeister der Traumstadt Schwabing, hat in der Schwabinger Trümmerwüste trotzdem geschrieben: „In der Traumstadt ist ein Lächeln stehen geblieben; niemand weiß, wem es gehört. Und ein Polizist hat es schon dreimal aufgeschrieben, weil es den Verkehr, dort wo es stehn geblieben, stört." 1950 übernimmt er den Seerosenkreis, der bis heute besteht. Sieben Jahre später trennen sich dessen Literaten von den bildenden Künstlern. Der ebenfalls bis heute regelmäßig verliehene Schwabinger Kunstpreis geht auf den Seerosenkreis zurück, während der Schwabinger Kulturpreis erst 1961 von Münchner Tageszeitungen gestiftet und erstmals an Wilhelm Hüsgen vergeben wird, den letzten der Elf Scharfrichter. Auch der Tukankreis wird 1951 wieder begründet. Schon im Jahr zuvor wird in einem Weinkeller die Künstlervereinigung Katakombe aus der Taufe gehoben. Bundespräsident Theodor Heuss macht ihr in Erinnerung an seine lange zurückliegende Studentenzeit einen Besuch. Wolfgang Koeppen lebt in den frühen Nachkriegsjahren ebenso in Schwabing wie Hans Egon Holthusen, beschreibt seine Zeit ebenso wie Erich Kästner in den Jahren von 1946 bis 1953 von seiner Wohnung in der Fuchsstraße oder vom Café Leopold aus. Kästner versorgt mit seinen Einfällen das Kabarett Die kleine Freiheit, das 1951 gleich hinter dem Siegestor eröffnet.

Gegen Ende der 1950er Jahre, als es in Schwabing noch zahlreiche kriegsbedingte Baulücken gibt, vermarkten schon wieder mehr als 60 Beherbergungsbetriebe den Namen Schwabing. Zwar gibt es auf Ruinengrundstücken des Stadtbezirks noch zwei Dutzend provisorischer Imbiss- und Trinkstuben. Aber Schwabing hat auch schon wieder 170 richtige Gastwirtschaften, Cafés und Kneipen, mehr als jemals zuvor. Schon sehr bald nach der Währungsreform sind einige findige Wirte überdies auf die Idee gekommen, in Kellerlokalen die Wände fantasievoll bemalen zu lassen, das elektrische Licht durch Kerzen in Weinflaschen zu ersetzen und einer Handvoll bärtiger Studenten einen Drink zu servieren – als lebendige Staffage sogenannter Schwabinger Künstlerlokale. Das zieht Besucher von anderswo ebenso an wie zahlungskräftige US-Soldaten. So entsteht in Altschwabing, besonders in der Occamstraße und ihrer direkten Umgebung, eine bald sehr gut besuchte Kneipengegend, in der zunächst auch das künstlerische Angebot hoch ist – etwa in dem ersten im Nachkriegsdeutschland eröffneten und lange Jahre glänzend geführten Studio für Filmkunst in der Occamstraße oder in dem direkt be-

nachbarten Lokal, in dem dessen Wirtin Gisela in tiefstem Alt ihre Schwabinger Chansons zum Besten gibt. Das Lokal lebt später unter wechselnden Namen fort: Es heißt zeitweilig Dr. Flotte und derzeit Vereinsheim.

1958 zeichnet der Schutzverband Bildender Künstler in einer Schwabing-Ausstellung die Geschicke dieses Stadtteils vom Dorf bis zur Traumstadt erstmals intensiv nach. „Schwabing", sagt der Nobelpreisträger Werner Heisenberg damals, „wird auch im zukünftigen München eine entscheidende Rolle spielen; denn es verkörpert eine Komponente im geistigen Leben Münchens, ohne die München nicht die von so vielen geliebte Stadt sein könnte." Das ist gerade einmal vier Jahre vor den Schwabinger Krawallen gewesen.

Die schwarze Fassade eines 1963/1964 von Rudolf Schütz und Franz Hart errichteten Bürogebäudes über einem Kaufhaus an der Münchner Freiheit mit einem auffaltbaren Restaurantdach wurde schon kurz nach ihrer Fertigstellung als Fremdkörper im Stadtbild so stark kritisiert, dass der Hochbau 1990/1991 wieder abgerissen wurde.

Wiederaufbau-Erfolge: Hier das Eiscafé Rialto an der Leopoldstraße 62–64 Mitte der 1950er Jahre

Ein kühler, klarer Bau der Wiederaufbauzeit ist die Hauptverwaltung der Allianz in der Königinstraße 107, geschaffen 1952 bis 1954 vom Architekten Josef Wiedemann.

Schwabing-West mit seinen vor dem Krieg rund 11.000 Wohnungen, von denen bis 1945 mehr als die Hälfte zerstört worden sind, hat 1950 wieder 842 Wohngebäude mit 7.436 Wohnungen und 1956 bereits 1.172 Bauten mit 13.393 Wohnungen. Das ist mehr als der Vorkriegsbestand, denn in Bombenlücken wird sehr viel dichter wieder gebaut als vordem. Die Schwabinger Baufirma Fries errichtet in den 1950er Jahren unter anderem Wohnanlagen an der Krumbacher- und Hiltenspergerstraße, an der Bauer- und Tengstraße und am Hohenzollernplatz 2-3. Die ebenfalls in Schwabing ansässige Südhausbau zieht als erstes Häuser an der Keuslinstraße 2–4 und den Emilienhof an der Wandler- und Dietersheimer Straße in der Alten Heide hoch. Sie bleibt auch später in Schwabing aktiv. In den Jahren 2006 bis 2008 bebaut sie eines der letzten Schwabinger Ruinengrundstücke an der Ecke der Hohenzollern-/Schleißheimer Straße.

Typische Elemente der Architektur aus den 1970er Jahren weist dieser Wohnblock in der Hiltenspergerstraße auf.

Im Gebiet Berliner Straße engagiert sich die in Schwabing beheimatete Bayerische Wohnungsbaugesellschaft, neben ihr baut die Argenta den Ungererpark.

In der Zeit um 1960 ist Schwabing, dessen Künstler und Literaten sich in den ersten Jahren nach dem Krieg in ihrer „Traumstadt" neu einzurichten versuchten, dabei, ein ziemlich normaler Stadtteil zu werden. Er weist 50 Metzgerläden auf, etwa ebenso viele Bäckereien, 37 Milch- und zehnmal so viele sonstige Lebensmittelgeschäfte. In der früheren Ateliermeile Hohenzollernstraße gibt es Ende der 1950er Jahre vier derartige Künstleradressen mit sechs Malern und zwei Bildhauern. Im Haus Nummer 33 geht es zu wie an vielen Orten in diesen Jahren. Dort wohnen nun zwei Angestellte sowie ein Bürovorstand, ein Abteilungsleiter, ein Kaufmann, ein Verwaltungsinspektor, ein Kalkulator, ein Handelsvertreter, ein Sekretär sowie eine Witwe (Böddrich 1959: 82). Was Deutschland und auch Schwabing in diesen Jahren kennzeichnet, ist die nivellierte Mittelstandsgesellschaft, wie sie damals der Soziologe Helmut Schelsky bezeichnet. In Alt-Schwabing scheint die Zeit gar wie stehen geblieben: In der Marschallstraße, wo bis 1960 der letzte Bauernhof des vormaligen Dorfes überlebt, der Marschallhof, wohnen im Jahr 1959 47 Handwerker, 40 Witwen, 20 kleine Angestellte, 18 Arbeiter, 17 Rentner, 15 Kaufleute, 12 Beamte, 11 Freiberufler und der genannte Landwirt – alles unauffällige Leute. Diese soziale Struktur ist mit der der Jahrhundertwende durchaus noch vergleichbar (Böddrich 1959: 64). Sie leben zu niedrigen Mieten in ebenso unauffälligen, aber arg in die Jahre gekommenen Häusern. Hier rührt sich wenig. Aber Schwabing macht alsbald erneut von sich reden.

Traumstadt?

Der 20. Juni 1962, der Tag vor dem katholischen Feiertag Fronleichnam, klingt in einer warmen Sommernacht aus. In einer Schwabinger Straße spielen fünf Straßenmusiker. Anwohner fühlen sich von ihnen gestört. Sie rufen die Polizei. Die will die Musikanten im Streifenwagen mitnehmen. Das empört aber Passanten. Sie werden handgreiflich und blockieren die Leopoldstraße. Die Polizei ruft Verstärkung. Die kommt alsbald auch, zum Teil hoch zu Ross. Den Verkehr zu blockieren – wo gibt es denn so was? Die Situation eskaliert. Drei Nächte lang stehen sich Aufruhr und Polizeimacht gegenüber. Die Staatsgewalt, unerfahren in solchen Situationen, reagiert mit übertriebener Härte. Zahlreiche Jugendliche und junge Erwachsene werden verletzt. Die Politik stellt sich hinter die Polizei, die Presse hinter die Bevölkerung. Oberbürgermeister Hans-Jochen Vogel, noch nicht lange im Amt, wertet diese Schwabinger Krawalle in seinen als *Die Amtskette* erschienenen Erinnerungen an seine Münchner Zeit später als „unartikulierten Protest gegen die Wohlstandsgesellschaft und das Wirtschaftswunder: das Bedürfnis, gegen irgend etwas, das allzu glatt und problemlos zu laufen schien, Widerstand zu leisten. Überspitzt könnte man es einen Aufstand der Individualität gegen die Straßenverkehrsordnung nennen, einen ersten vehementen Hinweis darauf, dass eine Stadt nicht nur für den Verkehr, sondern auch zum Flanieren, zum Musizieren, zum Tanzen da ist." Vielleicht werde man später einmal sagen, resümiert Vogel, dass in Schwabing „zum ersten Mal die humane Stadt gegen die ökonomische Stadt rebelliert" habe. Ein kluger Kopf, dieser Oberbürgermeister der es bis zum Bundesminister, zum Regierenden Bürgermeister von West-Berlin und zum Kanzlerkandidaten gebracht hat. Er hat nicht nur die einige Jahre später sichtbar werdende Studentenbewegung richtig gedeutet, sondern auch die besondere Rolle des Schwabinger Boulevards Leopoldstraße.

Der Karikaturist Dieter Hanitzsch wandelte den damaligen Münchner Slogan „Weltstadt mit Herz" nur geringfügig ab, als er die Schwabinger Krawalle dieses Jahres zeichnerisch aufs Korn nahm. Rechts hinten zu Pferd sieht man den damaligen Münchner Oberbürgermeister Hans-Jochen Vogel. Zwei Jahrzehnte später (rechts) witzelte er über die mittlerweile geltende „Münchner Linie".

In den Junitagen des Jahres 1962 eskalierte eine harmlose Ruhestörung durch eine Handvoll musizierender Jugendlicher auf einer Schwabinger Straße zu einem außer Kontrolle geratenen Einsatz der damals noch existierenden Münchner Stadtpolizei. Um Ruhe und Ordnung wieder herzustellen, wurden ahnungslose Polizeischüler gegen Studenten mobilisiert – jedoch mit gegenteiligem Effekt: Die überaktive Polizei zog sich den Zorn der Schwabingbummler zu, und die Sache eskalierte zu einer Tage lang andauernden Krise.

Auseinandersetzungen hat es rund um die Leopoldstraße immer wieder gegeben. „Wenn die Bebauung des Nikolaiplatzes, des Leopoldparks und der Münchner Freiheit gleichzeitig auf ein Viertel zukommen," sagte dazu 1976 auf einer Bürgerversammlung die Stadtteilpolitikerin Edith von Welser-Ude, von 1972 bis 1978 Vorsitzende des Schwabinger Bezirksausschusses und danach bis 1990 Stadträtin und Ehefrau des heutigen Oberbürgermeisters „sollte es niemanden wundern, dass die Bürger anfangen, sich zu wehren. Wer hier vom Druck der Straße spricht," setzte sie damals hinzu, „hat nicht begriffen, worum es geht. Das ist schließlich kein organisierter Mob, sondern es sind Münchner Bürger, die für die Erhaltung ihrer Heimat kämpfen."

Diese Auseinandersetzung hat etliche Schauplätze. Der erste ist der Schwabinger Leopoldpark. Bis in die 1930er Jahre hat dort, gegenüber der Einmündung der Giselastraße, in einer weitläufigen Grünanlage das Palais Leopold gestanden, ein Bau aus den 1830er Jahren, wenig beliebt, aber mehrfach erweitert, schon 1858 unter der Hand vom Militär erworben, zur Kriegsschule ausgebaut, 1859 Infanteriekaserne, 1866 Militärkrankenhaus geworden, erst ab 1872 dem

Prinzen Leopold von Bayern gehörig, dessen Witwe Gisela 1932 stirbt, woraufhin das Haus 1934 in den Besitz der Stadt übergeht. Schon lange zuvor, um 1900, ist ein Stück Park für die Anlage der Friedrich- und Habsburgerstraße verloren gegangen. Der Abriss des Palais in den 1930er Jahren regt niemanden auf, ein Rest bleibt noch bis nach dem Zweiten Weltkrieg als legendäres „Studio 15" erhalten. Für die Nachfolgenutzung werden ab 1934 verschiedenste Pläne gemacht. Die Stadt favorisiert ein Jagdmuseum, das dann jedoch zunächst nach Nymphenburg kommt. Ein Konzertsaal ist im Gespräch, auch ein Gästehaus der Stadt München. Zuletzt, 1939, will der nationalsozialistische Generalbaurat Hermann Giessler dort ein Wohnhaus für Adolf Hitler errichten. Der beginnende Krieg erledigt diese Pläne. Aber als in den 1960er Jahren die Münchner Universität schier unaufhaltsam zu wachsen beginnt, kommt das immer noch fast 45.000 Quadratmeter große Parkgelände schnell ins Visier. Durch Tausch mit der Stadt hat es mittlerweile der Freistaat erworben. Schon hat die Universität in den Jahren 1963 bis 1970 direkt hinter dem Siegestor und der Akademie der Bildenden Künste, auf halbem Weg von ihrem Hauptgebäude zum Leopoldpark, Verwaltungsgebäude sowie eine für zehntausend Essen täglich ausgelegte Mensa errichtet. Auch das Erzbischöfliche Ordinariat hat Baurecht im Leopoldpark. Erst nach zähen Verhandlungen und lauten Aktionen einer Bürgerinitiative seit 1970 gelingt es 1977, das Baurecht der Hochschule zu verlagern und die Kirche zu bewegen, wenigstens ein Drittel ihrer Pläne anderswo zu realisieren. Entlang der Leopoldstraße wird zwar massiv gebaut: bis 1985 auf Hausnummer 13 ein Institutsgebäude der Ludwig-Maximilians-Universität aus drei Trakten mit Innenhof direkt am U-Bahnhof Giselastraße, rosa gestrichen und ob seiner Farbe alsbald Schweinchenbau genannt, daneben auch ein Ordinariatsgebäude. Dahinter steht der massige Flachbau der Mensa. Aber der übrige Leopoldpark bleibt den Bürgern erhalten.

„Monaco-Franze – Der ewige Stenz", dargestellt vom Schauspieler Helmut Fischer (1926–1997) sitzt noch immer im Garten seines Stammlokals, des Cafés Münchner Freiheit. Das Bronze-Denkmal schuf der Bildhauer Nicolai Tregor Jr..

Der Schwabinger Nikolaiplatz hat bereits einen brutalen Eingriff verkraftet, nachdem 1898 an seiner Südseite die barocke Nikolaikirche Mietshäusern hat weichen müssen. In den ersten Jahren des 20. Jahrhunderts hat dann Emanuel Seidl am Ostrand für Franziska und Paul Lautenbacher aus der Brauerei-Dynastie Sedlmayr das Gutshaus Villa Lautenbacher gebaut. Es trägt heute den Namen des Architekten. Schon 1924 werden einige Räume des weitläufigen Anwesens vermietet. 1936 wechselt – nach einer Erbschaft – der Eigentümer. Die nationalsozialistische Gauleitung zieht ein. 1945 sind Amerikaner, dann das Goethe-Institut und die Bayerische Akademie der Wissenschaften Mieter. Später erwirbt aufgrund einer

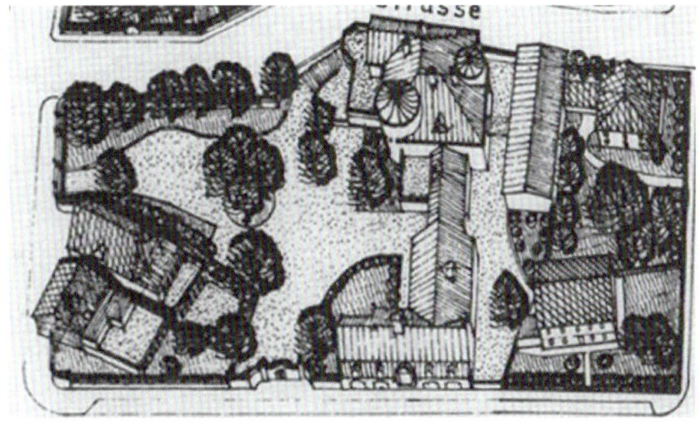

Dass die Kulturoase Seidlvilla (unten) weiterhin in einem großen Garten steht, ist der Bürgerinitiative Münchner Forum zu danken. Sie konnte ein Betongebirge wie in der Zeichnung rechts geplant verhindern.

Stiftung das Katholische Familienwerk das Haupt- und Pförtnerhaus mit Stallbau und Garten. 1963 werden Erweiterungspläne gemacht, doch nicht verwirklicht. 1969 wird das komplette Anwesen an den Grundstücksverwerter Jacob Safier verkauft, denn angesichts der engen Umgebungsbebauung ist der Grund mit hohem Baurecht versehen. In dessen Auftrag macht der Architekt Ernst Maria Lang große Pläne: Das Pförtnerhaus und die früheren Ställe, der Garten und weitere Handwerkerhäuser am Grundstücksrand sollen zugunsten eines sechsstöckigen Betongebirges verschwinden. Mit diesen Plänen verkauft Safier das Anwesen gewinnbringend an die Münchener Grund. Die will sogar acht Stockwerke schaffen. Doch hat sie die Rechnung ohne die Bürger gemacht. Inzwischen sind 17.000 Unterschriften gegen diese Zubetonierung gesammelt. Die Bürger fordern eine Revision der Pläne. Das hätte die Stadt angesichts des erteilten Baurechts einen zweistelligen Millionenbetrag an Entschädigungszahlungen gekostet, ohne dass sie in den Besitz des Grundstücks gekommen wäre. Sie sucht nach einem Ausweg und findet ihn auch: den Kauf des gesamten Areals gegen die Zusicherung, der Verkäufer dürfe sein Baurecht anderswo realisieren. So entstehen am Rand des gerade ausgeplanten Stadtviertels Berliner Straße zehn Stockwerke hohe Häuser. 1978 bildet sich ein Verein Bürgerzentrum Seidlvilla. Aber zunächst bekommt die Polizei auf drei Jahre das Haus, bis ihr Neubau an der Schwabinger Johann-Fichte-Straße kurz vor der Berliner Straße fertiggestellt ist.

Das dauert. Angeblich ist das staatliche Bauvorhaben unterfinanziert. Aus drei werden fast zehn Jahre. Fast beschlossen ist zwischenzeitlich, dass die seit 1949 in der Kaulbachstraße 11a mittlerweile völlig beengt untergebrachte Internationale Jugendbibliothek in der Seidlvilla ihre Bleibe finden soll. Sie zieht nach langem Hin und Her 1983 aber nach Obermenzing in das für ihre Belange renovierte Schloss Blutenburg. Erst 1987 übernimmt der Verein Bürgerzentrum die Seidlvilla. Nun wird die Anlage grundrenoviert. Das soll bis 1989 dauern. Aber auch das zieht sich hin, bis 1991. Erst dann wird das Bürgerhaus für Schwabing eröffnet.

Das Schwabinger Wohngebiet an der Berliner Straße entsteht ebenfalls erst nach der Abwehr von Begehrlichkeiten aller möglichen Art. Diese lange Zeit größte Brache am Schwabinger Innenstadtrand – von frei werdendem Militärgelände wagt man mitten im Kalten Krieg nicht einmal zu träumen – ist als Ausweichplatz für die Bauten im Leopoldpark im Gespräch, als Erweiterungsstandort für das Europäische Patentamt, wird dann aber als Ersatz für den freigehaltenen Nikolaiplatz erst einmal verkleinert. Von Norden ist das Gelände mit einem Industriegleis erschlossen – ein ideales Gewerbegebiet? Schließlich haben hier zuvor der Schwabinger Bahnhof, ein Trambahndepot und auch einige Betriebe gestanden. Aber es eignet sich auch als ideales Wohngebiet.

Es gelingt schließlich, hier eine überzeugende Wohnanlage zu schaffen. Im Zentrum wird der Biedersteiner Kanal zu einem kleinen See aufgestaut. Rundherum entstehen 250 Eigentums- und mehr als doppelt so viel frei finanzierte Mietwohnungen. Es gibt Straßen und Wege, aber alles bleibt abseits vom Durchgangsverkehr. Im Norden, dem Mittleren Ring zu, werden abschirmende Hotel- und Büroriegel errichtet.

In die Architekturgeschichte geht ein Projekt ein, das die Architekten Otto Steidle, Roland Sommerer und Jens Freiberg 1970 und 1971 zwi-

Die Wohnanlage an der Berliner Straße liegt zentral, aber ruhig. Im Norden schirmen ein Hotel und Bürogebäude sie von der Endschleife der Nürnberger Autobahn ab.

schen der Osterwaldstraße und dem Mittleren Ring realisieren. Sie errichten ein Skelett aus Stahlbetonträgern, in das veränderbare Raumelemente je nach den Wünschen der Bewohner und Benutzer nur eingehängt werden. Das erzeugt eine sehr individuelle, aber auch unruhige Gesamtanlage. Mittlerweile ist sie so eingewachsen, das man ihren Charakter nur noch im Winter erkennt. Weniger aufgebrochen, aber ebenfalls sehr individuell gerät 1983 der Kurfürstenhof zwischen Belgrad-, Fallmerayer- und Zittelstraße, den die Baugesellschaft Argenta nach Plänen des Architekten Jürgen von Gagern errichtet. Auf dem Gelände einer vormaligen Seifenfabrik entstehen 171 Wohnungen und dazu Läden, Büros und Ateliers. Die freie Gebäudeform, die auf den alten Baumbestand besondere Rücksicht nimmt, erschließt ruhige Innenhöfe und Gartenbereiche, die durchlässig sind. Der Kurfürstenhof erhält kurz nach seiner Fertigstellung den Internationalen Architekturpreis.

Die Münchener Rückversicherungs-Gesellschaft besteht schon gut zwei Jahrzehnte, als sie in Schwabing 1913 ihre neue Hauptverwaltung bezieht. Die Architekten Oswald Eduard Bieber und Wilhelm Hollweck haben den Wettbewerb für dieses ein ganzes Straßengeviert einnehmende Gebäude gewonnen und es zuerst an die westliche Grundstückskante stellen wollen, ehe sich das Unternehmen zu einer Orientierung nach Osten in Richtung Englischer Garten entscheidet. Im Westen verbleibt ein umzäunter parkartiger

Weniger aufgebrochen, aber ebenfalls sehr individuell geriet 1983 der Kurfürstenhof zwischen Belgrad-, Fallmerayer- und Zittelstraße nach Plänen des Architekten Jürgen von Gagern auf dem Gelände einer vormaligen Seifenfabrik mit 171 Wohnungen und Läden, Büros und Ateliers.

Garten, bis die Münchener Rück, wie sie allgemein kurz genannt wird, in den Jahren 1972 bis 1975 nach dem Entwurf von Ernst Denk unter dem Rasen einen sogar für Hauptversammlungen geeigneten riesigen Konferenzsaal versteckt, der an gewöhnlichen Tagen den Mitarbeitern zum Mittagessen knapp 500 Sitzplätze bietet. Von dort greifen aufwendig ausgestaltete Tunnels krakenartig in die benachbarten Häuserblocks aus, in denen mehrheitlich ebenfalls Gebäude der Versicherung stehen, überwiegend als Büros, vereinzelt auch zu Wohnzwecken genutzt. Zu ihnen gehört das perfekt restaurierte Haus Gedonstraße 4–6 des Jugendstilarchitekten Martin Dülfer. Es enthält unten Büros, in der Mitte Verfügungsräume für ihre rund 3.700 in Schwabing tätigen Mitarbeiter und oben Wohnungen leitender Mitarbeiter. Zum Komplex gehört auch das benachbarte voll verglaste Bürohaus, das 1968 bis 1973 als hässlicher Betonklotz errichtet und in den ersten Jahren des neuen Jahrtausends in überzeugender Modernität grundlegend umgebaut worden ist, ferner das 1962 bis 1965 von Hans und Traudl Maurer mit Ernst Denk entworfene Bürohaus gegenüber der Hauptverwaltung jenseits der Königinstraße sowie eine ganze Reihe weiterer Gebäude bis hin zu einem weiteren großen Bürokomplex an der Leopoldstraße 34–40 nach dem Entwurf von Denk, Mauder & Partner. Von dessen zehn 1990 bis 1994 errichteten Geschossen liegen sechs unter der Erde. Vor ihm hat die Versicherung 1995 als unübersehbares Kennzeichen der Flaniermeile Leopoldstraße die gebäudehoch frei stehende Skulptur Walking

Die gebäudehoch frei stehende Skulptur Walking Man des Bildhauers Jonathan Borofsky

Man des amerikanischen Bildhauers Jonathan Borofsky aufstellen lassen.

Kurz nach der Jahrtausendwende hat die Münchener Rückversicherung im Ensemble Altschwabing ein Postgrundstück erworben, mit viel Geld einen in der Zeit des Nationalsozialismus dort errichteten Bunker geschleift und für die anschließende Bebauung einen Wettbewerb ausgeschrieben, den das Münchner Architekturbüro Meck gewinnt. Es überzeugt den Bauherrn mit dem Vorschlag, einen betont städtischen Gebäuderiegel nahe an der Maria-Josepha-Straße zu stellen, um diese Straße „baulich zu fassen". Gerade das aber widerspricht, wie Kritiker einwenden, dem Ensemblecharakter der Gegend mit ihren Einzelhäusern hinter Vorgärten im Vorfeld des Englischen Gartens. Eine respektable Liste an Einwendern versucht klar zu machen, dass die „bauliche Fassung" nicht passt. Aber Münchner Zeitungen zitieren den Wettbewerbsgewinner mit den Worten, es müsse „Schluss sein mit der Idylle". Der Kommerz fordert sein Recht. Die Münchener Rück gibt sich stur – schließlich ist der Neubau genehmigt. Was neben der Seidlvilla verhindert worden ist, Zubetonierung: Hier soll es geschehen. Schließlich sitzt die Münchener Rück in Schwabing schon rund hundert Jahre...

Als der Architekt Josef Wiedemann 1952 bis 1954 direkt am Englischen Garten in der Königinstraße 107 die Hauptverwaltung der Allianz errichtet, ist der Weg dieses Unternehmens zur größten deutschen Versicherung und zur Europa-AG nicht vorgezeichnet. Die schlichte Eingangshalle seines Gebäudes (im Bild) wird von einer großen Glaskuppel belichtet. Ihr Zentrum ist ein vergleichsweise zierlicher gläserner Brunnen. Die Allianz ist bereits 1890 in München entstanden, Carl von Thieme als Vorstands- und Wilhelm von Finck als Aufsichtsratsvorsitzende der benachbarten Münchener Rückversicherung haben sie gegründet. Sie geht bald nach Berlin, kehrt aber nach 1945 an ihren Ausgangsort zurück und ist zunächst über ganz München verstreut, ehe sie in Rufweite des Instituts ihrer Gründungsväter ihren heutigen Standort übernimmt. Ursprünglich nur ein Sachversicherer, seit den 1920er Jahren auch in Lebensversicherungen aktiv, hat sich die Allianz seit den 1950ern global aufgestellt. Von Schwabing aus steuert sie 65.000 Mitarbeiter weltweit, in Schwabing sind 3.500 Personen beschäftigt. Zum Areal der Generaldirektion gehört außer dem Hauptgebäude direkt am Englischen Garten inzwischen auch eine Reihe von Häusern zwischen der Königin- und der Leopoldstraße. Nach dem Vorbild der Münchener Rück sind auch sie durch bequem begehbare Tunnels miteinander verbunden.

Während sich dieser Stadtumbau weitgehend abseits des Boulevards Leopoldstraße vollzieht, unterzieht die Stadt auch ihn seit den 1960er Jahren einem großstädtischen Wandel. Denn 1963 beschließt München, Vorkriegs-Planungen für ein U-Bahn-System wieder aufzunehmen. Am 1. Februar 1965, bevor noch über die Olympiabewerbung entschieden ist, erfolgt beim späteren U-Bahnhof Nordfriedhof der erste Spatenstich. Ein Jahr später, 1966, holt Oberbürgermeister Hans-Jochen Vogel den Zuschlag für die Olympischen Spiele von 1972 nach München. Die Stadt, die zu Kriegsende nur noch 400.000 Bewohner hatte, die Hälfte der früheren Einwohnerschaft, und die diese Menschen kaum in ihren Trümmern beherbergen konnte, ist in den 1950er und 1960er Jahren wieder um bis zu 40.000 Menschen jährlich gewachsen – eine Verdopplung binnen zehn Jahren. Der Olympiaschub sorgt nochmals für mehr Attraktivität – und auch für Geld. München birst schier vor Wachstum. Da wird, wie es scheint, jeder Quadratmeter Boden gebraucht, auch in Schwabing.

Zunächst wird die Stadt verkehrstechnisch in die damalige Gegenwart katapultiert. München baut gleichzeitig für Automobile den Mittleren Ring, der auch Schwabing durchschneidet, und für den Schienenverkehr ein S- und U-Bahn-System. Neu ist die Idee dazu nicht. Eine Untergrundbahn mitten durch Schwabing, unter der Leopold- und Ludwigstraße und dann unter der Altstadt hindurch, hat Siemens schon 1919 ins Gespräch gebracht. Die Nationalsozialisten haben diese Idee ausplanen lassen. In der Lindwurmstraße südlich der Altstadt ist sogar schon ein Stück Tunnel entstanden, in dem aber nach dem Krieg jemand Champignons züchtet.

Die erste Münchner U-Bahn-Röhre quer durch Schwabing wird als Ersatz für die Tram samt einer Verzweigung an der Münchner Freiheit weitgehend in offener Baugrube errichtet. Um dieses Riesenloch graben zu können, werden hier die letzten Reste des ehemals dörflichen Schwabing beseitigt. 1968, mitten in den Bauarbeiten, schreibt die Stadt einen Wettbewerb für die Gestaltung der Münchner Freiheit aus, den Erhard Duwenhöffer mit dem Vorschlag eines teilweise in die Erde versenkten öffentlichen Forums gewinnt. Kaum räumen Münchens U-Bahn-Bauer die Schwabinger Flur, rücken Straßenbauer an und verschwenken die Einmündung der Ungererin die Leopoldstraße direkt vor die Erlöserkirche so, dass an der Münchner Freiheit eine neu nutzbare Fläche entsteht. Im Süden legen die Verkehrsbetriebe über der U-Bahn einen relativ hässlichen, aber zweckmäßigen Busbahnhof an. Hinter ihm öffnet sich das Zwischengeschoss des U-Bahnhofs in den abgesenkten Bereich, der als Forum gestaltet wird. Auch wenn die Bevölkerung Duwenhöffers Idee zweier kleiner ebenerdiger Kanzeln über dem Forum, die er als speakers' corner gedacht hat, nicht honoriert, gewinnt das Forum selbst doch schnell Freunde. In der Adventszeit findet hier alljährlich ein künstlerisch vielfältiger Weihnachtsmarkt statt. Nur Schwabinger Kunsthandwerker dürfen hier verkaufen.

Als die Stadt das nördlich angrenzende Areal bis zur Einmündung der Ungererstraße 1971 der Stadtsparkasse gibt, damit diese dort ein fünfstöckiges Bürokonglomerat errichte, ein Betongebirge nach dem Geschmack der 1970er Jahre, regt sich dagegen Widerstand. Der „schwarze Riese" des 1963 bis 1966 errichteten sogenannten Hertie-Hochhauses auf der Südseite der Münchner Freiheit hat zehn Jahre zuvor diese Blickachse ohnehin schon empfindlich gestört.

Kann da noch jemand ernstlich Einwände haben? Durchaus. Eine Bürgerinitiative unter der Leitung von Edith von Welser-Ude zieht sogar vor Gericht und gewinnt gegen die Stadt. Das Betongebirge wird nicht errichtet. Bis heute wartet trotz eines Füllhorns an seitherigen Ideen und studentischen Wettbewerben ein provisorischer Autoparkplatz an dieser Stelle darauf, dass sich dessen Zukunft entscheidet. Erst einmal bleibt das Areal unbebaut. Auch ein Abriss und Neubau der die Münchner Freiheit begleitenden Wohnhäuser an der Leopoldstraße unterbleibt, so dass das Wohnhaus des Münchner Jugendstilarchitekten Martin Dülfer nicht unter die Spitzhacke kommt. Trotzdem bleibt die Münchner Freiheit ein Torso.

Ende 1971, einige Monate vor Beginn der Olympischen Spiele, fahren Münchens erste U-Bahnen vom Goetheplatz südlich der Altstadt unter Schwabing hindurch nach Freimann und zum Olympiapark auf dem früheren Militärübungsplatz Oberwiesenfeld, wo in den 1920er und 1930er Jahren der später nach Riem verlagerte Flugplatz der Stadt gelegen hat. Sie ist ein großer Erfolg. 1975 erhält Paolo Nestler für seine Gestaltung des U-Bahnhofs Münchner Freiheit einen Preis.

Der ebenfalls zu den Olympischen Spielen 1972 neben einem damals schon bestehenden Großmarkt errichtete Vergnügungstempel Schwabylon weiter draußen in der Leopoldstraße, ein Bau von Julius Dahinden für einen Augsburger Immobilienunternehmer mit Büros, Appartements und 600 Hotelzimmern, einer zeitweilig berühmten Discothek Yellow Submarine mit 36 lebenden Haien, 100 Boutiquen, Restaurants und Bars, Schwimmbad und Eisbahn, die auch für Konzerte, Boxkämpfe und Theaterabende als „künstlicher Lebensraum" dienen sollte, kommt dagegen nicht an. Schon 1975 steht das Schwabylon weitgehend leer. Als sich Massagesalons einmieten, ist der Abriss besiegelt. Schon 1978 wird das Schwabylon durch ein Allerwelts-Bürohaus ersetzt.

Dieses „Schwabylon" hatte nur eine kurze Lebensdauer ....

Alle diese Um- und Ausbauten der Schwabinger Mitte werfen immer wieder eine gemeinsame Frage auf: Können der aus Kraglfinger und Wahnmochinger Quellen entstandene, künstlerisch immer wieder neu geborene Zustand Schwabing und Schwabing als Großstadtquartier koexistieren? Wenn fast alle als preisgünstige Ateliers tauglichen Remisen verschwinden, wenn Dachateliers immer häufiger zu mondänen Eigentumswohnungen werden und sich die Attraktivität Schwabings generell nach bisweilen Schwindel erregenden Immobilienpreisen bemisst… Kann das Schwabinger Lebensgefühl, kann die Bohème, können seine Fantasie

und Kreativität dann überhaupt überleben? Nun: Schwabing verzeichnet im 21. Jahrhundert mehr Kunstateliers als alle anderen Münchner Stadtbezirke zusammen. Im ausgehenden 20. Jahrhundert hatte sich auf dem Schwabinger Domagkgelände Europas größte Künstlerkolonie ausgebreitet. Als dort ein Wohngebiet ausgewiesen wurde, hat die Stadt hundert Ateliers an dessen östlichem Rand gesichert. Die Schwabinger Kunstgeschichte geht also weiter. Und auch Bürger mischen sich ein, wenn es darum geht, das Viertel zu prägen. Koexistenz von Kunst und Kommerz hat es im Schwabing des 20. Jahrhunderts immer gegeben.

Im Jahr 1908 hat ein gewisser Karl Arnold, ein zugereister Karikaturist, eine Idee. Der Mitarbeiter des Simplicissimus und Treibauf einer Schwabinger Runde, zu der die Maler Albert Weisgerber, Willi Geiger und Max Unold gehören und denen immer allerhand einfällt, will mit einem Kostümball eine ehrbare Vorstadthochzeit parodieren. Gesagt, getan – an einem weiß gedeckten Wirtshaustisch sitzt das Brautpaar samt Verwandtschaft, in einem Kinderwagen wird bereits vorhandener Nachwuchs herein geschoben, und der Veteranen-, der Gesang- und der Jungfrauenverein ziehen ein. In einem Theaterstück erscheinen König Ludwig I. und Kaiser Wilhelm II. im Lodenanzug mit Kürassierhelm auf der Suche nach Ludwig Ganghofer... Wahnmoching spielt Kraglfing nach. Zu den Ballbesuchern gehören Ludwig Thoma und Olaf Gulbransson.

In den 1920er Jahren wird es still um das Fest. Zwei Jahrzehnte vergehen. München liegt im Schutt, als 1951 eine kleine Gruppe im Kreuzbräu in der Münchner Altstadt es neu arrangiert. 1958 nimmt die Vorstadthochzeit wieder Fahrt auf, angeschoben durch ein Komitee aus Rechtsanwälten, dem bayerischen Dramatiker Hans Fitz und seiner Frau Ilse, einem Innenarchitekten sowie dem Bohèmien Edi Sohler. Die Herren nutzen ihre weit verzweigten gesellschaftlichen Beziehungen in der Stadt, um die richtigen Leute „zum Franziskaner über der Klause" in Harlaching einzuladen. Alles kommt wieder in der Mode um die Jahrhundertwende: Lieutenants in himmelblauen bayerischen Uniformen und Couleurstudenten, Maler und Literatenbohemiens, Lebemänner, Vorstadttypen und atemberaubend korsettierte Damen. Der Einzug der Jungfrauenkongregation „Weiße Lilie" ist ergreifend, ihr falscher Gesang rührt zu Tränen. Das Brautpaar erlebt beim Hochzeitsessen rührselige Ansprachen und einen handfesten Krach. Dann kommt das „Festspiel", bei dem Märchenkönig Ludwig II. als Volksbeglücker auftritt. Dargestellt wird er vom hünenhaften Architekten und Karikaturisten Ernst Maria Lang.

Das Faschingsfest Außenbezirksvermählung feierte die Schwabinger Bohème in den frühen 1960er Jahren. Oben der Kunstmaler Oskar Piloty mit Maidi Böhmler, der Frau des langjährigen bayerischen Fernsehintendanten.

Aber das sich kommerzialisierende Fest ist nicht nach dem Geschmack der Schwabinger Bohème. Also rufen der Kunstmaler an der Akademie der Bildenden Künste Oskar Piloty und seine Frau Inge Ende der 1950er Jahre eine Variante ins Leben, die „Außenbezirksvermählung" in der Max-Emanuel-Brauerei. Das gesamte Lokal wird mit Packpapier ausgeschlagen, mit Wasserglas feuerfest gemacht und dann fantasievoll bemalt, jedes Jahr anders. Der Papieringenieur Anderl Schädel liefert Unmengen Seidenpapier für kunstvoll gestaltete Lüster und papierne Rosensträuße. Ein kompletter Wohnraum der Pilotys wird als Kostümlager zweckentfremdet. Der Schriftsteller Michael Ende schreibt für jede Außenbezirksvermählung ein eigenes Stück. Protagonist auf der Bühne ist der Solotänzer der Bayerischen Staatsoper Heino Hallhuber, der hier nicht nur Körperbeherrschung vorführen kann, sondern auch zeigen darf, dass er eine Stimme hat. Auch der Schauspieler Helmut Fischer ist da. Curt Jürgens dagegen wird, weil er nicht passend kostümiert ist, der Einlass verwehrt. Denn auf die Atmosphäre einer Außenbe-

Die gesamte Raumdekoration bestand nur aus bemaltem Papier, aber die Stimmung war echt. Oben die Veranstalter der Außenbezirksvermählung Inge und Oskar Piloty.

zirksvermählung kurz nach der Jahrhundertwende legt das Festkomitee großen Wert. Zutritt haben nur geladene Gäste. Also trifft sich die Schwabinger Szene der Theaterleute, Literaten und Maler und feiert sich erst einmal selbst. Anderl Schädel spielt auf einem der Feste den Bräutigam, seine Braut ist die spätere Volkstheater-Intendantin Ruth Drexel oder vielmehr „Aphrodite Gschwerl" – ein ins Hochdeutsche unübersetzbarer bayerischer Name für Menschen niederen Standes.

Auch die großen Faschingsfeste der 1950er und 1960er Jahre im Münchner Haus der Kunst werden von Schwabinger Künstlern ausgestattet. In den 50ern gibt es außerdem legendäre Faschingsfeste im Atelier des Architekten Manfred Eickemeyer in der Leopoldstraße, in dem in der NS-Zeit die Geschwister Scholl ihren Widerstand vorbereitet hatten, und in den 60ern literarische Faschingsfeste nach dem Motto eines jeweils aktuellen Bestsellers im Gartenhaus der Buchhandlung Lehmkuhl. Die Außenbezirksvermählung freilich kommt in die Jahre. Ihr unglaublicher Aufwand für eine einzige fantasievolle Nacht lässt sich nicht dauerhaft betreiben. 1964 sagen die Pilotys das Faschingsfest ab – mit dem Erfolg, dass im Jahr darauf als neuerliche Faschingsgaudi eine „Protestversammlung" gegen die Absage stattfindet, im darauf folgenden Jahr eine „französische Revolution" in einem dem Versailler Spiegelsaal nachgebauten Ambiente und endlich 1968 noch ein „Faschologenkongress" im Schwabinger Lokal Witwe Bolte. In diesem Jahr der Studentenrevolte zeigt sich aber, dass andere Themen in den Vordergrund drängen. Nicht nur deshalb ist die Außenbezirksvermählung verschwunden. Die Vorstadthochzeit indessen gibt es noch immer. Sie läuft mittlerweile im Hofbräuhaus.

Die Bauten auf der Münchner Freiheit wurden für den U-Bahn-Bau komplett abgerissen. Im Anschluss an den U-Bahnhof entstand ein offenes Forum. Daran anschließend waren in den 1970er Jahren massive Bürobauten geplant. Eine Bürgerinitiative verhinderte sie.

An der Münchner Freiheit wird 1990 der als stadtbildstörend empfundene „schwarze Riese" über dem Kaufhaus an der Münchner Freiheit wieder beseitigt und der Kaufhausblock stattdessen aufgestockt. Über die gestalterische Zukunft der Schwabinger Mitte, zu der die Münchner Freiheit längst endgültig geworden ist, diskutieren jahrelang wechselnde Bürgerinitiativen. Hochschulen lassen Architektennachwuchs Ideen entwerfen. Konkret geschieht aber nichts. Erwogen wird, die südliche Ungererstraße vom Verkehr zu beruhigen und ihre Einmündung weitgehend oder ganz aufzugeben, um an dieser sensiblen Stelle einen städtischen Freiraum anlegen zu können. Jahrelang bleiben diese Ideen Papier. Dann jedoch beginnt wiederum eine Verkehrsüberlegung Besitz von der Münchner Freiheit zu ergreifen. Die Verkehrsbetriebe der Stadt beschließen, eine neue Trambahnlinie in die Parkstadt Schwabing anzulegen. Die soll zunächst an der Münchner Freiheit in die Herzogstraße abbiegen und durch sie Anschluss an das bestehende Schienennetz finden. Dagegen laufen Herzogstraßen-Anwohner Sturm. Sie können diesen Teil des Projekts schließlich kippen. Nach langem Hin und Her entschließen sich die Verkehrsbetriebe, den Duwenhöffer'schen Busbahnhof an der Münchner Freiheit zu schleifen und stattdessen in den Jahren 2008 und 2009 eine Trambahn-Wendeschleife bauen zu lassen. Den neuerlichen Wettbewerb gewinnen OX2 Architekten. Nach ihrem Entwurf entsteht ein luftiges Stelzendach, das seit Ende 2009 die Blickachse der Leopoldstraße bestimmt. Die Stadtbrache zwischen dem Forum und der mittlerweile sorgsam restaurierten evangelischen Erlöserkirche Theodor Fischers ist damit freilich noch längst nicht dauerhaft gestaltet. Wie Schwabing in seinem Zentrum künftig aussehen wird, bleibt also spannend.

Luftige Architektur – trotzdem tragen die Säulen am Bus- und Trambahnhof Münchner Freiheit ein 400-Tonnen-Dach.

Zum Beispiel die Seerose ...

Ein Essay von Brigitta Rambeck

Schwabing 2010: „Vergangenheit, Mythos, passé", heißt es. Fragt sich nur, weshalb immer noch so gern gewohnt wird im totgesagten Viertel – bei leider stetig steigenden Mieten.

Die Schwabing-Nostalgiker klagen auf hohem Niveau. Allerdings ist die Messlatte hoch, an der "Münchens schönste Tochter" gemessen wird. Aber Kandinsky, Reventlow und Lenin sind unwiderruflich tot – und man darf sich auch fragen, ob ihre biederen Mitbürger damals ahnten, dass sie gerade das „Goldene Zeitalter Schwabings" miterleben durften. Es war und ist eben so, wie Karl Valentin so richtig wie verquer sagte: „Heute ist die gute, alte Zeit von morgen."

Auch Karl Ude, der in den 20er Jahren des letzten Jahrhunderts für ein Studiensemester in dieses bereits berühmte Schwabing gekommen war und das rege kulturelle und gesellige Leben seiner Zeit so sehr genoss, dass er den Rest seines Daseins nicht mehr davon loskam, wusste um diese Gesetzmäßigkeit: „Das damalige München nahm von alledem nur wenig Notiz. Die Presse bedachte die künstlerischen Bemühungen der Jungen, wenn überhaupt, dann nur mit wenigen Druckzeilen ... Kurzum, das Schwabing der 20er und frühen 30er Jahre war weitgehend sich selbst überlassen, es geriet weder ins Gerede noch unter Denkmalschutz". Ein Biotop des Geistes der happy few – mythenumrankt in der Erinnerung.

Dann der große Einbruch: Das Dritte Reich und der vernichtende Krieg, die alles Leben, nicht nur das kulturelle, zerstörten oder doch zum Erliegen brachten – in ganz Deutschland und weit darüber hinaus. So auch in Schwabing, wo immerhin gegen Ende des Terrorregimes einige Zeichen gesetzt wurden: In einem Rückgebäude an der Leopoldstraße hatten die Geschwister Scholl und ihre Freunde ihr geheimes „Verschwörungs-Refugium" im Atelier und Keller des Architekten Manfred Eickemeyer, wo später rauschende Faschingsfeste stattfinden sollten. Heute hält an dieser Stelle Jonathan Borofskys „Walking Man" Wache vor der „Münchener Rück", während ein Stück weiter nördlich die „Münchner Freiheit", einst Feilitzschplatz, alias „Danziger Freiheit" nach der „Freiheitsaktion Bayern" rund um Rupprecht Gerngross benannt wurde, die das Kriegsende zumindest für die Stadt München um ein kleines Stück näher brachte.

Erste Schwabinger Nachkriegsgalerie 1946 – in der Leopoldstraße 42

Schwabing nach dem Zweiten Weltkrieg: Wahnmoching, das Eldorado der Künstler, Spötter und Freigeister, ist tot. Oder doch nur scheintot? Die wieder gewonnene Freiheit, in der sich nun das gesamte Land anschickt, ein beispielloses Wirtschaftswunder heraufzubeschwören, lässt in Schwabing nach und nach eine durchaus mystifizierte Neo-, zum Teil auch Scheinblüte jenes vielbesungenen Schwabinger Lebensgefühls aufgehen, das sich gern auf die Bohème der Jahrhundertwende sowie auf die Verwandtschaft zum Pariser Montmartre bezieht. Der übrigens damals, ebenso wie Schwabing, sein berühmtes Flair flott kommerzialisierte. Jeder konnte eintauchen in dieses neue, wiewohl nostalgische Schwabing-Gefühl. Musikpodien, Jazzkeller, Pilsstuben, Spezialitätenrestaurants, Tanzlokale mit Namen wie Käuzchen, Heuboden und Babalu schossen aus dem Boden, dazu eine Fülle von Kleintheatern und Kabarettbühnen, und auch der neue deutsche Film begann sich zu regen – nicht zuletzt in Schwabing.

Man trug Pferdeschwanz und Petticoat beziehungsweise Bart und wogende Mähne, nippte an billigem Rotwein im Hahnhof und flanierte die nunmehr zum "Boulevard" avancierte Leopoldstraße entlang, vorbei an Kunst und Kunstgewerblichem – open air. 1962 kam es zu den Schwabinger Krawallen, die inzwischen als Vorboten der 68er Studenten-Revolution gesehen werden.

Aber daneben gab es auch eine andere, zunächst eher versteckte „Szene", in der sich viele der durch Krieg und Terror versprengten Künstler zusammenfanden, um an alte Traditionen anzuknüpfen und neue zu schaffen. Gleich nach der Währungsreform, im September 1948, trommelte der Schauspieler Gustl Weigert die noch verbliebenen Künstlerfreunde in seinem Stammlokal zusammen: in der „Seerose", Feilitzschstraße 32, Ecke Gunezrainerstraße, wo dereinst zwei Stockwerke höher Thomas Mann die *Buddenbrooks* vollendet hatte. August Weigert, damals schon über siebzig, aber immer noch bekannt wie der

Gründer des Seerosenkreises: Schriftsteller Peter Paul Althaus und Schauspieler Gustl Weigert

Traumstadtdichter PPA

Hermann Geiselers berühmtes Gemälde von 1962 „Schwabing bei Nacht"

sprichwörtliche „bunte Hund", war jener einstige Hofschauspieler und Stammtischälteste der „Blauen Distel", von dem Karl Valentin beim „Fotografenspielen" zum Lehrling (Liesl Karlstadt) gesagt haben soll: „Was, die Aufnahm´ is nix wor´n? – Naa, der braucht nimma rei´kemma, den kenn´i so guat, den fotografier´i auswendi´!"

In der „Seerose" firmierte die rasch wachsende Freundesgruppe – Schriftsteller, Bildhauer, Maler, Musiker, Kabarettisten, Sänger und Schauspieler – zunächst unter dem Motto „Die Zurückgebliebenen", dann unter dem Zeichen der „Schwabinger Laterne", bis schließlich der Tagungsort den endgültigen Namen lieferte. Schon beim ersten „Seerosentreffen" war Peter Paul Althaus (PPA) dabei, der inzwischen legendäre „Bürgermeister der Traumstadt", dessen „poetisches Lächeln" in den Herzen aller Schwabinger auf Dauer „stehen geblieben" ist. In der Seerosen-Festschrift zur 800-Jahrfeier Münchens schrieb er: „... als wir alten Schwabinger, die Schwabinger aus dem Goldenen, dem Silbernen und dem Eiszeitalter mehr oder minder heil zurückgekommen waren, da war alles wüst und leer. Nur etwas blühte noch, und zwar im Verborgenen: kein Veilchen, sondern die Seerose. Eine kleine Vorstadtkneipe nahe dem Schwabinger Kirchlein." Die improvisierten Darbietungen, mit denen PPA, Gustl Weigert, Bertl und Max Schultes, Martin Lankes, der letzte Schwabinger Bänkelsänger Heiner Knoll, Freya Eisner, René Prévot, Emil Krieger, Wolfgang von Weber, Marietta, die Hizifi und viele andere die Tradition des Schwabinger Brettls wiederaufleben ließen, zogen rasch Publikum an. Der kleine Nebenraum, in dem sich Künstler aller Sparten unter Hermann Geiselers berühmten, inzwischen verschollenem Bild „Schwabing bei Nacht" trafen, platzte aus allen Nähten.

Besonders eng wurde es bei den Faschingsfesten. Martin Lankes erzählt: „Es waren Feste, zu denen Draußenstehende förmlich bettelten, man möge sie doch noch hineinlassen, auch wenn sie sich mit einem Stehplätzchen begnügen

Manchmal agierten der Seerosen- und der Tukan-Kreis gemeinsam. 1962 luden beide zu einer Nikolausfeier ein. Die Vignette nach einem Entwurf von Ignaz Kohler zeigt die Seerose, den Tukan und den Bischofsstab von St. Nikolaus.

Die erste Bürgerversammlung der Traumstadt 1965 – Karl Ude und Christian Ude unter Franz Ferry Haubers Traumstadtbild

müssten." Und Ursula von Kardorff, das spröde Nordlicht, berichtet schwärmerisch, hier sei sie schlagartig zum Fasching bekehrt worden: „Nach der Währungsreform, als ich nach Schwabing zog, fühlte ich mich (Mitte Dreißig) viel zu alt für den Fasching. Bis mich ein Freund in die „Seerose" mitnahm ... Maler, Dichter, Traumstädter wirbelten zwischen Küche und Holztischen herum, an denen argusäugig beobachtend die einheimischen Stammgäste saßen. Schön war's".

Höchst beliebt waren auch die Nikolausfeiern in der Seerose, die auch Oberbürgermeister Hans-Jochen Vogel außerordentlich schätzte. 1964 trat er gar selbst als Nikolaus auf, begleitet von der Schwabinger Gisela im Engelsgewand und von einem Krampus, hinter dessen wilder Maskierung Hanns-Jörg Dürrmeier steckte. „Tout Munich" kam zu diesen Festen – als Darbietende oder als Gäste, so zum Beispiel Marietta, Pamela Wedekind, Margot Werner, die Hoferichters, der „Obertukan" Rudolf Schmitt-Sulzthal, Karl Ude, Sigi Sommer, Eugen Skasa-Weiß, Ernst Maria Lang sowie der Maler und Galerist Oswald Malura, in dessen Galerie, dann in seiner Wohnung, Kaulbachstraße 75, von 1965 bis 1977 die berühmten „Bürgerversammlungen der Traumstadt" stattfanden. Als Bürgermeister der Traumstadt unterzeichnete Peter Paul Althaus, als Vize-Bürgermeister Dr. Rolf Flügel, als Triumvi-Räte signierten Karl Ude, Oswald Malura und Thilo Krieger. Im Gästebuch führen noch etliche andere ihre Chargen auf, so zum Beispiel unterschreibt Renée Ude als „Seerosenträgerin", Doris Hüsgen als „Ehrenoberstadtschreiberin" und Franz Ferry Hauber als „Hausmeister der Akademie". Geradezu zukunftsträchtig liest sich heute die Unterschrift: „Christian Ude – Nachwuchs ohne Posten". Es hat ihm keine Ruhe gelassen – als dann allerdings der Bürgermeistersessel der Traumstadt vakant wurde, bahnte sich für ihn bereits eine handfestere Bürgermeister-, schließlich Oberbürgermeister-Karriere an. Und die Traumstadt ging unter aus Mangel an Nachwuchs.

Es ist übrigens ein Irrglaube, dass die „Traumstadt" mit Schwabing gleichzusetzen sei, wenn auch Schwabings Ruf viel davon profitiert hat.

Münchens Oberbürgermeister Hans-Jochen Vogel 1964 als Nikolaus mit Begleit-Engel Gisela

Karl Ude berichtet dazu aus erster Hand: „PPA, der mehr als vierzig Jahre unter den Dächern hinter dem Siegestor gelebt hat, war mit Schwabing immer weniger zufrieden gewesen. Zornig wandelte er den bekannten Ausspruch der Gräfin Reventlow ab: „Schwabing ist kein Zustand, Schwabing – das sind Zustände." Und er, der westfälische Spökenkieker, der am 28. Juli 1892 in Münster zur Welt und 1922 nach München gekommen war, erdichtete sich eine Gegenwelt: die Traumstadt. Gestorben ist er zwar in seinem Schwabinger Heim, 117 Treppenstufen über dem allzeit belebten Boulevard, ... gelebt aber hat er immer intensiver in einer imaginären und unrealen Welt, eben in seiner ‚Traumstadt'". Münchens damaliger Oberbürgermeister Hans-Jochen Vogel, redete den Bürgermeister der Traumstadt übrigens mit „Kollege" an und rühmte ihm nach, er habe mit seiner Traumstadt in München „einen neuen Stadtteil eingemeindet".

Wie diese kopfgeborene Dichterstadt unvermutet eine reale Bürgerschaft und ein Heim in Schwabing bekam, berichtet Rolf Flügel: „Ich habe bisher nicht recht an ihre Realität geglaubt, und als Bürgermeister der Traumstadt Peter Paul Althaus, seit Jahren in sein Schwabinger Meditations- und Leidenszimmer eingeschlossen, eines Tages zu mir sagte: „ Du machst den Vizebürgermeister", dachte ich, dass man ihm die Freude nicht verderben soll ... Und wieder eines Tages, als der Cognac am Nachttisch von PPA einen besonders konzentrierten Eindruck machte, sagte er: „Wir rufen eine Bürgerversammlung ein". Lass ihn doch, dachte ich, ... er wird sich wundern.

Aber wenn sich jemand wunderte, war ich es, der Vize. Aus den 40 Eingeladenen wurden 80, die sich in Maluras Kellergalerie drängten ..." Das Programm war dann auch traum(stadt)haft: Eine Tonbandrede aus der Matratzengruft, PPAs Katzengedichte, untermalt von Ludwig Kusche, neue Gedichte von Hellmut von Cube sowie musikalische Beiträge von Bernhard Eichhorn, der viele Jahre lang der Komponist und Musikant der Traumstadttreffen bleiben sollte, die noch weit über PPAs Tod am 20. September 1965 hinaus abgehalten wurden.

Bekannte Münchner Künstler entwarfen in der Folgezeit die Traumstadt-Einladungen, darunter Bele Bachem, Emil Scheibe, Franziska Bilek, Josef Seidl-Seitz, Richarda Dietz und Mac Zimmermann. Auch die Gestaltung der Abende war durchweg hochkarätig besetzt, u.a. mit Carl Amery, Anton Sailer, Eugen Roth, Hugo Hartung, Herbert Rosendorfer, Peter Kreuder, Ursula Herking, Philip Arp, Johannes Heesters, Claude Akiré und Isabella Nadolny.

Und all das hatte Platz in der Malura´schen Wohnung, an einer riesigen Tafel, die zweimal im Jahr vom Keller heraufgeschleppt wurde. Noch einmal Rolf Flügel: „Sooft wir kamen, haben sie ihre Wohnung auf den Kopf gestellt, Platz gemacht für hundert Leute in zwei großen Zimmern. Platz für hundert Mäntel, Schals und Hüte. Mit einem nach innen gerichteten Lächeln empfing uns Friedl, die Herbergsmutter, während der Herbergsvater, Oswald der Maler, den grünen Mond an die Decke hängte".

Es war die Zeit, in der die Münchner Musenzirkel alle untereinander „vernetzt" und als Freundeskreise miteinander verbunden waren. Klar, dass der spiritus rector von Seerose und Traumstadt, Peter Paul Althaus, auch Ehrenkellerassel der „Katakombe" sowie Ehrentukan war, ebenso wie Obertukan Schmitt-Sulzthal – im Übrigen ein fanatischer Schachspieler – seinerseits die silberne Seerosennadel trug, fein gearbeitet von

Rudolf und Erica Schmitt-Sulzthal an der Traumstadttafel in der Kellergalerie Malura 1961

Goldschmied Peter Hauber, dem Sohn des Seerosen-Malers Franz Ferry Hauber. Selbstverständlich fand auch die Hochzeitsfeier des Tukan-Paars Rudolf und Erica Schmitt-Sulzthal am 12. März 1959 in der „Seerose" statt. Es war auch durchaus üblich, dass die Tukanier ihre Lesungen entspannt in der „Seerose" ausklingen ließen: „Nach einem Tukan-Abend … zieht also der Tukan-Stamm einschließlich Autoren und Chronisten in die „Traumstadt-Kneipe" an der Feilitzschstraße … Die Maler, die beim Tukan-Abend gefehlt haben, erbitten oft eine Nach-Lesung. Mancher Autor – es muss eingestanden werden – ging hier aus sich heraus, während er vorher in sich hinein gelesen hatte … Der Tukankreis hat der Seerose seinen gemütlichen Teil zu verdanken", sagte Rudolf Schmitt-Sulzthal einmal.

Der „Tukan" ist schon ein Stück älter als der Seerosenkreis. Seit 1930 gibt es den literarischen Musenvogel – seine geistige Brutstätte war der „Simplicissimus" in der Türkenstraße. Hier bei Kathi Kobus brachte Horst Biernath den zündenden Namensvorschlag vor, hier wurde auch der Entschluss gefasst, einen Verlag zur Förderung junger Schriftsteller zu gründen. Schon bald setzte man aber den Schwerpunkt auf Lesungen als einer kostengünstigeren Form der Literatur-Verbreitung. Mit einer ersten Veranstaltung – bei Papa Steinicke – wurde im Juni 1933 der „Tukan-Kreis" aus der Taufe gehoben. Bereits 1937 wurden die Lesungen wegen „Auftretens unerwünschter Autoren" von der Reichsschrifttumskammer aber wieder verboten.

Erst 1950 nahm Rudolf Schmitt-Sulzthal dann die Verleihung des ersten Nachkriegsliteraturpreises der Stadt München an den „Alttukanier" Georg Schwarz zum Anlass für einen Neuanfang – zunächst im Café Stefanie. Danach traf man sich im Café Freilinger, Leopoldstraße 74, wo seit 1973 eine von Oswald Malura gestaltete Tafel an

DER TUKAN-KREIS
würde sich freuen, Sie bei seiner
1. Sonderveranstaltung zur **Schwabing-Woche**
begrüßen zu können
am Freitag, 6. Sept. 1963, 20 Uhr, im **Theater an der Leopoldstraße,** München 23, Leopoldstraße 17

„Zustand Schwabing"
Vier Zuständige

Es sprechen:

Friedrich Podszus		Franziska zu Reventlow
Hans Brandenburg	über	Hermann Bahr
Ernst Hoferichter		Klabund
Rolf Flügel		René Prévot

Aus den Werken der Zuständigen liest
Eugen Skasa-Weiß

Einführung	Rudolf Schmitt-Sulzthal
Eröffnung der Schwabing-Woche	Hans Dürrmeier

8035 Gauting, den 24. August 1963
Hiltstraße 10
Telefon 86 15 13

DER TUKAN-KREIS
gez. Rudolf Schmitt-Sulzthal

Numerierte Karten zu 8.- DM, 6.- DM, 4.- DM Studenten 2.- DM
Tukanier 50% Ermäßigung
gegen Abgabe der beigefügten Gutscheine an der Abendkasse und im Vorverkauf täglich ab 30. August
im Theater an der Leopoldstraße, Telefon 33 94 61

Hans Dieter Beck, seit 1984 Obertukan, mit dem Autor Hans Pleschinski 2005

den 1971 verstorbenen „Obertukan und Poeten" erinnert. Unter der Leitung von Erica Schmitt-Sulzthal ließ sich der Tukan an unterschiedlichen Orten nieder, bis er schließlich in der Seidlvilla seinen Dauernistplatz fand. 1984 nahm der Schwabinger Verleger Hans Dieter Beck den literarischen Vogel unter seine Fittiche – wohlgemerkt nicht der Belletrist, sondern der Jurist aus dem Schwabinger Verlagsuniversum C. H. Beck in der Wilhelmstraße. Die Aufforderung erhielt er von dem Ehrentukan Karl Ude an einem Tukan-Abend, den Hans Dieter Beck mit gewohnter Ehrlichkeit als „missglückt" kritisierte. Damals suchte Erica Schmitt-Sulzthal bereits nach einem Nachfolger. Ude ergriff die Gelegenheit und fragte, ob Beck dem etwas lahm gewordenen Musenvogel nicht wieder neue Flügel verleihen wolle. Wie hätte ein Musikus dem anderen eine solche Bitte abschlagen können? Denn nicht nur die Bücher, sondern auch die Musik verband den Ehrentukan Karl Ude mit dem nunmehr zum Obertukan gekürten Hans Dieter Beck – und dies ganz konkret: etliche Jahre machten Ude (Violine) und Beck (Klavier) im Duo Hausmusik. Eine typisch Schwabingerische Geschichte.

Ernst Günther Bleisch, der langjährige „Oberseerosianer", hatte den Tukan-Preis schon vor Becks Zeit – im Jahr 1970 – bekommen. Er hatte die „bacchantische Ära" der Schwabinger Künstlerzirkel kurz nach dem Krieg noch intensiv miterlebt. Der gebürtige Breslauer arbeitete nach Krieg und Flucht seit 1947 als Kritiker und Autor für den Bayerischen Rundfunk sowie für den Münchner Merkur. Seinen literarischen Schwerpunkt fand er in der Lyrik. Rasch hatte er Zugang gefunden zu den Münchner Künstlerzirkeln – als Kommentator, Dichter und Freund. Ganz besonders genoss er die Feste in der „Wiedergeburtsstätte Schwabings", wie Ernst Hoferichter die Seerose nannte. Bleisch blieb den Seerosianern auch treu, als sich die Literaten von den Bildenden Künstlern abspalteten und in die „Agnes Post" übersiedelten, wo sie unter der Leitung von Florian Seidl, Mit-Initiator der „Schwabinger Woche" und des „Schwabinger Kunstpreises", ein vielseitiges Programm von Lesungen anboten.

Als Florian Seidl starb, teilten sich Ernst Günther Bleisch und der Journalist Wilhelm Lukas

Fast ein viertel Jahrhundert lang leitete Ernst Günther Bleisch den Seerosenkreis ohne Vereinsregeln und Mitgliedsbeitrag als freien und der Literatur zugetanen Kreis

Kristl die Leitung des Seerosenkreises. 1979 übernahm Bleisch die Seerose in alleiniger Regie – kurioserweise mit einer Lesung von Kurt Seeberger aus dem damals noch unveröffentlichten Buch „Schwabing, ein abenteuerlicher Weltteil" und einer begleitenden Dia-Show der Schwabing-Ansichten, die, wie es im Vorwort des Buchs dann heißen sollte, „die junge Schwabinger Malerin Brigitta Rambeck" dafür gemalt hatte. Dass besagte Malerin ein Vierteljahrhundert später in seine Fußstapfen treten sollte, konnte damals niemand ahnen. Der Stammtischcharakter blieb in der „Agnes Post" erhalten. Manche zarter besaitete Autoren empfanden das unvermeidliche Tellerklappern und die Zwischenrufe der Kellnerin („No a Mass?") allerdings nicht unbedingt als kunstfördernd.

Als 1994 das Nebenstüberl der „Agnes Post" wegrestauriert wurde, zog Ernst Günther Bleisch in die Seidlvilla am Nikolaiplatz um – nicht ohne dem Wirtshaus-Flair nachzutrauern. Fast ein Vierteljahrhundert hat Ernst Günther Bleisch den Seerosenkreis nach alter Wahnmochinger Tradition am Leben erhalten: als einen „unkommerziellen, freien, der Literatur zugetanen Kreis, der weder einen Mitgliedsbeitrag forderte, noch Vereinsregeln hatte ...". Bis kurz vor seinem 90. Geburtstag blieb er mit dem Sparelefanten, der Plastik-Seerose, dem Seerosenplakat und der Glocke zum Einläuten der Lesung eine Schwabinger Institution. 2004 starb er – an einem Septembertag wie sein Mentor PPA, der ein Jahr vor seinem eigenen Tod prophetisch formuliert hatte: „September ist der schönste Mond zum Sterben".

An seinem Grab beschloss die kleine, aber hochkarätige Trauergemeinde, seinem Vermächtnis noch eine Chance zu geben – nun allerdings

Seerosen-Hommage an Asta Scheib 2010
v.l.n.r.: Brigitta Rambeck, Asta Scheib, Albert von Schirnding, Michael Skasa, Winfried Zehetmeier, Gert Heidenreich und Barbara Bronnen

unter neuen Vorzeichen in einer inzwischen doch stark veränderten Münchner „Kulturlandschaft". Cornelia von Seidlein schuf ein neues Logo, und eine Gruppe von teils getreuen, teils neuen Seerosenautor(inn)en fand sich zusammen, um gemeinsam ein zeitgemäßes Konzept zu erproben. Unter der Federführung von Brigitta Rambeck, begleitet von Barbara Bronnen, Gert Heidenreich, Dagmar Nick, Maria Peschek, Anatol Regnier, Asta Scheib, Michael Skasa, Albert von Schirnding, Walter Zauner und Winfried Zehetmeier begann der literarische Seerosenkreis mit einem überwiegend themenorientierten Programm zu experimentieren, das neben der Literatur auch Kabarettistisches und Musikalisches einbezieht und darüber hinaus Raum für Diskussionen gibt. Diese Erweiterung des Spektrums bedeutete in gewisser Weise auch eine Rückkehr zu den Anfängen, deren Kennzeichen ja die Vielfalt gewesen war.

Die Bandbreite der „verjüngten" Seerose reicht von nostalgischen Rückblicken auf Peter Paul Althaus, Gottfried Benn oder Marlene

Dietrich über die jüngsten Facetten von Literaturgattungen wie Biografie, Krimi-Literatur und Autorentheater sowie allgemein menschlichen Themen wie „Liebe“ oder „Humor“ bis hin zur kritischen Auseinandersetzung mit dem Schrifttum im Dritten Reich oder den Beschneidungspraktiken in Afrika. Gäste waren unter anderem Ellis Kaut, Fadumo Korn, Siegfried Mauser, Christian Ude, Thomas Lang, Lena Gorelik, Johano Strasser, Joachim Kaiser und Dieter Hildebrandt. Mitunter schwappt das Publikum vom Foyer in den Mühsam-Saal über, nicht selten ist auch die Treppe besetzt, und als man im Februar 2010 die Seidlvilla als ehemaligen Drehort zahlreicher „Schulmädchenreporte“ zum Thema machte, geriet die ehrwürdige Villa vollends an die Grenzen ihrer Fassungskraft. Ein großer Erfolg war auch das Sommerfest 2007, an dem sich der weitläufige Garten der Seidlvilla mit alten und jungen Leuten füllte, die erleben wollten, wie etliche Seerosianer mit Texten von Frank Wedekind bis Walter Zauner gegen eine Armada von jungen Poetry-Slammern antraten. Ein rauschendes Fest, das allerdings um 10 Uhr abends jählings endete, weil es den Nachbarn zu laut wurde. Schwabing eben: Man erinnert sich an die berühmten Schwabinger Krawalle, anno 1962 – im traditionell dimpfeligsten aller „Künstlerviertel“...

Zum Glück gibt es da immer noch den „Weinbauern“ in der Fendstraße, eine der letzten „realen Bierwirtschaften“ Schwabings, in der man einen Seerosen-Abend ausklingen lassen kann, wenn nicht gar Elke und Andrew Malura die Nachtlichter in die Traumstadtwohnung in der Kaulbachstraße einladen zu Wein, Gulasch, selbst gebackenem Kuchen und endlosen Gesprächen – wohlgemerkt rund um die Original-Traumstadttafel. Da findet sich auch immer jemand, der unter den Gemälden von Oswald Malura spontan ein Gedicht vorträgt oder auf dem stets gut gestimmten Flügel von anno dazumal eine Melodie improvisiert – wie damals, als die Traumstädter bei ihren „Bürgerversammlungen“ in eben diesem Raum ihr Lied vom Grünen Mond sangen. Allerdings: könnte die Traumstadtwohnung bald nur noch eine Erinnerung sein – Grund genug, sie hier noch einmal zu würdigen.

Bei solchen Festen „chez Malura“ kann man auch wieder Kollegen von der Zunft der Bildenden Künstler treffen: allen voran den Bildhauer und Radierer Baldur Geipel, der von 1987 bis 2009 als Sprecher der „Seerösler“ der Bildenden Kunst fungierte. Um einer oft gestellten Frage zuvorzukommen, sei hier angemerkt, dass sich nach der Trennung der Stammtischorte für die bildenden Künstler der Name „Seerösler“, und für die Literaten die Bezeichnung „Seerosianer“ eingebürgert zu haben scheint. Bereits 1958 war Baldur Geipel, damals noch Student, von dem Bildhauerkollegen und begnadeten „Geselligkeitsmotor“ Emil Krieger in die Seerose eingeführt worden – noch am Ursprungsort, wo er einen Großteil der ersten Stammtisch-Generation kennen lernte: darunter ebenso erfolgreiche wie kontakt- und feierfreudige Künstler wie Hermann Geiseler, Elmar und Lothar Dietz, Helmut Ammann, Konstantin Garneff, Franz Eska, Oswald Malura und Hannes Rosenow. 1978 fand der Umzug in den „Ungerer Hof“ statt. Es folgten noch etliche Lokalwechsel, unter anderem in den „Weinbauern“ und ins „Leopold“. Seit 1998 hat der Seerosenstammtisch der Maler und Bildhauer seine feste Heimat außerhalb Schwabings im Allotriakeller des Münchner Künstlerhauses am Lenbachplatz. Der Kontakt hatte sich anlässlich einer Ausstellung von Baldur Geipels Bronzeskulpturen im Schmuckhof des Künstlerhauses ergeben – im Gespräch mit dem damaligen Präsidenten Peter Grassinger, einem langjährigen Freund des Seerosenkreises. „Nobis et amicis" ist das Motto im Künstlerhaus – und dem „Schwabinger im Geiste" Grassinger waren die Seerösler auch ohne Miete willkommen. Seitdem treffen sie sich einmal im Monat im historischen Allotria-Keller zu Künstlergesprächen, die der Geselligkeit und der gegenseitigen Förderung dienen und darüber hinaus, wie schon in den Anfängen des Seerosenkreises, den Kontakt zu anderen Künstlervereinigungen erleichtern sollen.

Seerosenpreisträger bei ihrer Ausstellung 2005 im Malura-Museum (v.l.n.r.): Sylvie de Muralt, Walter Grill, Manfred Mayerle, Brigitta Rambeck, Lieselotte Strauss, Hubert Maier, Baldur Geipel, Charlotte Dietrich

So wie die literarischen Zirkel der Nachkriegsjahre ineinander verwoben waren, so durchlässig waren ja auch immer schon die Grenzen zwischen den verschiedenen Freundeskreisen und Gruppierungen im Bereich der Bildenden Kunst gewesen. „Die meisten Maler, Grafiker und Bildhauer, die sich in der ‚Seerose' zusammenfanden, waren zugleich Mitglieder der ‚Neuen Münchner Künstlergenossenschaft', der Münchner ‚Secession' oder der ‚Neuen Gruppe' und stellten alljährlich in der ‚Großen Münchner Kunstausstellung' aus'", schreibt Andreas Kühne im Katalog zur Ausstellung „55 Jahre Seerosenkreis". „Bis weit in die 70er Jahre gehörten sowohl der Seerosen- als auch der Tukan-Kreis neben den großen Künstlerverbänden zu den konstituierenden Elementen des Kulturlebens in München. Im Rahmen der „Seerose" konnten sich die Vertreter der Kulturinstitutionen von Landeshauptstadt und Land mit der Künstlerschaft zum Meinungs- und Informationsaustausch ohne politische oder wirtschaftliche Prämissen treffen". Ein ganz konkretes Ergebnis dieses Gedankenaustausches war die Vergabe von Stipendien an Bildende Künstler durch die Stadt München, die Hermann Geiseler erwirkte. Unter den Stipendiaten finden wir Edgar Ende, Hugo von Habermann, Emil Krieger, Josef Mader und Josef Seidl-Seitz... Künstler, die aus der Geschichte der deutschen Nachkriegskunst nicht mehr wegzudenken sind.

Ab 1965 wurde das Stipendium in einen Preis umgewandelt, der allerdings auf Anregung von Rudolf Schmitt-Sulzthal zunächst für zwei Jahre „die Fakultät wechselte" und als „Tukan-Preis für Literatur" an Münchner Schriftsteller vergeben wurde. 1967 gab es dann auch wieder einen „Seerosen-Preis für Bildende Kunst". In der Folgezeit wurden bis 1990 jährlich alternierend Tukan-Preise für Literatur beziehungsweise Seerosen-Preise für Bildende Kunst vergeben.

Seit 1991 gehen diese beiden Münchner Preise „getrennte Wege": Es gibt nun jedes Jahr einen „Seerosen-Preis für Bildende Kunst", der an einen oder zwei Künstler vergeben werden kann und mit der Möglichkeit einer Ausstellung in München verknüpft ist. Auch der Tukan-Preis wird seither alljährlich vergeben, und zwar für die „beste belletristische Neuerscheinung eines Münchner Autors oder einer Münchner Autorin“ im jeweiligen Jahr. Diese Eingrenzung erfolgte nicht zuletzt, um den Tukan-Preis von anderen Münchenbezogenen Preisen wie zum Beispiel dem Münchner Literaturpreis oder dem Ernst-Hoferichter-Preis zu differenzieren, die Gesamtwerk und Persönlichkeit eines Autors würdigen.

Die Nachfahren des Seerosen-Stammtisches haben sich übrigens – entgegen anders lautenden Gerüchten und anders als zum Beispiel der Tukan-Kreis – immer standhaft geweigert, sich in das Korsett eines „eingetragenen Vereins“ zwängen zu lassen. Das hat gewiss manchen Nachteil, nicht zuletzt den, dass so ein „gschlamperter Verein“ von heute auf morgen vom Erdboden verschwinden kann, wenn der – stets ehrenamtlich tätige und erfahrungsgemäß zu großem Idealismus genötigte – Organisator verstirbt oder beschließen sollte, das Handtuch zu werfen.

Letzteres wäre den Seerosianern der Bildenden Kunst beinahe widerfahren, als der Maler Hannes Rosenow 1987 sein Amt als „Oberseerösler“, das er selbst vor nicht allzu langer Zeit von Hermann Geiseler übernommen hatte, ohne Vorwarnung seinem überraschten Kollegen Baldur Geipel im wahrsten Sinne des Wortes „in die Hand drückte“. Auf einer Vernissage ging er auf den verblüfften Freund zu, überreichte ihm unvermittelt die Unterlagen der Seerose und entschwand.

Geipel, der damals hauptamtlich an der Fachschule für Bildhauerei in Garmisch arbeitete und deshalb nur wenig Zeit in München verbringen konnte, hat ihm diesen Coup erst am Grab wirklich restlos verziehen. Die Seerosentreffen konnten unter seiner Ägide von Stund an nur noch einmal im Monat stattfinden – an seinem damals einzigen wirklich freien Tag – und dabei ist es dann ein für alle Mal geblieben. Aber im Stich lassen wollte er seine alte Seerose auf keinen Fall. Bis heute erinnert er sich dankbar an vielerlei Rat und Hilfestellung, die ihm und anderen damals blutjungen Künstlern von älteren Kollegen aus dem Seerosenkreis geboten wurden. Begeistert berichtet er von den oftmals heißen Fach-Diskussionen, wenn etwa der informelle Künstler Rolf Cavael seine umstürzlerischen Thesen gegen den traditionelleren Standpunkt des aufbrausenden Josef Seidl-Seitz zu behaupten versuchte. Schlugen die Wellen zu hoch, lenkte Emil Krieger mit Humor und Durchsetzungskraft ein, indem er auf den Tisch schlug und rief: „Das Schiff liegt auf der Seite!“ Da hatte dann auch meist der „Keramikprofessor“ Franz Eska bereits eine Flasche Sekt bestellt und gab eine Runde aus. Denn feiern, gemeinsam Feste feiern, wie sie eben fielen, darauf verstanden sich die Seerösler – und das nicht nur rund um den Stammtisch, sondern oft auch noch hinterher bei der Schwabinger Gisela, wo sie mit Sekt und Gulaschsuppe empfangen wurden.

Es gab auch private Fêten, so zum Beispiel in Grünwald bei Hans Dürrmeier, dem Generaldirektor und Verleger des Süddeutschen Verlags sowie Sponsor der Schwabinger Kunstpreise, nach dem seit 1987 eine Straße in Untermenzing benannt ist. Bei der Malerin Petra Moll und nicht zuletzt in Emil Kriegers legendärem Garten am Königsplatz, direkt neben dem Amerikahaus, wo der als „bacchanalisch“ beschriebene Gastgeber ganze Hammel am Spieß briet, fühlte man sich wohl.

Diese und viele andere Geschichten rund um die Seerosenkünstler kann man in einem Erinnerungsbuch nachlesen, das die Bildhauerin Irene Hallmann-Strauß zum 60. Jubiläum der Seerose unter dem Titel „Entdeckungsreise zur Geschichte des Seerosenkreises" zusammengestellt hat. Darin portraitiert sie auch die wichtigsten Förderer aus Politik und Wirtschaft, wie zum Beispiel Hanns-Jörg Dürrmeier, den Geschäftsführer des Münchner Verkehrsvereins und Organisator der Schwabinger Wochen, aber auch Alt-Oberbürgermeister Hans-Jochen Vogel oder den langjährigen Stadtrat Franz Forchheimer.

Weil aber bekanntlich „nichts so konstant ist wie der Wandel", haben sich manche Kommunikationsformen gewandelt, wobei unter anderem auch die Tradition der Stammtisch-, Caféhaus- und Brettlkultur nicht ungeschoren blieb.

Für die literarische Seerose bedeutete dies einige Anpassung an die Forderungen des zeitgenössischen „Literaturbetriebs", was unter anderem den Wechsel vom „Sparschwein" zum – moderaten – Eintritts-Obolus notwendig machte. Man spricht jetzt auch ein breiteres Publikum an und scheut mitunter selbst vor einem Bad in der Menge nicht zurück, vor allem, wenn es in Schwabing stattfindet. So zum Beispiel mischte die schon etwas in die Jahre gekommene Gruppe der Seerosen-Literaten von Anfang an mit beim lärmigen Massen-Event des „Corso Leopold", leise klagend zunächst, dann aber doch fröhlich den erstaunlichen Zuspruch des flanierenden Publikums genießend, ebenso wie die Reaktion der Presse, die von einem „Niveausprung" auf dem Straßenfest sprach. Inzwischen hat der literarische Seerosenkreis auch zahlreiche Kabarettisten (von Kabarest bis Martina Ottmann), Musikanten (von Susanne Weinhöppel bis zu „Unseren Lieblingen"), sowie Vertreter der Spoken Word Poetry (wie Sarah Hakenberg und Nina Sonnenberg) auf die lärmumtosten Corso-Bretter gebracht. Nicht zu vergessen auch die „Vereinsheimler"– Crew Michael Sailer, Jaromir Konecny und Moses Wolff. Was zeigt, dass sich – wie eh und je in Schwabing – die Kreise überschneiden und die Feste, wo möglich, gemeinsam gefeiert werden. Kann es ein Zufall sein, dass das Vereinsheim, dieses jüngst aus dem Humus Altschwabinger Brettlgeistes erstandene Wohnzimmer für alte und junge Wort-, Musik- und Lebenskünstler und ihre wachsende Fan-Gemeinde im ehemaligen Lokal der Schwabinger Gisela logiert? Oder dass gleich um die Ecke, in der Ursulastraße 6, die „Repüblik", eine Gruppe junger „Urbanauten", Ortsansässige und zuagroaste, junge und alte Schwabinger zu kreativen Improvisationen aller Art einlädt? Auch die Seerose ist mit dabei.

Stammtisch-Charakter haben bei den Seerosen-Literaten inzwischen nur noch die privaten Treffen, bei denen sich die elf „Kern-Seerosianer" zur Planung ihrer Veranstaltungen zusammenfinden – meist in dem wunderbaren Atelier des Malers, Dichters und ehemaligen 2. Bürgermeisters von München Winfried Zehetmeier, üppig bewirtet von seiner Frau, der TZ-Kolumnistin Inge Zehetmeier.

Baldur Geipel (rechts) mit Wolfgang Roucka, Vernissage im Malura Museum

Übergabe des Seerosenrings 2010 von Konrad Hetz (rechts) an den Bildhauer und Kurator Ingo Glass mit Laudator Thomas Goppel

Bei den Bildenden Künstlern gestaltete sich der Umschwung von gestern auf heute grundlegend anders: Weiterhin an die traditionelle Kommunikationsform, den Stammtisch, gebunden, zeichnete sich Ende der 1990er Jahre, zunächst schleichend, dann immer deutlicher, das Aus an: erst kamen noch zehn, dann fünf, dann drei, bis eines Abends Baldur Geipel ganz allein am Stammtisch im „Leopold" saß.

Ein Krisentreffen fand statt. Im Anschluss daran setzte sich Irene Hallmann-Strauß eher zufällig an den ehemaligen Goldschmiedetisch ihrer Mutter und fand dort ein wenig Gold und zwei kleine Brillanten. Sie fing an zu zeichnen, und es entstanden spielerisch mehrere Versionen einer Seerose. Der Entwurf für einen Seerosenring war geboren und damit die Idee für einen „Wanderpreis".

Preiswürdige Seerosen-Künstler sowie Förderer des Seerosenkreises sollten ihn – zeitlich begrenzt – erhalten, mit der Auflage, in Wort und Bild einen ganz persönlichen Bericht über „ihre" Zeitspanne zu erstellen. So wollte man nach und nach ein in jeder Hinsicht „buntes" Zeitdokument entstehen lassen. Die Vielfalt und Individualität der inzwischen bereits entstandenen „Künstler-Jahr-Bücher" ist beeindruckend.

Bei der ersten Verleihung im Jahr 2000 ging der Ring an die Malerin Sylvie de Muralt, 2001 und 2002 an den Bildhauer und langjährigen Seerosen-Sprecher Baldur Geipel, 2003 an den Maler Erhard Paskuda. 2004 wurde er erstmalig nicht an einen Künstler, sondern an den Kunstförderer Hanns-Jörg Dürrmeier verliehen. 2005 wanderte der Ring zu dem Maler Manfred Mayerle weiter. 2006 bekam ihn Alt-Oberbürgermeister Hans-Jochen Vogel für seine Verdienste um den Seerosenkreis während seiner Amtszeit. Die Übergabe nahm der amtierende Oberbürgermeister Christian Ude vor. 2007 gab Vogel Ring und Ehre an den Kollegen aus dem „anderen politischen Lager", Franz Forchheimer, weiter. 2008 und 2009 war dann der Maler und Grafiker

Andrew Malura und Brigitta Rambeck beim Seerosentreffen 2009 im Atelier Zehetmeier

Konrad Hetz der „Herr des Rings“, – seit 2009 amtierender „Oberseerösler“. Bei der Ringübergabe im Jahr 2010 an Ingo Glass musste man dann aus dem zu eng gewordenen Allotria-Keller in die weitläufigen Clubräume des Künstlerhauses ausweichen. Die Rechnung ist aufgegangen: das Interesse am Seerosenstammtisch nimmt laufend zu.

An den Festen zur Ringübergabe beteiligten sich schon bald auch Seerosen-Literaten und ihre Freunde mit literarischen, kabarettistischen oder musikalischen Beiträgen: Dagmar Nick, Anatol Regnier, Maria Peschek, Michael Skasa, Irmhild Wagner, Michael Schwarzmaier und Brigitta Rambeck… Auch der Fotograf und „Posterkönig“ von Schwabing, Wolfgang Roucka, ist meist mit von der Partie, wie er ja überall helfend und feiernd dabei ist, wo es sich um die Erhaltung des „Zustands Schwabing“ handelt, den er selbst wie kein anderer verkörpert. Sein Wahlspruch: "Schwabing ist nicht tot, aber Wiederbelebung tut not“. Präsent ist stets auch Traumstadt-Nachkomme Andrew Malura, aus dessen wieder geknüpfter Verbindung zum Seerosenkreis unter anderem eine Ausstellung von zeitgenössischen Seerosen-Preisträgern (2005), eine Retrospektive der Werke von Baldur Geipel (2009) sowie eine Präsentation der Bilder von Seerösler Franz Ferry Hauber und seines Sohnes Peter Hauber (2009) im Oswald Malura Museum in Oberdiessen hervorgegangen sind. Die Nachfeiern fanden rund um das ehemalige Oberdiessener Atelierhaus von Oswald Malura statt, der „Sommerresidenz“ der Traumstädter seligen Angedenkens, wo im – von Oswald Malura noch selbst angelegten – Teich bis heute die Seerosen blühen. Die „Gründerväter“ des Stammtisches von 1948 hätten ihre helle Freude daran.

Fast vollzählig konnten sie ja noch mitfeiern, als es 1958, zum 10. Seerosen-Geburtstag und zugleich als Beitrag zum 800. Geburtstag der Stadt München, eine Ausstellung "Die Seerose – Malerei, Plastik, Graphik" gab. In der Galerie Malura in der Leopoldstraße 44 fand diese mit begleitenden Veranstaltungen der schreibenden, darstellenden und musizierenden Zünfte statt.

Der 50. Geburtstag des Seerosenkreises im Oktober 1998 wurde dann allerdings allein von der Literarischen Seerose in der Seidlvilla begangen.

Ebenfalls solo feierten die Bildenden Künstler 2003 das 55. Jubiläum mit einer Ausstellung der ersten sowie der heutigen Generation von Seerosen-Malern in der Rathausgalerie und im Pavillon des Botanischen Gartens.

Das 60. Jubiläum – zugleich der 850. Jahrestag der Stadt München – vereinte dann Seerösler und Seerosianer wieder bei einem gemeinsamen Fest: mit einer Präsentation von Bildern und Skulpturen von 38 zeitgenössischen Seerosen-Künstlern und einem vielgestaltigen literarisch-kabarettistisch-musikalischen Begleitprogramm der Seerosen-Literaten in der Rathaushalle.

60 Jahre Seerosenkreis in der Rathausgalerie, (v.l.n.r.) Michael Skasa, Dagar Nick, Maria Peschek, Asta Scheib, Walter Zauner, Anatol Regnier

Der gebürtige Schwabinger und Seerosianer Anatol Regnier erinnerte sich aus diesem Anlass an den 800. Geburtstag Münchens – als er, damals 13-jährig, seine Mutter Pamela Wedekind bei der Einweihung des Wedekind-Brunnens an der Gitarre begleitete:

„Was war das schön im Jahr Achtundfünfzig! Die Glocken der Erlöserkirche läuteten, ihr Klang schwebte über den Feilitzschplatz, wir waren jung und dumm, fragten nicht viel und gaben uns Genüssen hin. Wir aßen Eis bei Capri und Rialto, tranken Zwanzig-Pfennig-Kaffee bei Tchibo ... Dr. Erich Kästner saß im Café Freilinger, Robert Graf spielte an den Kammerspielen und Friedrich Holländer, aus der Emigration zurückgekehrt, schrieb Revuen, die in der „Kleinen Freiheit" über die Bühne gingen. Es gab Ruinen, in denen Gras wuchs und Einbeinige und Einarmige in Fülle.

Und ja – es gab auch die Seerose.

Zumindest das Lokal in der Feilitzschstraße, für mich immer das schönste seiner Art. Es war warm, hatte eine niedrige, bemalte Holzdecke, wahrscheinlich auch gutes Essen und, vor allem, einen schönen und poetischen Namen. Von Personen, die zu einem eventuellen „Seerosen-Kreis" gehörten, weiß ich nur noch, dass sie alt waren und Baskenmützen trugen. Ich erinnere Marietta di Monaco, die auf dem Tisch stehend das Gedicht vom Hesseloher See rezitierte, an dem es „tröpfeltee und tröpfeltee", erinnere Ernst Klotz – mit Baskenmütze, versteht sich – und natürlich die Auftritte unserer Mutter Pamela Wedekind. Die waren im Vorfeld, in unserer Wohnung in der Leopoldstraße, von gewaltiger Aufregung begleitet, denn unsere Mutter liebte das Dramatische. Trat sie dann vor ihr Publikum, war sie strahlendes Selbst.

Man feierte das achthundertjährige Bestehen der Stadt München – und von allen, die damals sangen, ist keiner mehr da. Und dennoch meint man manchmal, es müsse nur die Tür aufgehen und sie träten ins Zimmer.

Jetzt sind wir selbst alt und bilden den Seerosen-Kreis. Und, was soll ich Ihnen sagen: Manche tragen immer noch Baskenmützen! Ich selbst fühle mich jünger als damals. Geschart um unsere Prinzipalin Brigitta Rambeck gebären wir eine lebendige Veranstaltung nach der anderen. Wir schwätzen und reißen Witze wie auf der Schulbank. So viele Ideen gab es zur Gestaltung von Münchens 850-Jahrfeier, dass ein Spaßvogel dazwischenrief: „Was wir jetzt nicht unterbringen, sparen wir uns für die 900-Jahrfeier auf!"

Und wer weiß: vielleicht gibt es auch in einem halben Jahrhundert noch diesen „abenteuerlichen Weltteil" namens Schwabing – unter neuen Vorzeichen. Immerhin hat er sich trotz aller Unkenrufe doch ganz passabel ins 21. Jahrhundert gerettet. Wohl ging manches verloren – zum Beispiel die Katakombe und ihr „Ableger", der ELK (Ernster Lyrik Kreis), sowie ihr letzter Spross, der „Schwabinger Kultur-Pavillon". Melancholisch stimmt auch das große Kleintheatersterben, dem schließlich, 2009, auch noch das „dienstälteste" Theater Schwabings nach fünfzig erfolgreichen Jahren zum Opfer gefallen ist: Irmhild Wagners und Horst Reichels „Theater 44" in der Hohenzollernstraße 20.

Zugleich aber mehren sich auch Jubiläen und Neuanfänge: Beim TamS-Theater (gegründet 1970) rundet sich das vierte Jahrzehnt. Auch die Autorenbuchhandlung (gegründet 1973) hat bald 40 Jahre auf dem Buckel, bei Helmut Vakilys Autorengalerie (gegründet 1977) sind es immerhin gute drei Jahrzehnte. 2010 feierte der Tukan-Kreis seinen 80. Geburtstag, die Stadtbibliothek

Pamela Wedekind, Schwabinger Woche 1966 ...

in der Hohenzollernstraße beging 2004 ihr 75jähriges Bestehen (gegründet 1929) mit einer Lesung von Oberbürgermeister Christian Ude, und das 100. Jubiläum der „Lehmkuhle" (gegründet 1903) ist schon wieder Geschichte. Doch es gibt sie immer noch: die Schwabingerischste aller Buchhandlungen – wenn auch inzwischen mit neuen Besitzern: den Verlegern Wolfgang und Hans Dieter Beck aus der Wilhelmstraße, gleich um die Ecke. Letzterer formulierte einmal: „Schwabing könnte gut ohne München auskommen, aber München nicht ohne Schwabing".

Was dieses Schwabing – sowohl als Ort als auch als geistige Verortung eines Lebensgefühls ausmacht, lässt sich an der illustren Liste der Schwabinger Kunstpreisträger ablesen. 2010 wird der Schwabinger Kunstpreis zum 50. Mal vergeben. An die 250 namhafte Kunstschaffende aller Sparten haben ihn bereits erhalten und immer noch, immer neu gibt es mehr „Künstler im Geiste Schwabings" als Preise.

Alfons Ott, dereinst Direktor der Münchner Stadtbibliotheken, sagte einmal anlässlich der Vergabe der Schwabinger Kunstpreise „Schwabing ist weder ein Ort noch ein Zustand, sondern die Möglichkeit zu einer Existenz, die überall anderswo unmöglich ist". Das wusste bereits Paul Klee, als er seinen inzwischen berühmten Satz schrieb: „Menschen sind wir ja alle – überall und besonders in Schwabing."

... und ihr Sohn, der Musiker und Autor, Anatol Regnier 2006 in der Traumstadt-Dépendence Oberdießen

Schwabylon

Auch wenn Institutionen wie die Katholische Akademie, die veterinärmedizinische Fakultät der Universität oder die von Jesuiten geleitete Hochschule für Philosophie den Eindruck erwecken mögen, Schwabinger Zustände seien wohlgeordnet, würden sorgfältig analysiert und bestächen durch Dauer – kaum etwas ändert sich so schnell wie die Schwabinger „Szene". Dass Fritz Falter am 15. Mai 1951 in der Occamstraße 8 Deutschlands erstes Filmkunsttheater gründete, ist längst Geschichte. Heute inszeniert dort das Lustspielhaus. Die singende Schwabinger Wirtin Gisela im selben Haus wurde von einem Dr. Flotte und dieser von der heutigen Gastwirtschaft Vereinsheim beerbt. Der legendäre Mutti Bräu um die Ecke in der Ursulastraße ist längst eine Bar Bobolowsky. Aus dem gemütlichen Wirtshaus Hartl am Wedekindplatz wurde in der Pop-Ära das Drugstore, dessen Interieur bereits wieder historische Patina angesetzt hat. Im weiland Schwabinger Club von Rudi Schuricke („Wenn auf Capri die rote Sonne im Meer versinkt...") in der Schraudolphstraße sind längst andere Töne zu hören und im ehemaligen Blow Up, einer riesigen Tanzhöhle der 1970er Jahre, die Verstärker schon lange abgestellt, denn das ehemalige Kino Schauburg aus dem Jahr 1926 wurde danach zum städtischen Theater der Jugend. Wie aus fernen Zeiten klingt, dass der Kommunarde Fritz Teufel am 20. Juli 1968 gleich aus drei Schwabinger Lokalen hinausflog, aus eben jenem Drugstore, aus der Seerose und aus dem Weinbauer in der Fendstraße. Dem Weinbauernwirt warf Teufel daraufhin den gerade servierten Leberkäs samt Ei und Spinat an den Kopf, woraufhin der die Polizei einschaltete und diese Teufel folgende Rechnung präsentierte: Beleidigung, Sachbeschädigung, Körperverletzung, Aufforderung zum Zechbetrug, Nötigung, Aufforderung zu einer strafbaren Handlung und Widerstand gegen die Staatsgewalt. Dass in Schwabing Langhaarige und Bärtige damals nicht bedient wurden, wollte anderntags ein Journalist der Süddeutschen Zeitung überprüfen. Er hörte den Wirt sagen: „Alle Leute mit langen Haaren sind Verbrecher." Der Chronist hieß Christian Ude. Er wurde später Oberbürgermeister.

Die Katholische Akademie (links) und die Veterinärmedizin sind traditionsreiche Schwabing-Adressen.

Das Ur-Ensemble der Münchner Lach- und Schießgesellschaft mit Klaus Havenstein oben, Sammy Drechsel, Ursula Herking und Fred Kassen in der Mitte sowie Dieter Hildebrandt und Hans Jürgen Diedrich unten

Seit mehr als hundert Jahren, seit der Opernsänger Josef „Papa" Benz 1900 im Café Leopold an der Leopoldstraße 50 seine Bühne eröffnete, ist in Schwabing die Kleinkunst zuhause. Joachim Ringelnatz trat dort ebenso auf wie Karl Valentin und Liesl Karlstadt. Nach 1945 hat sich die Schwabinger Theaterszene bald wieder belebt. Zwar blieben die Kabaretts Die kleine Freiheit und Die Namenlosen , bei denen Dieter Hildebrandt erstmals auftrat, in der Alten Laterne in der Leopoldstraße Episode. Als Hildebrandt und Sammy Drechsel aber 1956 an der Ecke Haimhauser-/ Ursulastraße die Münchner Lach- und Schieß-Gesellschaft aufmachten und mit ihnen auch Hans-Jürgen Diedrich und Klaus Havenstein auftraten. Ursula Noack kam 1957 hinzu – da war „die" deutsche Kabarett-Adresse geboren. Auch die Karrieren von Werner Schneyder, Jochen Busse oder Bruno Jonas sind ohne diesen Startplatz nicht zu denken. Nur einen Steinwurf entfernt spielt bis heute das TamS-Theater, entstanden in einem Schwabinger Brausebad. Es ist eines der ältesten Privattheater in Deutschland mit rund hundert Ur- und Erstaufführungen in fünfunddreißig Jahren – 37 Flops und 63 Tops. Und ebenfalls nur ein paar Schritte entfernt lädt allabendlich das Lustspielhaus zu Menü und Theater ein. Die ersten zwei Gänge werden vor der Vorstellung serviert, das Dessert in der Pause. Bekannter als mit seiner Schwabinger Bühne ist das Lustspielhaus allerdings durch seine monatliche Fernsehproduktion Neues aus der Anstalt mit Urban Priol und Georg Schramm. Diese Kabarett-Show läuft live im Arri-Filmstudio gleich jenseits der Schwabinger Grenze in der Maxvorstadt. Eine Besonderheit ist das schon 1947 in einer Atelierwohnung gegründete Marionettentheater Kleines Spiel in der Neureutherstraße 12,

Während Die Namenlosen in Schwabing nur ein kurzes Gastspiel gaben,etablierte sich die Münchner Lach- und Schießgesellschaft als Kabarett-Institution. Das Theater am Sozialamt (Mitte und unten) spielt in unmittelbarer Nachbarschaft.

Das Marionettentheater Kleines Spiel (oben)
Irmhild Wagner und Horst Reichel vom Theater 44

die kurz vor der Schwabinger Bezirksgrenze ebenfalls noch in der Maxvorstadt liegt. Es geht auf Peter Auzinger zurück, geboren 1922 als Sohn einer Künstlerfamilie. Er spielte im elterlichen Wohnzimmer Märchen und Kasperliaden auf einer Miniaturbühne ganz aus Papier. Bald wurden den Kindern die Papphelden aber zu langweilig: Sie begannen, selbst Marionetten zu basteln, und Peter Auzinger schrieb eigene Kasperlstücke. In den 1930er Jahren entstand aus dem Heimtheater nach und nach eine Wanderbühne. Nach dem Krieg fanden Freunde in einer Ruine in der Georgenstraße ein Notquartier für sie. Schon im August 1945 gaben sie ihre erste Vorstellung – eines der ersten Theaterereignisse im Nachkriegs-München. Nach sieben Monaten Bauzeit entstand 1947 in einer Kriegsruine ein romantisch-verspieltes Kammertheater für etwa 75 Zuschauer mit Guckkastenbühne, Foyer und Werkstätte. Zwei Dinge haben sich dort seither nicht verändert: Noch immer arbeiten die Puppenspieler, Figurenbauer und Sprecher ehrenamtlich, und die Vorstellungen kosten keinen Eintritt. Seit 1947 gilt: Die Besucher legen, was ihnen der Abend wert ist, in einen traditionellen Zylinder. Weiterhin erfolgreich spielt im ehemaligen Wannen- und Brausebad in der Haimhauserstraße Annette Spolas Theater am Sozialamt (TamS). Im 1959 von Horst Reichel gegründeten Keller-Theater 44 in der Hohenzollernstraße 20 mit seinen Stücken der klassischen Moderne und zeitgenössischen Autoren – mehr als die Hälfte der Produktionen waren Ur- und Erstaufführungen – hingegen fiel Mitte 2009 der endgültig letzte Vorhang. Die Bühne Bel Etage in der Feilitzschstraße 12 am Wedekindplatz zog 2006 weg. Hier, über dem Drugstore, das als erste Schwabinger Adresse seit den 1960er Jahren Nachtmenschen rund um die Uhr die nötigsten Lebensmittel anbot und damit ähnlich lebensrettend wirkte wie ein Kiosk neben der Seerose in der Gunezrainerstraße, richtete sich 2009 die zuvor 33 Jahre in Schwabing-West beheimatete Bühne von Henny Heppel & Wolfgang Ettlich ein, nachdem sich dort zwei Jahre lang das junge Ensemble Schwabinger Kammertheater etabliert hatte. Und am Elisabethplatz arbeitet weiterhin erfolgreich das städtische Theater der Jugend.

May Spills mit „Drehbuch" in der Hand und Pistole im Höschen...

Zwar ist die große Zeit der Filmkunstkinos vorbei. Das Monopol in der Feilitzschstraße hatte für sein anspruchsvolles Programm 2008 sogar den Schwabinger Kunstpreis erhalten, ebenso wie 1971 wie das frühere Studio für Filmkunst in der Occamstraße. Dort spielt heute das Lustspielhaus. Aber noch gibt es Programmkinos wie das schon 1914 gegründete abc in der Herzogstraße, ursprünglich Odeon-Lichtspiele geheißen, und das seit 1919 spielende Isabella in der gleichnamigen Straße. 1926 haben dann gleich vier Kinos eröffnet: das Leopold, das Marmorhaus, die Filmburg und die Schauburg am Elisabethplatz. In den 1920er Jahren arbeiten in Schwabing auch zahlreiche Filmfirmen: in der Schleißheimer Straße 141, wo zuvor die Otto-Werke, ein Vorläufer von BMW, ansässig waren, die Cabinet-Film, in der Karl-Theodor-Straße 41 die Deutsche Städte-Filmgesellschaft, in der Georgenstraße 91 der Deutsche Film, in der Isabellastraße 26 Die Wende Film Gesellschaft, in der Siegfriedstraße 14 die Germania-Film-Gesellschaft. In der Kaiserstraße 14 arbeitet eine Sparte von RTL. Von der Kaiser- in die Feilitzschstraße umgezogen ist nach der Sanierung des früheren Schwabingerbräus, in dem zwischenzeitlich das städtische Elektrizitätswerk ansässig war, die Constantin Film. Sie hat sich seit ihrer Gründung 1977 durch Bernd Eichinger zur erfolgreichsten deutschen Produktions- und Filmverleihfirma entwickelt und gehört seit 2009 zur Constantin Medien AG. Seit 1988 hat sie fast die Hälfte der Top 50 deutschen Kinofilme in die Kinos gebracht und in einer Generation sechs der zehn erfolgreichsten deutschen Filme produziert. Unter den 30 erfolgreichsten der letzten zehn Jahre ist fast die Hälfte in ihrem Verleih. Peter Schamoni zeigt in den 1960er Jahren im Film Zur Sache, Schätzchen 24 Stunden aus dem Schwabinger Milieu jener Jahre und in ihm junge Leute, die keine Lust zu ordentlicher Frisur, ebensolcher Kleidung und einwandfreiem Benehmen haben. Zusammen mit einer Straßenbekanntschaft, gespielt von Uschi Glas, entführt der Hauptdarsteller Werner Enke in diesem Film in einer grandiosen Verfolgungsjagd im Zoo eine kleine Ziege. Bei der polizeilichen Vernehmung verwirrt die attraktive Uschi Glas die Polizisten durch einen Striptease. Dieses Spielfilmdebüt von May Spils aus dem Jahr 1968 hat mit seiner „Mischung aus antiautoritärer Heiterkeit und poetischer Trauer" (Schamoni) und vielen lockeren Sprüchen neben dem Prädikat wertvoll die Goldene Leinwand 1968 sowie deutsche Filmpreise in Gold für die Dialoge und für den besten Nachwuchsdarsteller bekommen. Bald darauf schlägt auch der junge deutsche Film in Schwabing Wurzeln (289 oben). Rainer Werner Fassbinder und Werner Herzog haben arbeiten hier ebenso wie Alexander Kluge, Volker Schlöndorff und weiterhin Peter Schamoni. In einigen 1992 gedrehten Folgen seiner Zweiten Heimat hat Edgar Reitz das geschildert. Schwabinger sind zeitweilig auch Axel von Ambesser, Monica Ferres, Christine Kaufmann, Natassja Kinski, Walter Sedlmayr sowie Helmut Dietl, der mit seiner Serie Kir Royal dem Monaco Franze alias Helmut Fischer und mit ihm ganz Schwabing ein weiteres filmisches Denkmal gesetzt hat.

Das Publikum sieht nach Bohème aus,
was es auch – teilweise – ist.
Wem fad ist, der packt sein Problem aus,
bespricht es, besäuft es, vergisst.
Der Wein ist zwar dünn, aber trocken.
Viel nässer dagegen das Bier.
Der Wirt teils im Öl, teils beim Zocken.
Ganz sinnlos verpackt ein Klavier.
Man kann höchstens stundenlang bleiben,
das schlimmste ist nämlich die Luft.
Wie diese Kneipe beschreiben?
So zwischen Pinte und Gruft.
Wer irgendwie noch normal ist,
verlässt diesen Laden sofort.
Zumal der ja gar kein Lokal ist,
sondern – jetzt fehlt mir das Wort.
Man geht seine nächtlichen Wege,
sei's Kunst oder Gastronomie,
und endet bestimmt in der „Säge".
Erklärung wär Philosophie.
Werner Schneyder

Am 29. Februar 1969 erscheinen im Schwabinger Jazzlokal domicile an die hundert Personen nicht wegen der dort legendären Musik. Festlich gewandet, wie es der Anlass empfahl, finden fast alle Einlass zur Gründungsversammlung des I.V.g.V.u.G.e.V., des letzten Vereins gegen Vereins- und Gruppenbildung e.V. 83 Aufnahmeanträge werden gezählt. Der Vorsitzende veranlasst die Anwesenden, die schwierige Kurzfassung des Vereinsnamens lauthals zu üben. In Vollzug von Punkt 8 der Tagesordnung betont der designierte Stellvertreter des Vorsitzenden, dass der Zweck des Vereins darin zu suchen sei, weitere Vereinsgründungen zu verhindern. Zur Deutung des Vereinssymbols, einer Säge, wird auf den Volksmund verwiesen: „Gottes Sägen kommt von oben." Die meisten der 30 Tagesordnungspunkte fallen danach einer herzlosen Kürzung zum Opfer. TOP 23 ff. hatten gelautet: „23. Die Mitglieder wählen sich tumultarisch einander zu außerordentlichen Mitgliedern. 24. Allgemeine Gratulation und Toast. 25. Der Vereinskomponist spielt das Vereinslied. 26. Der Vereinskomponist spiel das Vereinslied ein zweites Mal. 27. Alle singen das Vereinslied. 28. Vereinsfahnenweihe: Hüte und Perücken müssen abgenommen werden, alle stehen, jeder trinkt. 29. Jeder trinkt. 30. Jeder trinkt." Aber das haben die Anwesenden auch ohne Tagesordnung begriffen. Sie wählen noch je einen Rechts- und einen Linksausschuss. „An den weiteren Verlauf des Festes", schreibt Peter Simader später, „werden sich nur noch wenige der Teilnehmer erinnern. Auch dem Chronisten ist nur noch die Antwort eines Herrn in Erinnerung, der die Aufforderung zum Tanz einer Dame mit den Worten quittierte: ‚Ich bin Trinker, nicht Tänzer'." Im domicile ist es dem I.V.g.V.u.G.e.V. danach aber zu laut geworden, so dass Kurt und

Der Schlagzeuger Freddie Brocksieper (vorn) noch im „Studio 15" mit Lionel Hampton (ganz links), Mariette de Vet (ganz rechts) und links von ihr H. Eberle und Max Greger. Brocksieper machte 1958 die Universitätsreitschule für einige Jahre zum Mekka der Münchner Jazzszene.

Hilde Hartmann in der Feilitzschstraße 9 ein eigenes Vereinslokal pachten, die Säge. Mehr als zwei Jahrzehnte ist es ein Insidertreff der Schwabinger Bohème. Touristen nehmen die unscheinbare Säge kaum wahr. 1991 läuft aber der Pachtvertrag aus. Im zunehmend durchkommerzialisierten Schwabing soll sich die Miete versechsfachen. Damit ist die Säge Geschichte.

Schwabing ist voller Szene-Adressen – Beispiele müssen genügen. 1958 macht das Studio 15 des Schlagzeugers Freddie Brocksieper in der Leopoldstraße 15 dicht. Kurz darauf übernimmt Brocksieper, ein Urgestein der Münchner Jazzszene – schon bei der allerersten Jazzsendung des Bayerischen Rundfunks am 13. April 1932 hat er am Schlagzeug gesessen – das Lokal in der Universitätsreitschule, Königinstraße 34. Es wird eine legendäre Adresse. Ella Fitzgerald, Count Basie, Oscar Peterson, Duke Ellington und Louis Armstrong treten hier auf. Das „Studio 15" ist von 1952 bis 1958, die Universitätsreitschule von 1958 bis 1963 das absolute Münchner Jazz-Mekka gewesen. 1965 folgt Ernst Knauffs domicile in der Siegesstraße 19, das zwei Jahre später abbrennt, wieder aufgebaut wird – Albert Mangelsdorff,

Klaus Doldinger, Dusko Goykowich spielen hier –, aber 1967 in die Leopoldstraße 19 in den vormaligen Käfig umzieht und dort bis 1981 besteht. Friedrich Gulda lässt dort 1968 live-Aufnahmen machen. domicile-Chef Ernst Knauff fliegt immer wieder nach New York, um dort finanziell zugkräftige internationale acts für längere Auftritte im domicile zu akquirieren. In den frühen 1980er Jahren ist der US-Dollar dafür aber zu teuer geworden. Das hat für das domicile das Aus bedeutet. In den Jahren 1973 bis 1977 bietet an der Ecke Georgen- und Schraudolphstraße das Spectacle mit seinem Vaudeville-Programm vom Kabarett über Talkshows (mit Alfred Biolek u.a.), Chansons (Helen Vita), Gstanzl (Lisa Fitz) und vor allem Jazz. In den 1980ern wird Jazz im Allotria in der Maxvorstadt und in Jenny Evans' Jenny's Place in der Georgenstraße 50 gespielt, aber auch in der Piano-Bar Schwabinger Spritz'n in der Hesseloher Straße 20. 1983 übernimmt dann Sepp Drechsel relativ weit weg von Schwabing in der Nähe des Ostbahnhofs und später am Max-Weber-Platz die Unterfahrt und macht sie zum neuen Zentrum dieser Musik.

Wenn Spaziergänger im Englischen Garten gelegentlich Reitern begegnen, mag ihnen auffallen, dass da fast immer recht junge Leute hoch zu Ross unterwegs sind. Kein Wunder: Ihre Pferde stehen in der eigentlichen Universitätsreitschule gleich neben dem Erweiterungsbau der Münchener Rückversicherungs-Gesellschaft an einem der Eingänge zum Englischen Garten. Dieses traditionsreiche Institut besteht seit 1926. Gegründet haben es Pferdenarren, zu denen auch Prinz Alfons von Bayern gehörte, und es der Universität anvertraut. Ihr Gelände bildete vordem den nördlichsten Zipfel des Rosipal-Parks. Stallungen und Reithalle mit Zuschauergalerie waren ein Opfer des Krieges. Um den Wiederaufbau zu finanzieren, haben die Betreiber danach wesentliche Teile des Grundbesitzes verkauft. Auf dem, was blieb beziehungsweise wieder entstand, sind heute an die 80 Pferde eingestellt. Bekannter noch als die Vierbeiner-Halle ist das Szene-Lokal Cafe Reitschule mit Biergarten und Society-Restaurant sowie einer Schule für zeitgenössischen Tanz.

Seit nahezu einem Jahrhundert ist die Universitätsreitschule getreu ihrem Namen eine Reitschule für Studierende und ihre Dozenten geblieben. Gelehrt wird in einer riesigen Halle. Ausritte führen in den Englischen Garten.

Seit 10 Jahren organisiert Dorothee Fichter die Schwabinger Hofflohmärkte – mit Riesenerfolg. 2010 nehmen über 200 Hausgemeinschaften daran teil.

Das domicile war sechzehn Jahre lang eine Schwabinger Top-Adresse für Jazz. 2009 schickte sich Die Repübilk an, eine neue Schwabinger Insider-Adresse zu werden.

Zu den Eröffnungsgästen der Repüblik gehörte die Harfenistin, Autorin und Chansonnière Susanne Weinhöppel, eine Inkarnation der Schwabinger Szene.

In den Jahren nach der Jahrtausendwende erwirbt eine Baugesellschaft das nur einstöckige Anwesen Ursulastraße 6, um dort neu zu bauen. Bis die Genehmigung vorliegt, bietet der neue Eigentümer das 500 Quadratmeter große und schon leer geräumte Gebäude dem Architekturbüro be urban mit der Idee an, dort auf befristete Zeit der Schwabinger Szene eine zusätzliche Adresse zu geben. Das Büro tut sich mit den urbanauten zusammen, einer Gruppe junger Sozialwissenschaftler, Stadtplaner, Architekten und Künstler. Gemeinsam mit den Organisatoren Mark und Josephine Stabel und Marco Böhlandt erfinden sie die Repüblik, ein Ensemble von neun Räumen für Ausstellungen, Musik und Gespräche. In der Repüblik können Künstler und Gruppen nach Absprache eine Woche bis einen Monat lang ausstellen, und das kostenfrei. Ein Abenteuerspielplatz für Kreative will die Repüblik sein. In einer eiskalten Januarnacht 2010 wird sie eröffnet. Schwabing hat eine Szene-Adresse mehr, in der – wenn auch zeitlich befristet – gerade das Platz findet, was in Kommerzbetrieben kaum eine Chance mehr hat.

Seit 2004 hat Schwabing sein eigenes Kunstfestival. Inspiriert von den portes ouvertes de Belleville in Paris und aus der Tradition des jour fix – Kunst im Keller eines Raums für Gestaltung, einer kreativen Adresse in der Georgenstraße 84, gründet Michael Wladarschs Agentur 84 GHz im Jahr 2004 das offene Schwabinger Atelierwochenende Kunst im Karree. An einem Samstag und Sonntag im Juli laden professionelle Künstler im „gefühlten Schwabing", also im eigentlichen Schwabing und in der Maxvorstadt, das das künstlerische Lebensgefühl mit Schwabing teilt, seither jedes Jahr in ihre Ateliers ein. Im ersten Jahr öffnen 67 Künstler 35 Ateliertüren, im zweiten Jahr sind es schon 75 Kunstschaffende an 46 Orten, im dritten stellen 79 Künstler aus, im vierten schon 94 und im fünften Jahr schließlich 103 in 64 verschiedenen Ateliers zwischen Herzog- und Theresien-, Schleißheimer und Leopoldstraße. Nur professionelle Künstler dürfen sich beteiligen, das Kunstgewerbe ist ausgeschlossen. Einige prominente Maler und Bildhauer müssen sich der Kunst im Karree verweigern, weil ihre Galeristen darauf pochen, dass nur in ihrer Galerie ausgestellt werden darf. Einige mögen auch nicht. Aber die meisten freuen sich auf die Gelegenheit, Kunstinteressierte in ihre Arbeitsräume einladen zu können. Kommerzielle Interessen werden nicht berücksichtigt, der Eintritt ist überall frei. Kostenlos gibt es einen Stadtplan des Karrees mit allen Galerieadressen, die das Publikum ansteuern kann. Mittlerweile sind die mehr als 250 Seiten starken jährlich erscheinenden Kataloge gesuchte Kompendien dessen, was Schwabing derzeit künstlerisch leistet. Die Kunst im Karree knüpft mit dieser organisierten Form des Dialogs von Künstlern und ihrem Publikum höchst erfolgreich an seine Tradition an, das einzigartige Lebensge-

84GHz schuf 2004 das Festival Kunst im Karree.

fühl dieses Quartiers anzuregen und zu transportieren. Nukleus ist der Raum für Gestaltung an der Ecke Georgen-/Isabellastraße direkt an der offiziellen Grenze von Schwabing zur Maxvorstadt. Am offenen Atelierwochenende wird die Straße dort zur ebenso offenen Bühne für alle, die in der kulturellen Szene des Stadtbezirks sehen und gesehen werden, die zuhören und mitreden wollen. Malerei und Fotografie, Bildhauerei, aber auch Musik und Performance sind gleichberechtigt vertreten. Mittlerweile präsentieren sich einige Künstler auch auf dem Corso Leopold, wenn dieser Flanier-Boulevard ebenfalls an einem Wochenende für den gesamten Fahrverkehr gesperrt und mit zahllosen Buden, Informationsständen, offenen Küchen, aber auch mit künstlerischen Veranstaltungen von Autorenlesungen bis zu Mitmach-Ateliers fürs Publikum neu eingerichtet wird. Die Stadt macht es den Veranstaltern allerdings unendlich schwer: Aufgrund behördlicher Auflagen – in erster Linie zur Absicherung und Stadtreinigung

Der Maler und unermüdliche Kunstpädagoge Alfred Darda 2009 auf dem Corso Leopold

– müssen sie für ein einziges Wochenende rund hunderttausend Euro aufbringen. Dass Schwabing bei jedem Corso Leopold wieder zur Bummelmeile wird, hängt daher nicht zuletzt davon ab, dass sich genügend Sponsoren finden, die den nötigen Ordnungsregeln der Stadt zuliebe alles bezahlen.

Eine künstlerische Installation auf dem Corso Leopold 2009

Im ersten Jahr 2004 präsentierten 67, im Jahr 2009 schon mehr als hundert Künstler ihre Werke in Ateliers zwischen Herzog- und Theresien-, Schleißheimer und Leopoldstraße. Die Grafik zeigt alle „Kunst im Karree"-Ateliers 2004–2009. Die 73 Standorte allein des Jahres 2009 sind durchnummeriert.

„Schwabing“ und Schwabing

Spannend wird es in den 1990er Jahren auf einem 400.000 Quadratmeter großen Areal westlich neben dem stadtinnersten Stück der Autobahn von München nach Nürnberg. Hier hat lange Zeit ein kaum geordnetes Gewerbegebiet bestanden. Die Stadt will, dass die dortigen zu 90 Prozent versiegelten Industrieflächen aufgebrochen werden und dass dort Wohnungen, Büros und Gewerbe zwischen neuen Grünzügen entstehen. Die Grundbesitzer wollen das auch – das verspricht exzellente Renditen, besonders wenn der gewerbliche Anteil möglichst üppig ausfällt. Nun hat aber die Stadt, lange geführt von Oberbürgermeister Georg Kronawitter, schon kurz nach den Olympischen Spielen grundsätzlich festgelegt, dass überall, wo in München neue Stadtviertel entstehen, ein Drittel des raren Grundes unbebaut bleiben und als Grünfläche gestaltet werden soll. Das ist auch hier, in der Parkstadt Schwabing, nicht anders. Zum Ausgleich verlangen die Grundeigentümer, dass die weiteren Bestandteile der Kronawitter'schen Formel von einem Drittel des Flächenanteils fürs Wohnen, einem Drittel fürs Arbeiten und einem Drittel Grün zugunsten des Anteils Arbeiten angepasst werden – damit lässt sich mehr Geld verdienen und der Grünanteil einfacher verschmerzen.

Ein internationaler städtebaulicher Wettbewerb folgt. Den kann die Münchner Arbeitsgemeinschaft Perret, Hopfinger, Lewitan und Schmidt für sich entscheiden. Ihre Grundidee ist bestechend: Mitten durch die Parkstadt Schwabing soll sich ein kleiner, sehr urbaner Central Park ziehen, dessen abstrahierende Landschaftselemente natürliche Formen des bayerischen Oberlandes zitieren. Im Inneren der Parkstadt sollen Wohngebäude entstehen und an der Autobahn entlang werden abschirmende Bürogebäude geplant, am südlichen Ende, wo die Autobahn in den Mittleren Ring mündet, als Stadtzeichen das 26 Geschosse hohe Haus eines eingeses-

Die Parkstadt Schwabing ist ein Quartier aus dem beginnenden 21. Jahrhunderts. Hier stehen Münchens zweithöchste Bürogebäude, die Munich Highlight Towers (rechte Seite) und der Skyline Tower.

senen Verlags in der Form eines aufgeschlagenen Buches. Es soll jedem, der von der Autobahn nach München hinein fährt, signalisieren, dass München eine Medienstadt ist. Am nördlichen Ende soll ebenfalls an der Autobahn ein weiteres 20stöckiges Hochhaus die Stadtkante markieren. Insgesamt sollen 1.200 Wohnungen und 10.000 Arbeitsplätze entstehen.

Wie sie erreichbar sein werden, bleibt lange offen. Eine Weile ist von einem Rollband in einer wetterschützenden Röhre die Rede, das sich über Straßen und die Autobahn hinweg von der nächstgelegenen, im Klartext relativ fernen U-Bahn-Station einen Kilometer weit wie ein Lindwurm über die Landschaft legen soll. Nicht nur das erbost Kronawitter zutiefst, auch eine Freigabe für die 1.200 Wohnungen bei 10.000 Arbeitsplätzen ist von ihm nicht zu haben. Aber die Amtszeit von Politikern ist stets begrenzt, und Investoren können warten, wenn es sich lohnt. Unter Amtsnachfolger Christian Ude kommt das Rollband vom Tisch. Eine neue Trambahnstrecke wird von der Münchner Freiheit in die Parkstadt gebaut. Aber die Dominanz der Arbeitsplätze findet Ude vernünftig und gibt die Planungen frei. Das aufgeschlagene Buch ist derweil vom Tisch. Stattdessen errichtet das international erfolgreiche Chicagoer Architekturbüro Murphy/Jahn etwa an der gleichen Stelle als gläserne Doppeltürme die Munich Highlight Towers, die deutlich höher ausfallen, nämlich 113 und 126 Meter hoch. Erst als sie nahezu fertig sind, wird den Münchnern und offenbar auch den genehmigenden Behörden bewusst, dass diese Türme genau das wieder leisten, was man seinerzeit dem „schwarzen Riesen" an der Münchner Freiheit vorgeworfen hat: die Blickachse der historischen Ludwig- und Leopoldstraße zu stören.

Während die Planung für die Parkstadt Schwabing nur langsam in Gang kommt, wandelt sich die politische Großwetterlage schnell und grundsätzlich: Mit dem Zusammenbruch der DDR und dem Ende des Kalten Krieges wird auf deutschem Boden die Präsenz von Truppen immer weniger nötig. Umfangreiche bislang militärisch genutzte Flächen werden entbehrlich. In Schwabing räumt die Bundeswehr alsbald zwei Kasernengelände, die vormalige Waldmann-Stetten-Kaserne in bester Citylage direkt neben dem Olympiapark innerhalb des Ackermannbogens und die nicht ganz so funkelnde Funkkaserne, deren Areal direkt an die Parkstadt Schwabing angrenzt.

Auf das Gelände am Ackermannbogen sollen nach dem Ergebnis eines Wettbewerbs 2.600 Wohnungen kommen, wozu mit wenigen Ausnahmen alle Kasernengebäude erst einmal abgebrochen werden. Die Ausnahmen sind ein königlich bayerisches Offizierskasino, das inzwischen ganz profan zu behördlichen Bürozwecken dient, angrenzende denkmalgeschützte Altbauten des Militärs aus der Zeit des Königreichs Bayern und ein Neubau aus der Nachkriegszeit, der saniert und zum Studentenheim umfunktioniert wird. Im übrigen aber wird alles platt gemacht. Nur der inzwischen üppige Baumwuchs zwischen den zuvor locker verteilten Kasernengebäuden wird sorgsam geschont. Zug um Zug entsteht dann ab der zweiten Hälfte der 1990er Jahre eine bunte Mischung von Stadthäusern, Eigentums- und Mietwohnungen, einige von ihnen erbaut von neu gegründeten Wohnbaugenossenschaften, von denen eine nicht nur wagnis heißt, sondern auch so handelt. Ökologisch fortschrittliche Gebäude entstehen. Direkt am Ackermannbogen wird ein Projekt Solare Nahwärme verwirklicht: Die Dächer etlicher Häuser sind

Auf dem Domagkgelände im Norden von Schwabing entstand in den 1990er Jahren Europas größtes Künstlerquartier. An dessen Ostrand richtete die Stadt Altbauten zu hundert dauerhaften Künstlerateliers her. Beim Ausbau legten die späteren Mieter selbst Hand an.

vollflächig mit Wärmekollektoren bestückt. Die eingefangene Sonnenwärme wird in einem riesigen, teilweise unterirdischen Tank als Warmwasser gespeichert. Dazu wird direkt neben dem Ackermannbogen, auf dessen Olympiaparkseite nach dem Krieg zunächst aus Trümmerschutt und später aus U-Bahn-Aushub eine künstliche Berglandschaft entstanden ist, ein weiterer Berg aufgeschüttet. In seinem Inneren ist der Wärmespeicher verborgen. Jahrelanges Gezänk gibt es nur über die Frage, ob und wohin in diesem Quartier Geschäfte kommen sollen. Man will es urban, aber auch ruhig. Ein Supermarkt wäre schon recht, wenn er nur nicht Verkehr anziehen würde: frühmorgens Lieferverkehr, tagsüber Kunden. Die den Verkehr fürchten, wollen ihn nicht, und wenn doch, dann höchstens ganz an Rande der Siedlung. Die, die hier einkaufen wollen, wollen ihn dagegen zentral. So wird nach einigen Kehrtwendungen des Stadtrats am Schluss auch entschieden.

Komplizierter ist die Lage in der zweiten Kaserne, die ebenfalls aus der Zeit der Wiederaufrüstung in den 1930er Jahre stammt, der Funkkaserne weiter im Norden. Abgesehen von einigen wenigen Gebäuden, die nach dem Abzug der Bundeswehr die Polizei übernimmt, steht das weitläufige Gelände in den 1990er Jahren erst einmal leer. Aber schließlich steht es in Schwabing. Deshalb entdecken es alsbald Künstler für sich. Sie bringen genügend Fantasie auf, um es sich in der bizarren Umgebung aufgelassener Militärbauten an der Domagkstraße vergleichsweise gut gehen zu lassen. Sie stören da niemanden, und niemand stört sie. Bald sind auf dem zuvor verlassenen Areal an die 350 Künstler aus fünfzig Nationen und allen künstlerischen Disziplinen zu finden. Ohne dass das bürgerliche Schwabing

1972 entstand zwischen der Leopoldstraße und den damals noch benutzten Gleisen zum Güterbahnhof Schwabing (mitte) ein Hotel (unten) und der bald wieder abgerissene Vergnügungstempel Schwabylon. Nun verschwindet auch das Hotel zugunsten eines neuen, deutlich höheren Quartiers mit Geschäften, Büros und Hotelappartements, Eigentums- und Mietwohnungen (oben).

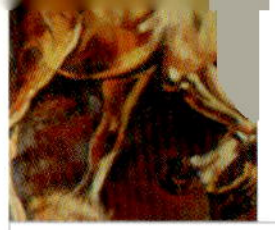

In der grundsanierten früheren Fahrzeugmeisterei der Funkkaserne in der Schwabinger Domagkstraße hat die Stadt 2009 rund hundert Künstlerateliers geschaffen. Im Dachgeschoss arbeitet der Maler Paul Martin Cambeis.

das groß bemerkt, ist Schwabing, der Zustand, wieder erstanden.

Aber im Deutschland von heute passen solche krypto-anarchischen Zustände in keinen Rahmen. Und ein Rahmen, ein von Verwaltungen ausgearbeiteter, ihnen verständlicher und von ihnen überwachbarer Rahmen muss doch bitteschön her. Er kommt auch. Alle Künstler bekommen Gewerbemietverträge – denn Kunst, das ist doch ein Gewerbebetrieb, oder nicht? Nur darf in gewerblich gemieteten Räumen eigentlich niemand wohnen. Hier drückt die Verwaltung beide Augen zu: Wo kein Kläger, da ist kein Richter. Einen Kläger gibt es jedoch gegen die sanitären Zustände auf dem Gelände: Wie in anderen aufgelassenen Kasernen auch, ist die Kanalisation mehr als marode. Eilends werden zu ebener Erde provisorisch Plastikrohre gelegt. Schön ist das nicht, aber gesetzeskonform. Derweil läuft für die Funkkaserne ein städtebaulicher Wettbewerb. Auch hierher sollen Wohnungen kommen, an dem viel befahrenen Frankfurter Ring wenn möglich auch Gewerbegebäude.

Und wir, fragen die Künstler, wo bleiben wir? Etwa jeder zweite macht sich davon. Anderswo in München gibt es vergleichbar preisgünstige Wohn- und Arbeitsmöglichkeiten fast nicht. Die anderen organisieren sich in einer Reihe von Vereinen. Oft bildet die Gemeinschaft eines Gebäudes einen Verein. Pläne werden gemacht und wieder verworfen. Allmählich schält sich heraus, dass eine dreiflüglige Gebäudeanlage direkt an der Autobahn, in der die Bundeswehr zuvor Fahrzeuge repariert hat, am ehesten als Haus für Künstler in Frage kommt – wohl auch, weil dieses von Verkehrslärm geplagte Stück Land anders nur schwer nutzbar ist. Rund hundert Ateliers werde man dort unterbringen können, heißt es. In der Zwischenzeit hat die Stadt das gesamte Kasernengelände erworben. Nun kann sie auf eigenem

Zu den bekannten Adressen in Schwabing gehören (von oben) das Gourmetrestaurant Tantris, die Gastwirtschaft Kaisergarten und das Café Münchner Freiheit.

Grund schalten und walten. Das für die Kunstförderung tätige Kulturreferat, das für Liegenschaften zuständige Kommunalreferat und das Baureferat setzen sich zusammen. Mehr als etwa sechs Euro Miete pro Quadratmeter und Monat können Künstler nicht aufbringen, sagen die einen. Auf dieser Basis lässt sich ein Gebäude nicht grundsanieren, erwidern die anderen. Dann wechselt in der Stadt der Kulturreferent. Hans-Georg Küppers legt sich ins Zeug und schafft es tatsächlich, dass ein Vertragswerk zustande kommt, wonach die Stadt das Gebäude saniert und dann atelierweise vermietet. Sprecher der Künstler bekommen im Wettbewerb um deren Vergabe ein Mitspracherecht. Das Gebäude wird bis auf den nackten Beton ausgekernt und dann im Grunde fast neu errichtet. Man diskutiert noch, ob ein Nachbargebäude, das den dreiseitig umschlossenen Hof in etwas Abstand zu einem künstlerisch definierten Gebäudegeviert machen würde, in das Projekt einbezogen werden kann oder wie alle übrigen ebenfalls abgerissen wird. Derweil wird der Wettbewerb für die Wohnbebauung entschieden. In seinem südöstlichen Zipfel ist der Bestand für die künftigen Ateliers ausgespart. 2010 rücken Abrissbagger an. Die Idylle der weitläufigen Parklandschaft zwischen den schon aus Luftschutzgründen seinerzeit weit auseinander gezogenen Kasernenbauten wird stark dezimiert, auch wenn die Bäume geschont werden. Im Südosteck aber wird wenigstens ein Stück des künstlerischen Schwabing von heute erhalten.

Das Milchhäusl am Elisabethplatz sollte einmal Arbeiterkinder mit gesunder Frischmilch versorgen.

Der Schwabinger Bummel-Boulevard Leopoldstraße und die eine oder andere Altschwabinger Straße sind heute auf Touristen ausgerichtet. Aber Schwabing hält nach wie vor Leib und Seele zusammen und ist dafür wie seit jeher eine „Adresse" – vom pittoresken Milchhäusl auf dem Elisabethplatz, das einmal der Versorgung Münchner Kinder mit Frischmilch und zugleich dem Kampf gegen den Alkoholkonsum der Väter galt und heute ausgerechnet eine Kneipe beherbergt, bis zum weithin berühmten Nobelrestaurant Tantris, das Justus Dahinden 1971 erbaut hat. Es erinnert in seinem raffiniert geschneiderten Beton und Blech-Kleid, das sich zur Raummitte hebt und schichtet, an eine kleine moderne Kirche – Dahinden hat sein Leben lang Kirchen gebaut. Im Inneren ist es ein Pop-Bunker der frühen 1970er Jahre, in dem die Sehnsucht nach Plastik und Mondflügen irgendwie zu Form und Funktion erstarrt ist. Ungezählte andere Gaststätten mit und ohne Freischankflächen wie der traditionsreiche Kaisergarten oder die Schwabinger Institution Café Münchner Freiheit am gleichnamigen Platz bereichern die Szene. Und so als wäre es schon immer so gewesen, dient der Englische Garten sommers wie winters als beliebter Treffpunkt und Auslauf. Wer im Sommer textilfrei in der Sonne liegen möchte, kann das innerhalb des weitläufigen Reitweg-Runds unbesorgt tun. Der Kleinhesseloher See lädt im Sommer zum Kahnfahren und bei klirrender Kälte zum Eislaufen ein. Auf den weitläufigen Wiesen wird Fußball gespielt. Und Hunde aller Rassen dieser Welt können sich dort – auch ohne Leinen – vergnügen.. Gelegentlich begegnen Spaziergänger Reitern, deren Pferde in der Universitätsreitschule stehen. Die Reiter müssen einen festen Parcours einhalten. Die Spazier- und Radwege dagegen reichen, vielfach aufgefächert, bis weit ins Umland hinaus.

In Schwabing sind renommierte Verlage ansässig. Der Verlag C.H. Beck stammt zwar aus Nördlingen, wo Carl Gottlob Beck 1763 eine schon 130 Jahre bestehende Druckerei zum Stammhaus machte. Schon seit 1899 sitzt Beck aber in der Schwabinger Wilhelmstraße 9. Jedes Jahr veröffentlicht er mehr als tausend Neuerscheinungen und Neuauflagen von über 4500 aktiven Autoren der Altertumswissenschaften, der Geschichte, der Literaturwissenschaft und nicht zuletzt der Jurisprudenz. Auch die Verlagsgebäude sind solide Zeugen der Zeit: der Altbau von Roderich Fick und der Neubau von Alexander von Branca. Beck ist Partner im Deutschen Taschenbuchverlag (dtv) und hält Beteiligungen an weiteren Verlagen im In- und Ausland. Auch der Piper-Verlag ist in München bereits über hundert Jahre alt. Der Mecklenburger Reinhard Piper hat ihn hier 1904 nicht nur für die Münchner Kulturszene gegründet. Sein Schwerpunkt lag auch auf der Literatur und der Philosophie. Verlage überdauern allerdings „selten ein Jahrhundert" - diese seine skeptische

In der „Lehmkuhle“ gibt es literarische Leckerbissen – auf dem Flügel …

Prognose hätte sich um ein Haar erfüllt. 1995 übernahm die schwedische Bonnier-Gruppe den Verlag und gab ihm eine neue Zukunft. Auch Piper ist mittlerweile international mit vielen anderen Verlagen vernetzt.

Zwei Nordlichter, der Berliner Georg „Papa“ Steinicke und der Danziger Fritz Lehmkuhl, haben 1903 in Schwabing die erste Buchhandlung des Künstlerviertels gegründet. Zwar trennten sich beide bald wieder. Steinicke machte in der Maxvorstadt seine eigne Buchhandlung auf. Lehmkuhl aber blieb in der Leopoldstraße 23. Nach seinem Tod übernahm Mitarbeiter Erich Schumacher die „Kuhle“. Nach Bombenangriffen musste er in die Feilitzschstraße ausweichen, kehrte aber nach dem Krieg in die Leopoldstraße 45 zurück. Sein Sohn Erwin und dessen Frau Ingwelde machten die Buchhandlung zu einem Treffpunkt auch für Lesungen und Buchvorstellungen. Die Autorin Anais Nin trat hier ebenso auf wie Marie Luise Kaschnitz und Ingeborg Bachmann, Uwe Johnson und Martin Walser. Mit der Autorenbuchhandlung in der Wilhelmstraße 41 und anderen Anbietern bekam Lehmkuhl zwar zahlreiche Konkurrenz, blieb aber „die“ Literaturadresse im Schwabinger Zentrum. Zu nennen sind weiter die Buchhandlung am Elisabethmarkt in der Nordendstraße 56, die am Hohenzollernplatz 5, die am Nordbad in der Elisabethstraße 55, Kunst & Spiel in der Leopoldstraße 46a, die inzwischen eine Generation lang bestehende Buchhandlung Literabella Ecke Isabellastraße/Hohenzollernstraße, Pfeiffer in der Hohenzollernstraße 19, die Psychologische Fachbuchhandlung in der Haimhauserstraße 5, die Tucholsky-Buchhandlung in der Augustenstraße 123, die Akademische Buchhandlung in der Leopoldstraße 11a und die Stadtbibliothek in der Hohenzollernstraße 16.

… und alles, was zu Bildung und Unterhaltung beiträgt, steht in den Regalen der Bibliothek.

Schwabing –

Ein Rundgang in 8 Spaziergängen

Schwabing und die Maxvorstadt ...

Was gemeinhin „Schwabingerisch" genannt wird, ist geografisch betrachtet nicht selten der benachbarte Ortsteil: die Maxvorstadt, die von Süden bis zur Georgenstraße reicht. Ohne diese Maxvorstadt mit ihren Studenten und dem Kunstzentrum der Akademie der Bildenden Künste, mit ihren Cafés und Kneipen ist Schwabing nicht denkbar. Beide Quartiere gehen seit Zeiten eine – sich gegenseitig befruchtende – Symbiose ein.

Wer Schwabing näher kennenlernen möchte, sollte in der Maxvorstadt beginnen. Noch immer gibt es den „Alten Simpl" in der Türkenstraße 57, auch wenn in seinen Räumen schon lange keine Scharfrichter mehr gegen einen Sittenkodex aufbegehren, der ebenfalls nicht mehr gilt. Gehalten haben sich dort viele Antiquariate, Antiquitäten- und Jugendstilschmuck-Geschäfte oder auch „Frau Faltermeiers Blumenladen" – und sie möchten auch in Zukunft dazugehören.

Um Schwabing nun genauer kennenzulernen, bieten die folgenden Seiten einen großen Rundgang durch das Stadtviertel an. Acht Spaziergänge bauen aufeinander auf: Der jeweils nächste beginnt – in der Regel an einer U- oder Trambahn-Station – da, wo der vorige endet. Natürlich lässt sich die Vielfalt Schwabings nur ausschnittweise erleben. Persönliche Entdeckungstouren bieten dann Weiteres ...

Der Erweiterungsbau der Akademie der Bildenden Künste der Architekten Coop Himmelb(l)au wurde im Oktober 2005 eingeweiht.

Spaziergang 1
Vom Siegestor am Englischen Garten entlang zur Osterwaldstraße und zur Münchner Freiheit

Spaziergang 2
Von der Münchner Freiheit via Leopold- und Franz-Joseph-Straße zum Kaiserplatz

Spaziergang 3
Vom Kaiserplatz über den Elisabethplatz zum Hohenzollernplatz

Spaziergang 4
Vom Hohenzollernplatz durch den Olympiapark zum Bamberger Haus

Spaziergang 5
Vom Bamberger Haus über das Schwabinger Krankenhaus zum Petuelpark und über die Berliner Straße zurück zur Erlöserkirche

Spaziergang 6
Von der Erlöserkirche durch Alt-Schwabing und rund um den Kleinhesseloher See zum Nikolaiplatz

Spaziergang 7
Vom Nikolaiplatz über die Leopoldstraße durch die Wilhelmstraße zur Ungererstraße

Spaziergang 8
Vom Nordfriedhof durch die Siedlung Alte Heide in die Parkstadt Schwabing und zurück mit der Tram 23 über die Tragseilbrücke zur Münchner Freiheit

1

Spaziergang 1

Vom Siegestor am Englischen Garten entlang zur Osterwaldstraße und zur Münchner Freiheit

2

Dieser Spaziergang führt vom **Siegestor** (U3/U6 Universität) an der Grenze der Maxvorstadt zu Schwabing durch das frühere Dorf Schwabing – **Leopoldstraße, Giselastraße, Königinstraße, Mandlstraße, Seestraße, Werneckstraße, Feilitzschstraße** – an der Katholischen Akademie und dem dortigen Schwabinger Maibaum vorbei, am Schwabinger Bach und damit am Rand des Englischen Gartens entlang, unter dem Mittleren Ring hindurch zur **Osterwaldstraße** bis zum Lodenfrey-Park. Von dort geht es über die Biedersteiner Straße zurück ins Schwabinger Zentrum an der **Münchner Freiheit** (U3/U6).

8

3

Bilder zum Weg

1 Schweizerische Rentenanstalt an der Leopoldstraße 8

2 Münchener Rück an der Königinstraße 107

3 Schwabinger Standesamt an der Mandlstraße 14

4 Sestraße / Werneckstraße

5 Kirche St. Sylvester

6 An der Keferstraße

7 Lodenfrey-Park an der Osterwaldstraße10

8 Krankenhaus Biederstein Biedersteiner Straße 29

7

4

5

6

Schwabing
Englischer Garten
Kleinhesseloher See
505
505,3
512
1
2
3
4
5
6
7
8
Destouchesstraße
Löwith-str.
Ernst-Toller-Platz
Frich-Mühsam-Platz
Clemensstraße
Maximiliansgym.
Erw.-Planck-W.
Münchner Freiheit
Germaniastr.
Ungererstraße
Freystraße
Kunigundenstraße
Marschallstr.
Artur-Kutscher-Pl.
Gohrenstraße
Hesseloher Str.
Haimhauserstraße
Marktstraße
Occamstraße
Wedekind-pl.
Ursulastr.
Adam-Erminger-Pl.
St. Sylvester
Biedersteiner Straße
Keferstraße
Jungwirthstr.
Klinikum am Biederstein
Herzogstraße
Münchner Freiheit
Ricarda-Huch-Realschule
Feilitzschstraße
Kaiserplatz
St. Ursula
Kaiserstraße
Franzstr.
Fendstr.
Siegesstraße
Wagnerstraße
Gunezrainerstr.
St. Michael
Werneckstraße
Klinik Dr. Decker
Dillisstraße
Seestraße
Mandlstraße
Nikolaistraße
Nikolaipl.
Maria-Josepha-Str.
Leopoldstraße
Franz-Joseph-Straße
Trautenwolfstraße
Martiusstr.
Rudolf-Steiner-Schule
Kißkaltplatz
Thiemestraße
Königinstraße
Gedonstraße
Giselastraße
Fachakademie
Georgenstraße
Ohmstraße
Kunstakademie
Schackstraße
Kaulbachstraße
Ludwigstraße
Universität
Prof.-Huber-Pl.
St. Redemptor
Geschwister-Scholl-Platz
Veterinärstraße
Chinesischer Turm
Monopteros
Hirschauer Straße
Am Tucherpark
Fachklinik Dr. Geisenhofer
Tivolistraße
Oberföhringer Straße
Liebergesellstr.

Schwabing
Destouchesstraße
Ansprenger
Rossini-str.
90 Ernst-Toller-Platz
Stuly-str.
Erw.-Planck-W.
Maximiliansgym.
Morawitzkystraße
Ungerer-straße
Germaniastraße
126 Berufsfachschulen und
Antonien-str.
Freystraße
127 Berufsfachschule
Marschallstr.
Kunigundenstr.
91 Erich-Mühsam-Platz
Clemensstraße
Münchner Freiheit
66 Pündterplatz
Bismarckstraße
Fachoberschule
Wilhelmstraße
Marktstraße
Hesseloher-str.
Haimhauserstraße
Viktor-Scheffel-Straße
Herzogstraße
Kaiser-platz
St. Ursula
117 Münchner Freiheit
Ricarda-Huch-Realschule
Feilitzsch-pl.
Feilitzschstraße
Wedekind-pl.
Occamstr.
Ursulastr.
Adam-Erminger-Pl.
Kaiserstraße
Römerstraße
Belgradstraße
Franzstr.
Leopoldstraße
Kraller-str.
Siegesstraße
96 Wagnerstraße
Gunezrainer-str.
Fendstr.
Friedrichstraße
Hohenzollernstraße
Deich-str.
Werneckstraße
St. Michael
128 Klinik Dr. Decker
Ainmillerstraße
97 Dillisstraße
Nikolaistraße
Seestraße
Nordendstraße
Kurfürsten-str.
Ainmiller-straße
Nikolai-pl.
Maria-Josepha-Str.
Mandlstraße
Habsburger-pl.
Franz-Joseph-Straße
92 Trautenwolfstraße
Martiusstr.
98 Kißkaltplatz
Kaulbachstraße
Königinstraße
Habsburgerstraße
Hohenstaufen-str.
Rudolf-Steiner-Schule
Thiemestraße
Giselastraße
Konradstraße
Gedonstraße
Fachakademie

Spaziergang 2

Von der Münchner Freiheit via Leopold- und Franz-Joseph-Straße zum Kaiserplatz

Der zweite Spaziergang führt von der **Münchner Freiheit** (U3/U6) über den Flanier-Boulevard **Leopoldstraße** stadteinwärts zum **U-Bahnhof Giselastraße.** Weiter geht es in Laufrichtung rechts in die **Franz-Joseph-Straße,** wieder rechts dann in die **Friedrichstraße,** am **Habsburger Platz** vorbei – mit einem Abstecher in die **Ainmillerstraße** – weiter über die **Hohenzollernstraße** hinweg zur Kirche St.-Ursula am **Kaiserplatz.** Aufmerksame Spaziergänger finden zwischen den Altbauten auch sehr ansehnliche Neubauten, so etwa an der Friedrich-/Ecke Ainmiller- und Franz-Joseph-Straße, erbaut in der Nachkriegszeit von Sep Ruf. Sehenswert ist auch die Kaiserstraße zur Leopoldstraße hin.

Bilder zum Weg

1 Adventsmarkt Münchner Freiheit
2 Kaufhaus an der Leopoldstraße 82
3 Leopoldstraße
4 Franz-Joseph- / Friedrichstraße
5 Ainmillerstraße 22
6 Kirche St.-Ursula
7 Kaiserstraße

1

2

Spaziergang 3

Vom Kaiserplatz über den Elisabethplatz zum Hohenzollernplatz

Der dritte Weg beginnt an der **St.-Ursulakirche** (Metrobus 53), führt zunächst die geschäftige **Hohenzollernstraße** ein Stück stadtauswärts, biegt dann stadteinwärts in die noble **Römerstraße** ein, folgt ihr bis ans Ende und wendet sich an der **Franz-Joseph-Straße** nach rechts zum **Elisabethplatz** mit dem Theater der Jugend und dem Elisabethmarkt. Wer unter den Bäumen über den Platz geht, landet in der Einmündung der **Agnesstraße,** sollte ihr folgen und sich links die kuriose Agnespost aus den 1920er Jahren mit ihrem spitzbögigen Erdgeschoss ansehen. Der Gang folgt der **Agnesstraße** bis zur **Tengstraße,** die über die **Elisabethstraße** hinweg zum **Hohenzollernplatz** führt. Er ist der Mittelpunkt des westlichen Schwabings (Bahnhof U2, Tram 12, Metrobus 53).

3

Bilder zum Weg

1 Römerstraße 11 und 13

2 Theater der Jugend

3 Schule am Elisabethplatz

4 Elisabethmarkt

5 Altes Milchhäusl, heute Gastätte „Wintergarten" mit Biergarten auf dem Elisabethplatz

6 Agnespost, Agnesstraße 1–5

7 Tengstraße

8 Hohenzollernplatz

6

4

5

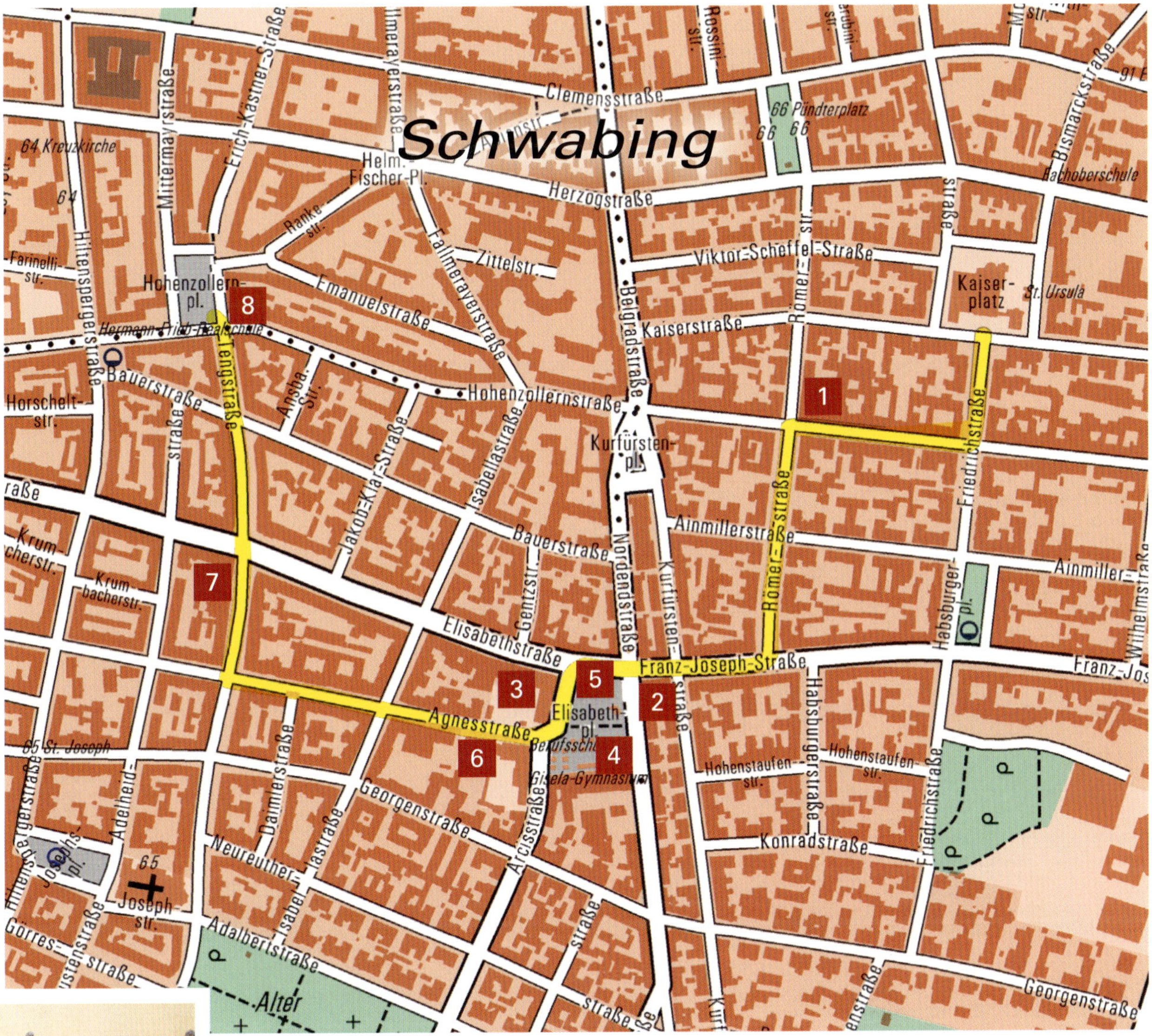
Schwabing
Clemensstraße
Herzogstraße
Viktor-Scheffel-Straße
Kaiserstraße
Kaiserplatz
St. Ursula
Hohenzollernstraße
Hohenzollernpl.
Hermann-Frieb-Realschule
Emanuelstraße
Zittelstr.
Belgradstraße
Kurfürstenpl.
Ainmillerstraße
Bauerstraße
Nordendstraße
Elisabethstraße
Franz-Joseph-Straße
Elisabethpl.
Gisela-Gymnasium
Agnesstraße
Georgenstraße
Neureutherstr.
Adalbertstraße
Römerstraße
Friedrichstraße
Habsburgerstraße
Hohenstaufenstr.
Konradstraße
Tengstraße
Arcisstraße
Daimlerstraße
Isabellastraße
Jakob-Klar-Straße
Gentzstr.
Fallmerayerstraße
Erich-Kastner-Straße
Mittermayrstraße
Hiltenspergerstraße
Kreuzkirche
Helm.-Fischer-Pl.
Pündterplatz
Bismarckstraße
Wilhelmstraße
Habsburgerpl.
Josephspl.
St. Joseph
Josephstr.
Görresstraße
Krumbacherstr.
Horscheltstr.
Farinellistr.
Alter
1
2
3
4
5
6
7
8

7

8

Rockmuseum Munich
Willi-Daume-Platz
Sea Life
Willi-Gebhardt-Ufer
Martin-Luther-King-W.
Olympia-
Park
Olympiaberg
Ackermannstraße
Ackermannstraße
Karl-Theodor-Straße
Winzererstraße
Hornstraße
Klausingw.
Staffenbergstr.
Lerchenauer Straße
Schleißheimer Straße
Burgunderstr.
Gernotstraße
Bamberger Str.
Brunnerstraße
Brunnerstr.
Luitpold-
Park
Bechsteinstr.
St. Sebastian
Fachakademie
Böttingerstr.
Hiltenspergerstraße
Bregenzer Str.
St.-Blasien-Straße
Birnauer
Sailerstraße
Sailerstr.
Fürstenbergstraße
Wilh.-Meister-Str.
Egmontstr.
Werther-Str.
Gartenstraße
Götzstr.
Giselherstraße
Therese-
Gustav-Landauer-Bogen
Felix-Fechenbach-Bogen
Elisabeth-Kohn-Straße
Agnes-Neuhaus-Straße
Rosa-Aschenbrenner-Bogen
Deidesheimer Straße
Hildeboldstraße
Saarstraße
Clemensstraße
Herzogstraße
Adams-Lehmann-Straße
Winzererstraße
Mitterwieser-straße
Schwere-Reiter-Straße
Hohenzollernstraße
Hermann-Frieb-Realschule
Hohenzollern-pl.
Friedr.-Loy-S
Farinellistr.
Infanteriestraße
Barbarastraße
Elisabethstraße
Bauerstraße
Horscheltstr.
Lengstraße
Bad
515
1
2
3
4
5
6

Spaziergang 4

Vom Hohenzollernplatz durch den Olympiapark zum Bamberger Haus

Der vierte Spaziergang beginnt am **Hohenzollernplatz** (U2), führt über die **Hohenzollernstraße** am **Nordbad** und am **Stadtarchiv** vorbei durch die **Winzerer-** und **Saarstraße** und erschließt dann das innerstädtische Neubaugebiet am **Ackermannbogen.** Der Weg führt dann ein Stück weit durch den **Olympipark**. Bei passendem Wetter sollte man nicht versäumen, den Berg zu besteigen, oder vom Olympiaturm aus (Drehrestaurant!) die grandiose Aussicht bis zu den Alpen zu bewundern. Über die **Ackermannstraße** und die **Karl-Theodor-Straße** führt der Weg wieder zurück ins westliche Schwabing. Ziel dieses Spaziergangs ist das fein bewirtschaftete **Bamberger Haus** im **Luitpoldpark,** einer grünen Oase mit Kinderspielplatz. Mit der Trambahnline 27 fährt man über die Schleißheimer Straße ins Stadtzentrum.

Bilder zum Weg

1 Nordbad
2 Neubauten Ackermannbogen
3 Blick vom Olympiaberg auf die Stadt
4 Olympiaturm mit Zeltdach und See
5 Luitpoldpark
6 Bamberger Haus

Bilder zum Weg

1 Luitpoldpark
2 Schwabinger Krankenhaus
3 Petuelpark
4 Skulpturen im Petuelpark
5 Quartier Berliner Straße
6 Neubauten Leopoldstraße 152
7 Erlöserkirche

Spaziergang 5

Vom Bamberger Haus über das Schwabinger Krankenhaus zum Petuelpark und über die Berliner Straße zurück zur Erlöserkirche

Vom **Bamberger Haus** im **Luitpoldpark** führt der fünfte Spaziergang zunächst ein Stück in die **Parzivalstraße** hinein – bis zum **Schwabinger Krankenhaus.** Von dort aus geht es zurück in die **Belgradstraße** nach Norden zum urbanen **Petuelpark,** der sich über dem Tunnel des Mittleren Ringes ausbreitet. Weiter geht es über die **Leopoldstraße** hinweg, bis zur Schrägseilbrücke, auf der die Tram 23 den Mittleren Ring überquert (Haltestelle Am Münchner Tor). Dann geht es Richtung Innenstadt weiter durch das Quartier **Berliner Straße** und durch die Leopolstraße – zur Erlöserkirche an der Münchner Freiheit.

Ernst-Toller-Platz
Maximiliansgym.
Sturystr.
Erw.-Planck-W.
Ungererstraße
Germania
Antonienstr.
Freystraße
Kunigundenstraße
127 Berufsfachschule
Erich-Mühsam-Platz
Morawitzkystraße
Clemensstraße
Marschallstr.
Artur-Kutscher-Pl.
Gohrenstraße
Wilhelmstraße
Münchner Freiheit
Marktstraße
Hesseloher Str.
Occamstraße
Haimhauserstraße
Herzogstraße
117 Münchner Freiheit
Feilitzschpl.
Feilitzschstraße
Ricarda-Huch-Realschule
Wedekindpl.
Ursulastr.
Adam-Eminger-Pl.
Biedersteiner Straße
St. Sylvester
Franzstr.
Kaiserstraße
Leopoldstraße
Knollerstr.
Siegesstraße
96 Wagnerstraße
Gunezrainerstr.
Fendstr.
Werneckstraße
St. Michael
Hohenzollernstraße
Beichstr.
97 Dillisstraße
128 Klinik Dr. Decker
Nikolaistraße
Seestraße
Wandlstraße
Nikolaipl.
Maria-Josepha-Str.
92 Trautenwolfstraße
Josephstraße
Martiusstr.
Kaulbachstraße
98 Kißkaltplatz
Königinstraße
Klinikum am Biederstein
Mommsenstraße
Osterwaldstraße
Jungwirthstr.
Keferstraße
Gyßlingstraße
Kleinhesseloher See
Englischer Garten
505.3
1
2
3
4
5
6
7
8

1

2
ROUCKA
EPSON
ALLES rund um's BILD

3

Spaziergang 6

Von der Erlöserkirche durch Alt-Schwabing und rund um den Kleinhesseloher See zum Nikolaiplatz

Dieser Spaziergang beginnt an der **Erlöserkirche** nördlich der **Münchner Freiheit** (U3/U6), führt über die **Marschallstraße** in die **Marktstraße** hinein. Die **Marktstraße** mündet am **Wedekindplatz** in die **Feilitzschtraße.** Nach einem Besuch der **St.-Sylvesterkirche** am Ende dieser Straße geht man die **Gunezrainerstraße** hinunter, passiert rechts die **Katholische Akademie,** überquert die **Mandlstraße** und findet einen schmalen Weg in den **Englischen Garten** hinein. Man überquert den **Schwabinger Bach,** hält sich dann links und umrundet den **Kleinhesseloher See** und hat dabei die größere Königsinsel, die kleinere Kurfürsteninsel und die ganz kleine Prinzregenteninsel im Blick. Am Ende dieser Runde gibt es einen Weg zurück ins Schwabinger Wohngebiet. An diesem Ausgang biegt man rechts in die Königin- und dann gleich wieder links in die Maria-Josepha-Straße ein. An der **Seidlvilla** am **Nikolaiplatz** endet dieser Weg (U3/U6 Giselastraße).

8

7

6

5

4

Bilder zum Weg

1 Münchner Freiheit
2 Postergalerie Roucka am Wedekindplatz
3 Maibaum neben der Katholischen Akademie
4 Löwe vor der Katholischen Akademie
5 Gunezrainerstraße
6 Kleinhesseloher See
7 Biergarten am Kleinhesseloher See
8 Seidlvilla

Spaziergang 7

Vom Nikolaiplatz über die Leopoldstraße durch die Wilhelmstraße zur Ungererstraße

Der siebente Spaziergang beginnt am **Nikolaiplatz** U3/U6 Giselastraße, der historischen Grenze von München und Schwabing an der 1898 abgebrochenen Nikolaikirche. Er führt kurz durch die **Kaulbachstraße** in Richtung Innenstadt, biegt in die **Martiusstraße** ein, überquert den Schwabing-Boulevard **Leopoldstraße** und schwenkt an der nächstfolgenden Straßenecke nochmals nach rechts in die **Wilhelmstraße** ein, um von hier aus wieder nach Norden – auf der Herzog- und Siegfriedstraße – zu führen. Er umkurvt das **Oskar-von-Miller-Gymnasium** und das **Maximiliansgymnasium.** Von der **Karl-Theodor-Straße** überquert er wiederum die **äußere Leopoldstraße** und gelangt über die schmale **Fuchsstraße** bis zur **Ungererstraße.** An der nächsten größeren Kreuzung befindet sich die Haltestelle **Dietlindenstraße** (U6).

1

2

Bilder zum Weg

1 Ehemalige Grube am Nikolaiplatz

2 Jugendstilhäuser in der Martiusstraße

3 In der Wilhelmstraße

4 Oskar-von-Miller-Gymnasium Siegfriedstraße 22

5 Fuchsbau an der Fuchsstraße

3

4

Rheinstraße
Bonner Platz
Potsdamer Straße
Sulzba. Str.
Dietlindenstraße
Wiltrudenstr.
Dunantstr.
Klementinenstr.
Unertlstraße
Viktoriastr.
Mannh. Str.
Oskar-v.-Miller-Gym.
Fuchsstr.
Karl-Theodor-Straße
Siegfriedstr.
Germaniastraße
Erlöserkirche
Berufsfachschulen und Fachakademie
Antonienstr.
Maximiliansgym.
Ernst-Toller-Platz
Morawitzkystraße
Stuyrstr.
Erw.-Planck-W.
Ungererstraße
Freystraße
Kunigundenstraße
Berufsfachschule
Erich-Mühsam-Platz
Clemensstraße
Marschallstr.
Artur-Kutscher-Pl.
Gohrenstraße
Hesseloherstr.
Münchner Freiheit
Marktstraße
Haimhauserstraße
Occamstraße
Herzogstraße
Wilhelmstraße
St. Ursula
Münchner Freiheit
Feilitzschstr.
Feilitzschpl.
Ricarda-Huch-Realschule
Wedekindpl.
Ursulastr.
Adam-Erminger-Pl.
St. Sylvester
Biedersteiner Straße
Kaiserstraße
Franzstr.
Leopoldstraße
Knollerstr.
Siegesstraße
Wagnerstraße
Werneckstraße
Gunezrainerstr.
Fendstr.
Hohenzollernstraße
Beichstr.
St. Michael
Dillisstraße
Klinik Dr. Decker
Nikolaistraße
Seestraße
Mandlstraße
Ainmillerstraße
Nikolaipl.
Maria-Josepha-Str.
Trautenwolfstraße
Franz-Joseph-Straße
Kaulbachstraße
Martiusstr.
Kißkaltplatz
Rudolf-Steiner-Schule
Giselastraße
Thiemestraße
Königinstraße
Englischer Garten
Gedonstraße
Fachakademie
Giselastraße
505,3
Georgenstraße
Ohmstraße
Akademie
Kunstakademie
Akademiestraße
512
Türkenstr.
Chinesischer Turm
1
2
3
4
5

Golf
Domagkstraße
Wilh.-Wagenfeld-Str.
Marcel-Breuer-Straße
Walter-Gropius-Straße
Mar.-Brandt-Str.
Gunta-Stölzl-Straße
Lily-Reich-Straße
Karl-Weinmair-Straße
Anni-Albers-Straße
Oskar-Schlemmer-Straße
Hannes-Meyer-Str.
Ludw.-Hilberseimer-Str.
Mies-van-der-Rohe-Str.
Schenkendorfstraße
Leopoldstraße
M-Schwabing
Münchner Tor
Alte Heide
Frankfurter Ring
Fröttmaninger Straße
Grünecker Straße
Kohlrausch-str.
Wandlstraße
Dieterstraße
Echinger Straße
Garchinger Straße
Nikodemuskirche
Guericke-str.
friedhof
Ungerer-straße
Berliner Straße
Schlüter-str.
Schinkel-str.
F.-Hommel-W.
Soxhletstraße
Traubestraße
Luxemburger Straße
Brüsseler Straße
Antwerpener Str.
Holländstr.
Stengelstraße
Neurologisches Krankenhaus
Parzival-platz
Bad
Johann-Fichte-Straße
Germaniastraße
Danziger Straße
Virchowstraße
Potsdamer Straße
Rheinstraße
Dreschstraße
Gundelindenstraße
Kunigundenstraße
Biedersteiner Straße
Isarring
Mannichstraße
Wilh.-Oswald-Str.
Schwedenstr.
Mommsenstraße
Osterwaldstraße
Klinikum am Biederstein
Dietlindenstraße
Fuchsstr.
Theodor-Straße
Maximilianspl.
Erlöserkirche
Berufsfachschulen und Fachakademie
Oskar-v.-Miller-Gym.
Freystraße
Münchner Freiheit
Marschallstr.
Hesseloherstr.
Gohrenstraße
Kurscher-Pl.
Keferstraße
Jungwirthstr.
Herzogstraße
Marktstraße
Clemensstraße
Hörwarthstraße
Sulzbacher Str.
Cherubinistraße
Nordendstraße

Spaziergang 8

Vom Nordfriedhof durch die Siedlung Alte Heide in die Parkstadt Schwabing und zurück mit der Tram 23 zur Münchner Freiheit

Dieser Weg beginnt am **Nordfriedhof (U6)** und an der gegenüberliegenden griechisch-orthodoxen **Allerheiligenkirche.** Von ihr geht es die **Ungererstraße** stadtauswärts nach links durch die **Fröttmaninger Straße** – links das große Schulhaus von Hans Grässel und rechts die Siedlung Alte Heide – zur **Grünecker Straße.** Von dieser überquert nach etwa 150 Metern eine weiß gestrichene **Brücke für Fußgänger, Rollstuhlfahrer und Radler** die Autobahn. Von der Brücke aus hat man links die Highlight Towers und rechts das Gebäude-Ensemble THE m.pire mit dem Skyline Tower im Blick. Nach der Brücke führt der Spaziergang auf der **Walter-Gropius-Straße** stadtauswärts bis zur **Marcel-Breuer-Straße.** Diese und die **Wilhelm-Wagenfeld-Straße** führen durch die Parkstadt direkt zur **Haltestelle Domagkstraße:** Tram 23 über die **Tragseilbrücke** zur **Münchner Freiheit.**

Ein Abstecher zu den **Künstlerateliers an der Domagkstraße 33–41** lässt sich am besten von der **Marcel-Breuer-Straße** ausgehend nach rechts – am Park Gate Gebäude vorbei – zur **gegenüberliegenden Seite der Domagkstraße** machen.

Bilder zum Weg

1 Aussegnungshalle Nordfriedhof

2 Griechisch-orthodoxe Allerheiligenkirche, Ungererstraße 131

3 Schule an der Fröttmaninger Straße 21

4 Blick auf Highlight Towers

5 Blick auf Skyline Tower

6 Parkstadt Schwabing

7 Künstlerateliers Domagkstraße

8 Tram 23 auf der Tragseilbrücke

In vielen Büchern zur Geschichte und Politik Münchens, seiner Stadtstruktur, seinen Bauten und Parks und in einer ganzen Reihe von Lebenserinnerungen wird Schwabing erwähnt. Diese Titel sind hier nicht aufgenommen. Ausführliche Literaturangaben finden sich auch im Stadteilbuch von Reinhard Bauer, [2]1997. Insbesondere vergriffene Schwabing-Bücher sind in der Münchner Stadtbibliothek am Gasteig, in der Schwabinger Stadtbibliothek, Hohenzollernstraße 16 und vor allem in der Monacensia, Maria-Theresia-Straße 23 auszuleihen oder einzusehen.

50 Jahre Gisela-Oberrealschule München 1904-1954. München, [1954].

50 Jahre Schwabinger Kunstpreis. Hrsg. von Brigitta Rambeck. München, 2010.

60 Jahre Seerosenkreis – Literatur, Kabarett, Bildende Kunst. Zum Jubiläum einer Schwabinger Pflanze im Jubiläumsjahr der Stadt München. Mit Texten von Baldur Geipel, Konrad Hetz und Brigitta Rambeck. München, 2008.

75 Jahre Antonienschule. München, [1983].

Allianz (Hrsg.): Wiederaufbau 1945–1955. München, 1956.

Althaus, Peter Paul: In der Traumstadt. Dr. Enzian. Gedichte. München, 1969.

Altmann, Lothar: Persönlichkeiten im alten Schwabing. München, 2000.

Ambrozic, Katarina: Wege zur Moderne und die Ažbe-Schule in München. Recklinghausen, 1988.

Anckenbrand, Stephan: St. Josef in München. München, 1932.

Appuhn-Radtke, Sibylle: St. Ursula in Gefahr. München, 2006.

Arnold, Karl/**Penzoldt**, Ernst: Schwabing und Kurfürstendamm. 55 Zeichnungen, angesagt von Ernst Penzoldt. München, 1953.

Auer, Alois: Krauss-Maffei. Kösching, 1988.

Bäthe, Kristian: Wer wohnte wo in Schwabing? Wegweiser für Schwabinger Spaziergänge. Anschriften von Künstlern, Gelehrten und Politikern, die von etwa 1870 bis zur Gegenwart in den Grenzen von Schleißheimer, Gabelsberger- und Schönfeldstraße, Englischem Garten und Würm über Begebenheiten in genannten Häusern berichten. München, 1965.

Bäumler, Ernst: Verschwörung in Schwabing. Lenins Begegnung mit Deutschland. München, 1991.

Bäumler, Klaus: Verkehrsberuhigung für Schwabing und die Maxvorstadt. 1977–1984. München, 1984.

Bankhaus Reuschel: (Hrsg.): Ein Haus in Schwabing. Friedrichstraße 18. München, 1990.

Barten, Elke/**Zimmer**, Peter: Schwabinger Spaziergänge. Pfaffenhofen, 1986.

Bauer, Helmut (Hrsg.): Schwabing, Kunst und Leben um 1900. München, [1998].

Bauer, Jakob: Schwabinger Krankenhaus im Wandel 1861–1961. München, 1997.

Bauer, Reinhard: Schwabing. Das Stadtteilbuch. München, [2]1997.

Bauer, Reinhard: Schwabing leuchtet. Geschichte, Kultur und Wirtschaft. München, 2004.

Bauer, Richard: Fliegeralarm. Luftangriffe auf München 1940–1945. München, 1987.

Bei Gisela in Schwabing. München, [1967].

Bekh, Wolfgang Johannes/**Hagea,** Victor: Traumstadt Schwabing. Ein Gang durch Jahre und Straßen. Dachau, 1998.

Bellinger, Gerhard J./**Regler-Bellinger,** Brigitte: Schwabings Ainmillerstraße und ihre bedeutendsten Anwohner. Ein repräsentatives Beispiel der Münchner Stadtgeschichte von 1888 bis heute. Norderstedt, 2003.

Böddrich, Jürgen: Der Strukturwandel von München-Schwabing seit 1850. München, 1959.

Breinersdorfer, Fred (Hrsg.): Sophie Scholl – Die letzten Tage. Frankfurt/M., 2005.

Burmeister, Enno: Jugendstil-Baugruppe Königinstraße 85, Ohmstraße 17 in München-Schwabing. Baudokumentation, Restaurierungskonzept. München, 1993.

Diehl, Walther: Künstlerkneipe „Simplicissimus". Geschichte eines Münchner Kabaretts. Mit einem Vorwort von Konstantin Wecker. München, 2008.

Dombart, Theodor: Alt-Schwabing. München, 1950.

Dombart, Theodor: München-Schwabing. 60 Jahre Freiwillige Feuerwehr. 1870–1930. München, 1930.

Dombart, Theodor: Das München-Schwabinger Leprosenhaus und seine Nikolaikirche. München, 1962.

Dombart, Theodor: Schwabing. Münchens älteste und schönste Tochter. München, 1967.

Domke, Helmut: Der Dionysos von Schwabing. Ein Erinnerungsblatt für Karl Wolfskehl. [München], 1969.

Egbringhoff, Ulla: Franziska zu Reventlow. Reinbek, 2000.

Egger, Ulrich: Stadtteilbroschüre Schwabing. Soziale und kulturelle Einrichtungen von A-Z. München, 1999.

Faber, Richard: Männerrunde mit Gräfin. Die „Kosmiker" Derleth, George, Klages, Schuler, Wolfskehl und Franziska zu Reventlow. Mit einem Nachdruck des „Schwabinger Beobachters". Frankfurt/M., 1994.

Förth, Rudolf: Mein altes, ewig junges Schwabing. München, 2003.

Freyberg, Pankraz von: 200 Jahre Englischer Garten München 1789–1989. München, [1989].

Fürmetz, Gerhard: Schwabinger Krawalle. Protest, Polizei und

Öffentlichkeit zu Beginn der 60er Jahre. Essen, 2006.

Gaudiblatt Schwabinger Gaudiblatt. [Ausgabe 2]. München, 2009f..

Gerstenberg, Günther: An Jackl packst am End vom Stiel. Geschichte und Geschichten um Alltag, Arbeit und Arbeiterbewegung in Schwabing 1890–1933. München, 2005.

Gorbach, Max: Menschen in Altschwabing. Planegg, 1978.

Gorbach, Max: Vom Leprosenhaus zum Schwabinger Bach. München, 1978.

Grießenbeck, Isabella von: 100 Jahre Schule an der Haimhauser Straße 1898–1998. [München, 1998].

Habel, Heinrich: Evangelische Erlöserkirche Schwabing. [München, Zürich], 1981.

Hallstein, Willy: Schwabing. 10 Intermezzi aus der Münchner Bohème von Willy Hallstein mit einem Vorwort von Franz Blei. München, [1925].

Hartig, Michael: St. Ursula in München-Nord. München, 1936.

Hartmann, Kurt (Hrsg.): Säge, IVgVuG e.V. letzter Verein gegen Vereins- und Gruppenbildung. München, 1988.

Heißerer, Dirk: Lehmkuhl. 100 Jahre leben mit Büchern. 1903–2003. München, 2003.

Heißerer, Dirk/**Jung,** Joachim: Ortsbeschreibung. Tafeln und Texte in Schwabing. München, 1998.

Heißerer, Dirk: Wo die Geister wandern. Literarische Spaziergänge durch Schwabing. München, 1993, NA 2008.

Herpich, Brigitte: Schwabing. Seidlvilla. Bürgerhäuser und Villen in München, Delmenhorst, 2007.

Hitzer, Friedrich: Lenin in München. [München, 1977].

Hochauer, Janka: 1200 Jahre Schwabing. Schwabinger Chronik 782–1982. München, 1982.

Hollweck, Ludwig: Von Wahnmoching bis zur Traumstadt. München, 1969.

Huber, Gerdi: Das klassische Schwabing. München als Zentrum der intellektuellen Zeit- und Gesellschaftskritik an der Wende des 19. zum 20. Jahrhundert. München, 1973.

Jell, Josef: München-Schwabing. Stadtpfarrkirche St. Sylvester. München, Zürich, ^{2}1970.

Johanson, Irene: Schwabing bei Tag. Von Menschen und Wegen. München, [1992].

Jung, Erich E.: Es war eine große, eine schöne Zeit ... Eine Schwabinger Nachkriegschronik 1945–1949. München, 1997.

Kardorff, Ursula von: Abgesang auf Schwabing. In: Merian, 1982, Jg. 35, H. 12, 83–86.

Kerler, Richard: Treffpunkt Traumstadt Schwabing. München, 1970.

Kitzinger, Elisabeth: Jüdische Jugendfürsorge in München. In: Lamm, Hans (Hrsg.): Von Juden in München. Ein Gedenkbuch. München, 1958.

Kleiner, Karl: Pfarrkirche St. Joseph, München-Schwabing. München, 1991.

Knoll, Albert: Suresnes – ein Schlößl vor den Toren Münchens. München, 1994.

Koch, Klaus: Erlöserkirche München-Schwabing 1901–1976. Ein Stück Münchner Freiheit. München, 1976.

Koch, Pitt: Schwabing. Eingeleitet von Peter Paul Althaus. München, 1958.

König, Hannes: Schwabing. Ein Spaziergang durch das Archiv des Valentin-Musäums. München, 1979.

Krauss, Marita: Geld und Bohème. Geschichte einer Hassliebe. BR-Hörfunk-Manuskript. München, 2006.

Kubitschek, Brigitta: Franziska Gräfin zu Reventlow 1871–1920. Ein Frauenleben im Umbruch. Prien, 1994.

Kunstverein <München>: Schwabing – Legende und Dokumente. München, [1958].

Landeshauptstadt München (Hrsg.): Jüdisches Leben in München. Lesebuch zur Geschichte des Münchner Alltags. München, 1995.

Landeshauptstadt München (Hrsg.): Schwabing-Freimann. KulturGeschichtsPfad. 12. München, 2007.

Lankes, Christian: München als Garnison im 19. Jahrhundert. Berlin u.a., 1993.

Löw, Konrad: Die Münchner und ihre jüdischen Mitbürger 1900–1950 im Urteil der NS-Opfer und -Gegner. München, 2008.

Lutzenberger, Karin: Alte Heide. München, o.J. [nach 2000].

Macek, Ilse (Hrsg.): Ausgegrenzt – entrechtet – deportiert. Schwabing und Schwabinger Schicksale 1933–1945. München, 2008.

May, Stephan: 100 Jahre MTSV Schwabing 1885–1985. München, 1985.

Mooseder, Georg: Die Sitze im Dorf Schwabing. In: Amperland 1992, 28, 402–406.

Mühsam, Erich: Ascona. Zürich, 1905.

Mühsam, Erich: Unpolitische Erinnerungen. Zürich, 1962.

Münchener Rück (Hrsg.): 100 Jahre Münchener Rück 1880–1980. München, 1980.

Münchner Stadtmuseum (Hrsg.): München – Hauptstadt der Bewegung. München, 1993.

Petzet, Wolfgang/**Falckenberg,** Otto: Mein Leben – mein Theater. München u.a., 1944.

Pfarramt St. Ursula: 100 Jahre St. Ursula-Kirche 1897-1997. München, 1997.

Plan der k[öniglich] b[ayerischen] Stadt Schwabing. Maßstab: 1:4000. [München, 1898].

Preis, Kurt: München unterm Hakenkreuz. München, 1980.

Prévot, René: Kleiner Schwarm für Schwabylon. München 1954.

Prévot, René: Seliger Zweiklang Schwabing – Montmartre. München, 1946.

Prinz, Friedrich (Hrsg.): Trümmerzeit in München. Kultur und Gesellschaft einer deutschen Großstadt im Aufbruch 1945–1949. München, 1984.

Prosel, Theo: Freistaat Schwabing. Erinnerungen des Simplwirts Theo Prosel. München, 1951.

Rabus, Adelheid: Seidlvilla. [20 Jahre Seidlvilla; 7 Jahre Seidlvilla, das Haus für Schwabing]. München, [1997].

Rambeck, Brigitta/**Ude,** Christian: Oswald Malura zum Hundertsten. München, 2006.

Rasp, Hans-Peter: Eine Stadt für tausend Jahre. München. Bauten und Projekte für die Hauptstadt der Bewegung. München, 1981.

Reinig, Christa: Schwabinger Marterln. Stierstadt, 1968.

Reventlow, Franziska zu: Herrn Dames Aufzeichnungen oder Begebenheiten aus einem merkwürdigen Stadtteil. München, 1913, NA 2008.

Reventlow, Franziska zu: Tagebücher 1895–1910. Herausgegeben von Else Reventlow. Hamburg, Zürich, 1992.

Roth, Richard R./**Grasser,** Ernst: In Schwabing. Ein Bildband mit 113 Fotos. München, 1958.

Ruch, Martin: „Inzwischen sind wir nun besternt worden." Das Tagebuch der Esther Cohn (1926–1944) und die Kinder vom Münchner Antonienheim. Norderstedt, 2006.

Rufer, Walter: Der Himmel ist blau, ich auch. Schwabinger Tagebücher. München, 2007.

Rukwid, Werner: Geliebtes Schwabing. Verse und Prosa von Wedekind bis zu P. P. Althaus. München, 1970.

Schachner, Richard: Das städtische Krankenhaus München-Schwabing. Düsseldorf, 1929.

Schaefer, Oda: Schwabing. Verliebt, verrückt, vertan. Verse und Prosa von 1900 bis heute. München, 1972.

Schattenhofer, Michael: Schloss Suresnes in Schwabing. München, ^{3}1993.

Schiblhut, Eduard: 250 Jahre Schulgeschichte München-Schwabing, 100 Jahre Schulgebäude Wilhelmstraße 29. München, ^{2}1987.

Schickel, Gabriele: Das Krankenhaus München-Schwabing und seine Kirchen. Lindenberg im Allgäu, 2003.

Schmitt-Sulzthal, Rudolf: Dichter und ein großer Schnabel. 25 Jahre Tukan-Kreis. München, 1955.

Schwarz, Andreas: Seidlvilla, ein Haus für Schwabing. Bericht zur Geschichte der Seidlvilla und zum zwanzigjährigen Kampf der Schwabinger um ein selbstverwaltetes Haus. Mit einem Plan des Hauses am Nikolaiplatz. Selbstdarstellung der in der Seidlvilla gemeinsam arbeitenden Gruppen und einer Einladung zur Ermutigung. München, 1991.

Seeberger, Kurt/**Rambeck,** Brigitta: Schwabing. Ein Münchner Weltteil. München, ^{2}1986. (^{3}2000 u.d.T.: Schwabing. Ein abenteuerlicher Weltteil).

Seegers, Johanna: Über Franziska zu Reventlow. Rezensionen, Porträts, Aufsätze, Nachrufe aus mehr als 100 Jahren. Mit Anhang und Gesamtbibliographie von 1893 bis 2006. München, 2007.

Die Seerose. Ein Beitrag Schwabings zur 800-Jahr-Feier der Stadt München. Bilder, Zeichnungen, Plastiken, Bücher. München, [1958].

Seidlvilla <München>: 100 Jahre Seidlvilla 1905–2005. Vom bürgerlichen Wohnen zum Haus für Bürger. München, 2005.

Seidlvilla-Verein (Hrsg.): Durch diese Türen gingen sie ein und aus. Jüdische Bürgerinnen und Bürger in München-Schwabing während der NS-Zeit 1933–1945. München, 2008.

Spiecker, Herbert: Nutzungskonflikte am Beispiel Schwabing-West. München, 1991.

Stenger, Birgit: St. Ursula München. Regensburg, 1993.

Stewart, Gerdi: Das klassische Schwabing. München als Zentrum der intellektuellen Zeit- und Gesellschaftskritik an der Wende des 19. zum 20. Jahrhundert. München, 1973.

Terrain-Aktien-Gesellschaft (Hrsg.): <München-Schwabing>. Bericht des Vorstandes und des Aufsichtsrates über das Geschäftsjahr. München, o.J.

Trüstedt, Dieter: Ackermannbogen. Flashfilm auf DVD. München, 2006.

Tukan-Kreis (Hrsg.): Der Tukan-Kreis 1930–2010. München, 2010.

Ude, Karl: Schwabing von innen. Kulturelle Essays. München, 2002.

Vogel, Hanns: Schwabing vom Dorf zur Künstlerfreistatt. Mosaik eines Münchner Stadtteils. Zum 800. Geburtstag Münchens. München, 1958.

Wagner, Alois: Zu meiner Zeit. Ein Bubenleben in Schwabing 1904–1918. München, 1980.

Weber, Wilhelm von: Assel-Assel. 5 Jahre Katakombe. München, 1955.

Wilhelm, Hermann/**Kurz,** Gisela: Jazz in München von den Zwanziger Jahren bis zu den frühen Achtzigern. München, 2007.

Wilhelm, Hermann: Die Münchner Bohème von der Jahrhundertwende bis zum Ersten Weltkrieg. München, 1993.

Wolf, Georg: Münchner Künstlerfeste, Münchner Künstlerchroniken. München, 1925.

Wolter, Kurt: Die Pappeln hinterm Siegestor. Pfaffenhofen, 1969.

03 architekten: 159 oben, 175 (Bild 6) • **25 Jahre Baugenossenschaft München Schwabing, München 1937:** 88 oben, 88 mitte • **84 GHz:** 153 oben, 153 mitte, 153 unten, 154 oben, 154 unten, 155 • **Abendzeitung** (19.6.1982): 112, (26.6.1962): 113 unten • **Alexej von Jawlenski-Archiv Locarno:** 33 oben • **Allianz AG:** 110 • **APO-Archiv München:** 13 oben rechts • **Archiv Andrew Malura:** 128, 129 oben, 133 links, 143 oben • **Archiv Kurt Preis:** 103 oben (1.v.l.), 103 oben (2.v.l.), 103 oben (4.v.l.) • **Archiv Tukan Kreis:** 130 unten, 133 rechts • **Archiv Sepp Werkmeister:** 152 links unten • **Archiv Hermann Wilhelm:** 152 links oben • **Bayerische Bau- und Immobilien GmbH:** 156 unten • **Bayerische Staatsbibliothek München:** 19 (2. v. l), 29 oben rechts • **Bayerische Verwaltung der staatlichen Schlösser, Gärten und Seen, München:** 28 unten, 29 oben links • **Jürgen Betten:** 5, 31 unten, 81, 84 oben, 114, 115 unten, 164, 165 (6. v. o.), 173 (Bild 6), 174 (Bild 2), 177 (Bild 6), 177 (Bild 8), 191, Umschlag hinten • **Robert Boehringer:** 55 links oben • **Beatrice del Bondio-Reventlow:** 15 mitte, 54 links unten • **Gernot Brauer:** Umschlag vorne mitte, Umschlag vorne rechts, 14 links, 20 (2. v. u.), 27 unten, 87, 152 rechts oben, 152 rechts unten, 156 oben, 157, 165 (5. v. o.), 166 (Bild 7), 168 (Bild 1), 169 (Bild 3), 169 (Bild 5), 169 (Bild 6), 169 (Bild 7), 171 (Bild 8), 173 (Bild 3), 174 (Bild 3), 174 (Bild 4 links), 174 (Bild 4 mitte), (Bild 4 rechts), 176 (Bild 1), 180 (Bild 4), 181 (Bild 5), 181 (Bild 6) • **Saskia Brauer:** Umschlag vorne links, 8f., 27, 28, 72 unten, 78 unten, 79 oben, 79 unten, 80, 84 unten, 86, 97 unten, 111, 117 oben, 117 unten, 118, 127, 144 links, 144 rechts 159 unten, 160, 161 mitte, 161 unten, 162, 163 oben, 164 unten, 165 (2. v. o.), 165 (3. v. o.), 165 (4. v. o.), 165 (7. v. o.), 166 (Bild 2), 168 (Bild 2), 169 (Bild 4 oberes), 170 (Bild 1), 170 (Bild 3), 170 (Bild 4), 170 (Bild 5), 170 (Bild 6), 171 (Bild 7), 172 (Bild 1), 173 (Bild 2), 173 (Bild 4), 173 (Bild 5), 174 (Bild 1), 175 (Bild 5), 175 (Bild 7), 176 (Bild 3), 177 (Bild 4), 177, (Bild 5), 177 (Bild 7), 178 (Bild 2), 178 (Bild 3), 178 (Bild 4), 179 (Bild 5), 180 (Bild 1), 180 (Bild 2), 180 (Bild 3) • **Barbara Deller-Leppert:** 170 (Bild 2), 158, 181 (Bild 7) **ETH Zürich, Thomas-Mann-Archiv:** 55 links mitte • **Dorothee Fichter:** 151 unten • **Pankraz Frhr. von Freyberg:** 31 oben rechts • **Kurt Hartmann:** 149 • **Historischer Verein von Oberbayern:** 19 (2. v. r), 20, 45 • **Ida-Seele-Archiv, Dillingen/Donau:** 100 oben • **Iphitos:** 93 oben, 93 unten rechts • **Kleines Spiel:** 147 links unten • **Krauss-Maffei-Archiv:** 39 oben, 39 mitte, 39 unten, 40 mitte, 40 unten, 44 • **Lach- und Schießgesellschaft:** 145, 146 oben • **Landesamt für Vermessung und Geoinformation Bayern** © Kartengrundlagen 164-181 • **Lenbachhaus, Kubin-Archiv:** 55 links unten (2. v. l.) • **Library of Congress, Washington D. C.:** 70 links • **Loden-Frey:** 37, 38, 94 oben • **Stefan Moses:** 124 links oben, 124 links unten, 124 rechts oben, 124 rechts unten, 125 links, 125 rechts, 123 • **Münchner Forum:** 115 mitte, 115 oben • **Münchner Polizeipräsidium**: 113 oben • **Münchner Stadtbibliothek, Monacensia:** 54 rechts oben, 54 rechts unten, 55 mitte, 55 rechts unten, 61, 67, 70 rechts unten • **Münchner Stadtmuseum**: 13 oben links, 15 links, 25, 59 unten, 59 oben, 55 rechts oben, 66, 68 links, 60 oben, 64 links oben, 64 rechts oben, 62 oben, 62 unten, 54 links oben, 60 mitte, 102, 103 oben (3.v.l.), 103 unten 107 links oben,107 links unten • **MTSV:** 92 links, 92 rechts oben, 93 unten mitte, 93 unten links • **Nachlass Peter Paul Althaus:** S. 129 • **Neues Münchner Tagblatt Nr. 58 vom 27.2.1915:** 96 unten • **Petra Piloty:** 9 • **Postkarte um 1910:** 53 unten • **Privatbesitz Bern:** 55 links unten (1. v. l.) • **Privatbesitz Eching:** 65 • **Privatbesitz Ernst Grube:** 101 links, 101 rechts • **Privatbesitz München:** 57 unten, 64 unten, 169 (Bild 4 unteres) • **Brigitta Rambeck:** 8, 134, 140 unten, 141, 143 unten, 147 links oben, 147 rechts oben, 166 (Bild 3), 166 (Bild 4) • **Rehse & Co, 1904:** 48 mitte, 48 unten • **Wolfgang Roucka:** 7, 10f., 13 unten, 130 oben, 135, 137, 139, 140 oben, 176 (Bild 2) • **Sammlung Dr. Reinhard Bauer:** 18 unten, 18 mitte, 21 oben, 24 links, 24 rechts oben, 24 rechts unten, 40 oben, 41 unten, 49, 56 oben, 76, 119 • **Sammlung Helmut Drexler:** 53 links oben, 60 unten • **Sammlung Rudolf Förth:** 21 unten links, 35 • **Sammlung Manfred Scheffner:** 72 oben, 75 unten • **Sammlung Karl Stehle:** 15 rechts • **Peter Schamoni:** 148 • **Gustav Schneider Federskizze um 1960:** 21 unten rechts • **Sabine Schrott:** 4 • **Franz Simm:** 71, 96 mitte, 178 (Bild 1) • **Heinz Skrzypnik:** Umschlag vorne unten rechts, 14 rechts, 30, 31 oben links, 31 mitte, 32 mitte, 33 unten, 48 oben, 63 unten, 74 oben, 74 mitte, 74 unten, 75 mitte, 78 oben, 78 mitte, 82 unten, 83 oben, 83 links unten, 83 rechts unten, 90 oben, 90 unten, 91 mitte, 92 rechts unten, 94 unten, 95 oben, 159 mitte, 165 (1. v. o.), 166 (Bild 5), 166 (Bild 8) • **Staatliches Museum für Völkerkunde München (August Palme, Gemälde 1867):** 28 oben • **Stadtarchiv München:** Umschlag vorne unten links, 2f. (Hintergrund), 22 oben, 32 unten, 41 oben, 56 unten, 70 rechts oben, 70 rechts mitte, 82 oben, 89 oben, 89 unten, 91 oben, 91 unten, 96 oben, 100 unten, 104, 107 rechts oben, 107 rechts unten, 108, 109 unten, 122, 131 unten, 150 rechts, 150 links, 166 (Bild 6) • **Stadtarchiv München, Sammlung Dombart:** 18 oben, 19 links, 19 rechts, 22 mitte, 22 unten, 23 unten, 27 oben, 34 links, 34 rechts oben, 34 rechts unten, 42 unten, 46, 50, 51, 53 rechts oben • **Stadtwerke München:** 95 unten, 165 (8. v. o.), 181 (Bild 8) • **Süddeutscher Verlag:** 55 links unten (3. v. l.), 57 oben • **Tantris:** 161 oben • **Theater am Sozialamt:** 146 mitte, 146 unten • **Universitätsreitschule:** 126 mitte, 151 oben • **urbanauten:** 126 oben, 126 unten • **Valentin-Karlstadt-Musäum:** 42 oben.

Matthias Politycki (Gedicht): © Hoffmann und Campe Verlag: 191 • **Werner Schneyder (Gedicht):** 149 oben.

Der Verlag hat sich mit Sorgfalt bemüht, alle Inhaber von Bildrechten ausfindig zu machen. Wir bitten um Nachricht, sollten wir etwas übersehen haben.